Uni-Taschenbücher 1617

UTB
FÜR WISSEN
SCHAFT

Eine Arbeitsgemeinschaft der Verlage

Wilhelm Fink Verlag München
Gustav Fischer Verlag Jena und Stuttgart
Francke Verlag Tübingen
Paul Haupt Verlag Bern und Stuttgart
Dr. Alfred Hüthig Verlag Heidelberg
Leske Verlag + Budrich GmbH Opladen
J. C. B. Mohr (Paul Siebeck) Tübingen
R. v. Decker & C. F. Müller Verlagsgesellschaft m. b. H. Heidelberg
Quelle & Meyer Heidelberg · Wiesbaden
Ernst Reinhardt Verlag München und Basel
F. K. Schattauer Verlag Stuttgart · New York
Ferdinand Schöningh Verlag Paderborn · München · Wien · Zürich
Eugen Ulmer Verlag Stuttgart
Vandenhoeck & Ruprecht in Göttingen und Zürich

Manfred Bönsch

Variable Lernwege

– Ein Lehrbuch der Unterrichtsmethoden –

Ferdinand Schöningh
Paderborn · München · Wien · Zürich

CIP-Titelaufnahme der Deutschen Bibliothek

Bönsch, Manfred:
Variable Lernwege: ein Lehrbuch der Unterrichtsmethoden / Manfred Bönsch. – Paderborn; München; Wien; Zürich: Schöningh, 1991
(UTB für Wissenschaft; Uni-Taschenbücher; 1617)
ISBN 3-506-99414-X
NE: UTB für Wissenschaft / Uni-Taschenbücher

Printed in Germany

Herstellung: Ferdinand Schöningh, Paderborn

Einbandgestaltung: Alfred Krugmann, Freiberg am Neckar

ISBN 3-506-99414-X

Inhaltsverzeichnis

Einleitung: Zwischen Rezept und Theorie zum Konzept

Unterrichtsmethoden sind wieder interessant!
Seitdem praktizierende Pädagogen bemerkt haben, daß handlungsleitende Ideen und curriculare (inhaltliche) Überlegungen – so wichtig beide sind – langweiligen Unterricht nicht unbedingt verhindern, verstärkt sich das Interesse an der Unterrichtsmethodik: Wie kann man in relativ verfestigten organisatorischen Strukturen den Alltag immer wieder einmal interessant machen? Dies ist die leitende Frage unterrichtsmethodischer Überlegungen.
Die folgenden Ausführungen wollen Antworten geben. Die Intention des Autors dabei ist nicht, schnell verwendbare Rezepte zu geben. Andererseits müssen Texte alltagsrelevant sein. In diesem Spannungsfeld von handlungsleitenden Horizonten und praktischen Vorschlägen ist eine Balance zu gewinnen, die den Leser zu seinem Konzept von Unterricht führen können bzw. ihm für sein Konzept Erweiterungs- und Ergänzungshilfen geben.
Das Buch ist folgendermaßen aufgebaut:

- In Kapitel 1 ist eine Grundstruktur für das Thema zu erarbeiten. Überblick und Basisinformation sind mit diesem Kapitel zu gewinnen.
- Kapitel 2 stellt die beiden Konzepte dar, zwischen denen sich Unterricht im Alltag konturieren wird. Weder das eine noch das andere Konzept (Adaptiver Unterricht – Offener und Kommunikativer Unterricht) wird heute die Lernrealitäten allein bestimmen. Aber von beiden Konzepten muß Unterricht zunehmend bestimmt sein, wenn er seine archaische Struktur langsam verlieren soll. Archaische Struktur heißt, daß der Lehrstoff einer mittelgroßen Lernergruppe (Klasse) unter Orientierung an einem angenommenen Durchschnittsschüler vermittelt wird und Lernerbedürfnisse und -interessen in konsequenter Weise nicht berücksichtigt werden. Der Leser, der nach die Alltagspraxis fortschreibenden Orientierungen sucht, muß dieses Kapitel lesen.
- Im großen Kapitel 3 werden die sog. konventionellen Infrastrukturen des Unterrichts dargestellt. Sie sind für den Leser von Interesse, um seine Alltagspraxis einer Inspektion zu unterziehen.

- Die Kapitel 4 und 5 geben einen Überblick mit Konkretisierungen über alternative Unterrichtsmethoden. Alternativ heißt hier: die Ansätze und Verlaufsstrukturen decken sich nicht mit der Bedingung einer an 45-Min.-Phasen orientierten Unterrichtsgestaltung. Sie sprengen die konventionellen Unterrichtsbedingungen, gäben dem Unterricht aber bei ihrer Realisierung neue Sinn- und Wirkdimensionen.

1. Methoden des Unterrichts – ein Überblick

Der Problembereich

Unterricht ist als eine Lehr/Lernveranstaltung zu kennzeichnen, die – in der Regel in institutionalisiertem Rahmen (Schule oder schulähnliche Institution) – bei Lernenden Lernen bewirken will. Dabei ergeben sich sofort die Fragen, was warum wie mit welcher Intention gelernt werden soll. Die Fragen implizieren, daß Planmäßigkeit, Zielorientierung, Erfolgsorientierung in der Regel konstituierende Momente der Planung, Realisierung und Analyse von Unterricht sind. Ein gegebener Zeitrahmen, Abnehmererwartungen, Curriculumkonstruktionen (ein Kanon von Fächern), Lehrressourcen (Lehrer mit unterschiedlichen fachlichen und didaktischen Kompetenzen) und Lernkapazitäten (Lernende mit unterschiedlichen Lernmöglichkeiten und -interessen) stellen das Thema „Methoden des Unterrichts" in ein komplexes Feld von zu berücksichtigenden Faktoren. Es birgt die Gefahr, daß Methoden schnell undifferenziert in einen aktuellen Verwertungszusammenhang gestellt werden. Das kann zu eindimensionalen Betrachtungsweisen führen (wie vermittle ich am besten diesen oder jenen Inhalt?). Die Bestimmung dessen, was Methoden des Unterrichts sein können, hängt daher zuallererst davon ab, wie Unterricht verstanden wird.

Wird Unterricht als eine Veranstaltung verstanden, in der möglichst effektiv in begrenzter Zeit eine bestimmte Menge Wissen zu vermitteln ist, ergibt sich das Thema „Methoden" anders, als wenn Unterricht in der Organisationsform etwa der allgemeinbildenden Schule als Gelegenheit für Kinder und Jugendliche verstanden wird, Zugänge zur Welt der Menschen zu gewinnen, Aufschlüsselungen für die Objektivationen in ihrer vielfältigen Gestalt zu erhalten, sich die Lebenswelt in all ihren Aspekten anzueignen (Flitner, 1965).

Methoden des Unterrichts sind dann entweder Strategien der Vermittlung oder Schlüssel zur Welt und für das Selbstverständnis, das jemand in und zu dieser Welt gewinnen kann. Stellt man sich eine Skala mit diesen Eckpunkten vor, so gibt es zwischen diesen eine Reihe von Varianten. Dabei kann ein sehr enger Beschreibungsrahmen entstehen. Es kann aber auch die Gefahr auftreten, sich in einen unstrukturierten Bereich von Impulsen, Ansätzen, Zufälligkeiten, Unstetigkeiten zu verlieren, so daß Konturlosigkeit und Desorientierung vorherrschend werden. Deutlich wird, daß das Thema „Methoden des Unterrichts" weit über die schlichte Frage von Wegbeschreibungen und Verfahrensweisen hinausreicht (Methode = planmäßiges Vorgehen).

Historische Befunde

„Der überwiegende Teil der Erziehungs- und Unterrichtsentwürfe geht davon aus, daß die Erziehenden und Unterrichtenden die Subjekte des Lehr-Lern-Prozesses sind, die Formenden; die Schülerinnen und Schüler dagegen sind Objekte formender Aktivität, wie fürsorglich die erzieherische Einwirkung auch interpretiert werden mag, bis hin zur Haltung der rationalen Stellvertretung für die Mündigkeit des Zöglings" (Schulz, 1980, S. 59). Diese Feststellung stimmt in der Tendenz sicher. Sie ist aber zu differenzieren: mit der Dominanz des Lehrenden verbindet sich die Auffassung, daß der Lehrende in der Tat im Besitz der zu vermittelnden Lerninhalte ist, daß er der Wissende, der Meister, der Könner ist, Unterricht ist dann immer *Vermittlung* von für wichtig gehaltenen Inhalten. Methode wird zur Theorie der Vermittlung.
Historische Reflexionen fangen meistens bei Comenius (1592–1670) an. Die comenianische Methodik ist eine *Stufentheorie,* deren Prinzipien sind: Alles Wissen ist gestuft – Am Anfang ist schon alles da – Alles kommt auf höherer Stufe wieder, nur detaillierter und differenzierter – Aber der Stufengang muß eingehalten werden. Ein erster Höhepunkt des Stufen- oder Schrittdenkens für die Vermittlung von Inhalten sind die Darstellungen von Herbart und den Herbartianern (die bekanntesten sind: Ziller, 1865; Rein 1908). Sie brauchen hier nicht referiert zu werden. Die Reinschen fünf Stufen sind „Vorbereitung-Darbietung-Verknüpfung-Zusammenfassung-Anwendung" und deutlich wird mit ihnen, daß das unterrichtsmethodische Denken mit den Herbartianern und ihrer außerordentlichen Breitenwirkung einen Stand erreicht hatte, der auch heute noch zu gelten scheint: Methode wird als eine als sicher scheinende Gleisspur verstanden (Keck, 1983), in die die Unterrichtsstoffe trotz unterschiedlicher Struktur wie die Lernenden trotz unterschiedlicher Voraussetzungen gleichermaßen gezwängt wurden. Die Standardisierung der Unterrichts- und Lernwege war stark ausgeprägt, der Methodenmonismus stupide.
Den „Gegenschlag" brachte die Reformpädagogik in ihren unterschiedlichen Ausprägungen. Gaudig sprach von der „Tyrannei der Formalstufen" und konzipierte die *Methode der freien geistigen Arbeit*. Unterricht müsse auf Selbsttätigkeit hin organisiert werden, d.h., die Schule müsse ihre Schüler in die Techniken des Auswendiglernens, des Beschreibens

und Schilderns, des Erzählens, des Erläuterns von Texten usw. einführen (Gaudig, 1922). Selbsttätigkeit ist das Kennwort der Methodik. Durch Selbsttätigkeit werde die Schule zur Arbeitsschule. Sofern der Schüler selbsttätig ist, wird er zum handelnden Subjekt. Kerschensteiner kritisierte ebenfalls Herbart und führte selbst wieder ein *Artikulationsschema* ein (Fragen-Vermuten-Prüfen-Ergebnis) (Kerschensteiner, 1959[9]). Der Gedanke der „Spurenlegung" war trotz aller Kritik soweit ausgeprägt, daß Waltraud Neubert eine *Methodik des Erlebnisausdrucks* schrieb (Neuber, [3]1932): Vorbereitung oder Einstimmung – aus dem eigenen Erlebnis heraus wachsende Darbietung – Rationalisierung des Erlebnisses durch Gewinnung der in ihm angelegten Begriffe – Aufruf zur Tat. Der Gedanke der formalen Bildung prägte sich in verschiedenen Konzepten aus (Geißler, [8]1970).
Die Reformpädagogik brachte aber auch die stärkere Orientierung des methodischen Denkens an den Schülern und ihren Bedürfnissen und Interessen. Der Gedanke des *Vorhabens* von Kretschmann und Haase (Kretschmann, 1948) und der *Projektgedanke* von Bossing und Dewey (Bossing, 1935; Kilpatrick/Dewey, 1935) stehen dafür.
Nach dem zweiten Weltkrieg hat die Literatur zu Methoden des Unterrichts diesen Diskussionsstand fortgeschrieben. Einige Stationen seien kurz skizziert.
Bis zum Erscheinen der sog. Berliner Didaktik im Jahre 1965 gaben vor allem die in vielen Auflagen erschienenen Unterrichtslehren von Huber, Jannasch/Joppich und Stöcker Orientierung. Sie sind später öfter als vorwissenschaftliche Kompendien abqualifiziert worden, ohne daß „wissenschaftlichere" Methodendarstellungen erschienen wären. Die genannten Autoren haben viele Lehrergenerationen mit einem Methodenrepertoire konfrontiert, das als Sammlung reflektierter Erfahrungen gekennzeichnet werden kann und neben Ausführungen zu Sinn und Aufgabe des Unterrichts, zu Lehrplanfragen *Unterrichtsgrundsätze* (Anschaulichkeit, Selbsttätigkeit, Lebensnähe, Kindgemäßheit und Erfolgssicherung) und *Unterrichtsformen* im Überblick darstellen. Bei letzteren werden Formen des unmittelbaren (direkten) Unterrichts – dies sind die darbietende Lehrform, die erarbeitende Lehrform, der Fragenunterricht, der Impulsunterricht, der Gesprächsunterricht, der Lehrgang – und des mittelbaren Unterrichts – produktive Alleinarbeit, Gruppen- und Partnerarbeit, programmierter Unterricht – unterschieden (Huber, [11]1972, Jannasch-Joppich, [7]1969, Stöcker, [13]1970).
In gewissem Sinn epochemachend wirkte dann die sog. *Berliner Didaktik,* die 1965 von P. Heimann/G. Otto/W. Schulz unter dem Titel „Unterricht – Analyse und Planung" herausgegeben wurde (Heimann/

Otto/Schulz, Hannover 1965) und ebenfalls viele Auflagen erreichte. Diese Autoren verstehen *Didaktik* als Theorie des Unterrichts und wollen Unterricht mit wissenschaftlichen Mitteln erfassen. In der Strukturanalyse identifizieren sie *6 Strukturmomente* (anthropogene und sozialkulturelle Voraussetzungen, Intentionalität, Thematik, Methodik und Medien) und sprechen von der Interdependenz dieser Strukturmomente. Sie holen also methodische Fragen zurück in die wechselseitige Bedingtheit von Voraussetzungen, Intentionen/Themen und Methoden/Medien, während sie in der Darstellung der Methoden nicht über den bis dahin erreichten Diskussionsstand hinausgehen. Sie unterscheiden Methodenkonzeptionen als Gesamtentwürfe des Unterrichts, Artikulationsschemata als Ablaufstrukturierungen, Sozialformen, Aktionsformen des Lehrens und Urteilsformen. Im Unterschied zu ihrem Begriff von Didaktik im weiteren Sinn konstatierte Klafki 1970 noch einmal die Unterscheidung von Didaktik im engeren Sinne (die Fragen der Intentionen und Inhalte behandelt) und der Methodik (die sich mit den pädagogischen Verfahrensweisen befaßt) (Klafki, 1970). In der Darstellung der Methoden des Unterrichts selbst zeigt sich eine Zusammenstellung bekannter Unterrichtsmethoden, ergänzt durch neu aufgekommene Ansätze wie z.B. Großgruppenunterricht, Team-teaching. Auf dieser Linie liegen auch Publikationen des Autors (Bönsch, 1965; Bönsch, ^{2}1973) wie spätere z.B. von Aschersleben (Aschersleben, 1974), Gudjons u.a. (Gudjons, Teske, Winkel, 1982) – sie strukturierten die Thematik neu von der jeweiligen Poligkeit der mit den Methoden implizierten Interaktionen her –, während Schulze die in der Regel auf praktische Verwendbarkeit ausgelegten Darstellungen von Unterrichtsmethoden in wissenschaftstheoretische Reflexionen über methodische Verfahrensweisen einband (Schulze, 1978).

Auf zwei Ansätze darf noch hingewiesen werden, die je für sich eigenständige Anreicherungen der Thematik geleistet haben. Natürlich könnte man noch auf viele weitere Publikationen verweisen (Bönsch, 1986). Blankertz und in seiner Folge Menck haben mit dem Begriff der *methodischen Leitfrage* deutlich gemacht, daß jedes Thema verschiedene Möglichkeiten für die inhaltliche Akzentuierung bietet. Die Entscheidung für die eine oder andere fällt mit der Berücksichtigung der anthropogenen Voraussetzungen der Schüler und der konkreten sozio-kulturellen Bedingungen. Die methodische Strukturierung des Unterrichts wird dabei immer schon bedacht. Die Methode hat gegenstandsbestimmende Funktionen. Die Inhaltlichkeit ergibt sich nicht allein aus der Thematik heraus, sondern immer auch von den intendierten Zugriffs- und Bearbeitungsmöglichkeiten und deren Begründung

(Blankertz, ³1973, Menck, 1986). Einsiedler hat in mehreren Publikationen Ergebnisse der Lehrmethodenforschung dargestellt (Einsiedler, 1976; Einsiedler u.a., 1978, Einsiedler, 1981). In diesem Zusammenhang ist auch Roth zu erwähnen (Roth, 1971). Ihm kommt das Verdienst zu, die empirische Erforschung von Lehrmethoden und ihrer Effekte auf den Lernerfolg besonders im angelsächsischen Bereich rezipiert und dargestellt zu haben. Die Ergebnisse sind heterogen und führen noch nicht zu einer konsistenten Theorie der Unterrichtsmethoden.

Gegenwärtiger Diskussionsstand

Im folgenden wird versucht, in einer systematischen Gesichtspunkten folgenden Darstellung den gegenwärtigen Diskussionsstand aufzuarbeiten.

Prämissen

Drei Prämissen sind vorab noch einmal zu formulieren. Erstens: Unterricht als eine Lehr-/Lernveranstaltung ist keine Veranstaltung, die um ihrer selbst willen stattfindet. Sie dient immer dem Anliegen, Lernen bei Lernenden zu bewirken. Und zweitens: Unterricht will immer ausgewählte Inhalte, Fertigkeiten, Verhaltensweisen, Einstellungen zum Gegenstand von Lernprozessen machen. Drittens: In der Regel wird ein Lehrender Vermittlungs-, Moderator-, Beraterfunktionen wahrnehmen. Die Rede vom *didaktischen* Dreieck hat insofern ihre Berechtigung. Dies gilt auch bei allen indirekten Formen, weil entweder Lehrfunktionen von Lehrenden an Arbeitsanweisungen, Arbeitsmittel, Programme delegiert worden sind oder Informations-, Beratungs-, Kontrollfunktionen zusätzlich wahrgenommen werden. Die relativ vollständige Delegation von Lehrfunktionen gibt es beim Fernstudium (Medienverbundsysteme).

1.1 Modellierungen von Methodenkonzeptionen und Beschreibung von Methoden

Mit vier Modellbeschreibungen von Methodenkonzeptionen und dabei zu berücksichtigender Methoden wird eine Systematik versucht.

1.1.1 Das klassische Lehrkonzept

„Da der Mensch wesenhaft darauf angelegt ist, lernen zu müssen, um existieren zu können, finden wir überall, wo Menschen miteinander leben, die Lehre“ (Schwager, 1958). Ältere, Fähigere übernehmen es, den Nachwuchs fähig zu machen, das Leben zu meistern. Der Könner, der Wissende, der Meister übernimmt die Lehrfunktion. Etwas Vorgegebenes wird weitergegeben. Lehren heißt Vortragen, Vormachen, Vorführen. Lernen heißt übernehmen, nachmachen, einprägen.

Das Vortragen

Die Absicht dieser verbalen Vermittlung ist darauf gerichtet, mit Hilfe des Mediums „Sprache“ Informationen, Einstellungen, Bedeutungen weiterzugeben. Diese Grundform stellt sich bei näherem Zusehen komplizierter dar, als man vermuten könnte. Der Vortragende trägt Vorstellungen, Begriffe, Wissen, Denkoperationen in der ihm zur Verfügung stehenden Sprache vor. Affektive Tönungen und subjektive Bewertungen schwingen mit. Der Zuhörer soll mit Hilfe des gemeinschaftlich beherrschten Zeichensystems „Sprache“ das aufnehmen, verstehen und speichern, was der Vortragende ausspricht. Nun kann aber ein Zuhörer dies nur leisten, wenn seine Sprache genügend Äquivalente zur Sprache des Vortragenden besitzt. Vorträge, Referate, Erzählungen, Schilderungen sind den Verstehens- und Speichermöglichkeiten der jeweiligen Zuhörerschaft entsprechend zu gestalten. Dies erfordert eine Methodik des Vortragens (Aebli, [12]1981).

Das Vormachen

Das Vormachen will Fertigkeiten, ein Können dem Lernenden im Vollzug zur Kenntnis geben, damit er in die Lage versetzt wird, es dann nachzumachen (die Bildung eines Lautes in der Fremdsprache, der Gebrauch eines Hammers, das Brustschwimmen u.a.m.). Die zugrundeliegende Annahme ist, daß der Lernende die vorgemachte Tätigkeit beim Zuschauen innerlich nachahmt, damit er sie anschließend im äußeren Vollzug nachahmen kann. Gleichzeitig kann der Zuschauer beim Vormachen das zu Lernende in einer Idealgestalt sehen. Dies ist wichtig, weil das gute Beispiel wichtige Orientierungs- und Steuerungsfunktionen hat. Aus diesen Grundgegebenheiten läßt sich dann eine Methodik des Vor-/Nachmachens entwickeln (motivationale Bedeutung des Vormachens, die möglichst eindringlich vollzogene Bewegung, die Zerlegung komplexer Bewegungsabläufe in Teile, die Organisation des Nachmachens (Trainingssequenzen) u.a.m.).

Das Vorführen

Das Vorführen will Sachen, Gegenstände, Prozesse, Vorgänge zeigen, die Gegenstand von Lernprozessen sein sollen. Die sprachliche Erklärung wird als nicht ausreichend angesehen. Hier kommen auf eine erste Weise alle zur Verfügung stehenden Medien ins Spiel, aber eben nur in der Funktion des Vorführens: Film, Bild, Modell, Versuch, Tafelskizze u.a.m. Vom Lernenden wird erwartet, daß er das Vorgeführte und die erläuternden Erklärungen aufnehmen, speichern und verbal in einem anderen Modus (Zeichnung, schriftlicher Bericht) wiedergeben kann. Der Anspruch ist nicht gering, da Speicherungs- und Verarbeitungshilfen häufig dem Vorführen nicht oder wenig entnommen werden können.
Das klassische Lernkonzept – so wichtig es immer wieder sein wird – sieht den aktiven Part beim Lehrenden, den reaktiven Part beim Lernenden. Eine gewisse Eingleisigkeit, Gefahren autoritären Verhaltens, ein restriktives Verständnis von Lernen sind kritische Punkte.

1.1.2 Unterricht als Arrangement

Methoden des Unterrichts bekommen eine ganz andere Rahmenvorgabe und Ausprägung, wenn Lernen verstanden wird als Auseinandersetzung mit Sachverhalten, als Entdecken von Fragestellungen, als Versuchen und Experimentieren, als selbständiger Umgang mit Lernmaterialien.
Die zentrale didaktische Intention ist dann, „Lernende und potentielle Lerngegenstände" in einem didaktischen Spannungsfeld „aneinander geraten" zu lassen. Dem Lernenden wird zugemutet, nicht nur „fertiges" Wissen zu übernehmen, sondern Fragen zu stellen, Probleme zu sehen, Lücken zu entdecken, Sinn zu erfassen, Beziehungen zu finden, Trends zu sehen, Regeln zu formulieren. Lehren heißt, ihn in schöpferische Lernprozesse zu verwickeln. Das *Lernarrangement* ist der je unterschiedlich strukturierte Zusammenhang von Problemstellung, Informationsbereitstellung, Medienangebot und Lernberatung (Bönsch, 1970). Der Lehrende wird eher Lernplaner, Dramaturg,

Arrangeur, Moderator. Methoden des Unterrichts lassen sich prototypisch wie folgt skizzieren:

Das Initiieren von handlungsorientiertem Lernen

Lerngegenstände sind konkret-handgreiflich vorhanden und regen aufgrund bestimmter *didaktischer Qualitäten* (Komplexität, Lückenhaftigkeit, Sonderbares, Überraschendes, Verwunderliches, Beunruhigendes u.a.m.) zur Auseinandersetzung an. Das Umgehen mit ihnen (Pflanzen, technische Gegenstände, Modelle, Experimentiergerät u.a.m.), das tatsächliche Auseinandersetzen (Zerlegen, Abschneiden, Auseinanderbauen u.a.m.), das Anwenden, das Recherchieren, das Bauen, das Herstellen, das Entwerfen werden bevorzugte *Lernaktivitäten.*

Das Provozieren von problemorientiertem Lernen

„Konstitutiv für ein Problem ist die Konfrontation eines Schülers mit einer Situation/Aufgabe, die nicht mit Hilfe eines bereits verfügbaren Schemas anzugehen ist" (Becker, 1972). Ein *Problem* entsteht für ein Individuum, für eine Gruppe, wenn in einer Situation oder gegenüber einem Sachverhalt Lücken, Zweifel, Widersprüche, Verwirrung entstehen und in bezug auf die Lösung subjektive Neuartigkeit besteht (Bönsch, [2]1990). Problemlöseaktivitäten können kognitiv bestimmte Operationen wie genaueres Durchdringen, Beschaffung neuer Informationen, Befragung anderer Menschen/Institutionen, aber auch praktische Versuche oder soziale Handlungen sein.

Das Arrangieren von entdeckendem Lernen

Eine Hochform institutionalisierten Lernens ist gegeben, wenn Lernsituationen arrangiert werden können, die *entdeckendes, nacherfindendes Lernen* möglich machen. „Alle methodische Kunst liegt darin beschlossen, tote Sachverhalte in lebendige Handlungen zurückzuverwandeln, aus denen sie entsprungen sind: Gegenstände in Erfindungen, Werke in Schöpfungen, Pläne in Sorgen, Verträge in Beschlüsse, Lösungen in Aufgaben, Phänomene in Urphänomene" (Roth, [14]1973). Das Copeische Milchbüchsenbeispiel kann als ein klassisches Beispiel angesehen werden (Copei, [5]1960).

Das Konstruieren von situativem Lernen

Der Terminus „Situation" ist als speziell didaktischer in verschiedenen Zusammenhängen entwickelt worden (Bönsch, 1965). Gemeint ist hier die *Situation* als eine Konstellation, in der der Lernende sich angesprochen fühlt und spontan reagiert. Die Sprechsituation im Fremdsprachenunterricht, die Spielsituation in der Grundschule, die Praktikumssituation außerhalb der Schule sind Beispiele für Situationen, in denen der geschaffene Kontext Anregungen anbietet (Sprechanlaß, Spielregel, Produktion), auf die ein Lernender mit Lernaktivitäten (Sätze als Antwort formulieren, Spielaktivitäten, Mitmachen, Kennenlernen) reagiert.

Das Modellieren von simulativem Lernen

Da institutionalisiertes Lernen häufig von Lebenswirklichkeiten abgehoben ist – es ist geradezu ein konstitutives Merkmal –, ist die Rekonstruktion von *Quasi-Wirklichkeitserfahrungen* eine eigenständige methodische Aufgabe geworden. Scheinfirmen, Lehrrestaurants, das Lernbüro, der Flugsimulator, das Planspiel, das Rollenspiel, auch bestimmte Projektformen können in einer Linie von Abstufungen als Beispiele genannt werden. Der methodische Ansatz ist, über die Modellierung sog. *Modellwirklichkeiten,* über fingierte Wirklichkeiten Lernen lebensnaher, realitätsgerechter zu gestalten, andererseits die Verfügungsgewalt über die Lernintensität und über die Lernchancen zu behalten (Rehm, 1964).
Das Arrangement von Lernkonstellationen ist gegenüber der klassischen Vermittlung an einer anderen Qualität von Lernen orientiert. Es ist allerdings in der Planung auch schwieriger und in der Realisierung weniger in der Verfügung von Lehrenden. Wenn das Lernergebnis weniger kalkulierbar ist und die Lernprozesse nicht exakt planbar sind, sind Risiko, Offenheit, Zuversicht wichtiger als pure Outputorientierung.

1.1.3 Methodenrepertoires als Organisationsangaben

Darstellungen von Unterrichtsmethoden sind häufig Methodenrepertoires im Sinne von Sammlungen möglicher Organisationsmuster planmäßigen Lernens unter Vernachlässigung der Frage, welche Inhalte mit welcher Intention wie zum Lerngegenstand werden können. Sie sind aber zweifellos als Überblicke verbreitet und geben damit Orientierung. Stellen wir zwei Aufstellungen nebeneinander:

Unterrichtsmethoden nach Winkel (1982)

1. *Einzelarbeit*
2. *Programmierter Unterricht*
3. *Klassenarbeit*
4. *Hausarbeit*
5. *Partnerunterricht*
6. *Kleingruppenunterricht*
7. *Großgruppenunterricht*
8. *Simulative Verfahren sowie Lern-, Kunst- und Sportspiele*
9. *Lehrerdarbietung*
10. *Schülerdarbietung*
11. *Experiment*
12. *Entwickelndes Lehrgespräch*
13. *Lockeres Unterrichtsgespräch*
14. *Diskussion*
15. *Rundgespräch*
16. *Debatte*
17. *Team Teaching*

Methodik nach Heimann – Otto Schulz (1965)

1. *Methodenkonzeptionen als Gesamtentwurf des Unterrichtsverlaufes*
   a) Ganzheitlich – analytische Verfahren
   b) Elementenhaft – synthetische Verfahren
   c) Projektverfahren
   d) fachgruppenspezifische Verfahren mit Konzeptionscharakter wie etwa die direkte Methode im Fremdsprachenunterricht
2. *Artikulationsschemata, die den Unterrichtsprozeß nach den vermuteten Lernphasen der Schüler strukturieren (siehe z.B. Roths 6-Stufen-Schema)*
3. *Sozialformen des Unterrichts*
   a) Frontalunterricht
   b) Kreissituation
   c) Teilgruppenunterricht
   d) Einzelunterricht
4. *Aktionsformen des Lehrens*
   a) direkte: Vortrag, Frage, Demonstration, Unterrichtsgespräch
   b) indirekte über schriftliche Arbeitsanweisungen, präformiertes Material
5. *Urteilsformen des Lehrers (Fragen des Unterrichtsstils)*

Soviel die Übersichten an Orientierung bieten, so zeigen sie gleichzeitig das „Elend“ vieler Publikationen, die Unterrichtsmethoden darstellen wollen. Der Begriff „Unterrichtsmethode“ wird zum Teil unscharf verwendet. So ist Team-Teaching eine spezielle Organisationsform der Vermittlung oder auch anderer Anliegen, im strengen Sinn aber keine Methode, Großgruppenunterricht ist wohl ebenfalls eine bestimmte Organisationsform für bestimmte methodische Anliegen. Dies kann man von den Sozialformen insgesamt sagen. Offen bleibt jedenfalls, welcher Art die Zugriffe, Aufgaben, Auseinandersetzungen sind, die mit ihnen intendiert werden. Der Begriff „Unterrichtsmethode“, wie er in den Übersichten verwendet wird, läßt weiterhin offen, welcher Art die Lerngegenstände sind, die mit ihnen zugänglich und bearbeitbar werden und welcher Art die Vermittlungs- und Bearbeitungsmodi sind. Mit anderen Worten: die Reichweite der jeweiligen Methode oder Organisationsform bleibt offen.

1.1.4 Adressatenorientierte Unterrichtsmethoden

Ein gänzlich unterentwickelter Bereich im Rahmen des Themas „Methoden des Unterrichts“ sind *adressatenorientierte Methoden* im Unterschied zu den in der Regel – und bis jetzt auch in dieser Darstellung – inhaltsorientierten Methoden und dazugehörigen Organisationsmustern (z.B. Lehrervortrag und Großgruppenunterricht).
Wenn Unterricht konsequent mit dem verbreiteten Postulat der Adressatenorientierung ernstmachen wollte, müßten ganz neue Methoden entwickelt werden. Das darf wenigstens im Ansatz dargestellt werden.

Motiv, -Interessenartikulation

Es fehlen bisher Methoden, die konsequent Lernmotive, -interessen und -bedürfnisse erheben können. Den Anfang könnte man mit *Suchsonden* machen, wie sie die folgende Skala darstellt (Bönsch, 1981):

Suche nach Sinnorientierung, Bewußtseinserweiterung	Interesse an neuen Kommunikationsweisen, Lebensformen	Interesse an Wissen über Gesellschaft/Kultur/Technik/Politik/Wissenschaft	Interesse an Freizeitaktivitäten/Bedürfnis nach Lebenserfüllung	Ausbildungs-(Qualifikations-)bedürfnis nach allgemeinbildenden Abschlüssen (Hauptschulabschluß, Abitur) oder beruflicher Qualifikation (Sekretärinnenausbildung)

Befragungen – schriftlich oder mündlich – wären ein erster Weg, die Suchsonden anzuwenden. Angebote, in heuristischer Absicht gemacht,

wären ein zweiter Weg. Gemeint sind Angebote, die vor allem zur Prüfung oder Hebung von Interessen und Bedürfnissen gemacht werden, um daraus Ideen für entsprechend zu planende Angebote zu finden. Man kann sich diese Ansätze zunächst nur in der Erwachsenenbildung denken. Aber wenn sie in der Schule realisiert würden, würde diese sich eventuell radikal verändern müssen.
Ein *Angebotsrahmen,* der ebenfalls den Intentionen folgt, den Lernenden anzuregen, sein Lernen selbst in die Hand zu nehmen, könnte so aussehen (Bönsch, 1981):

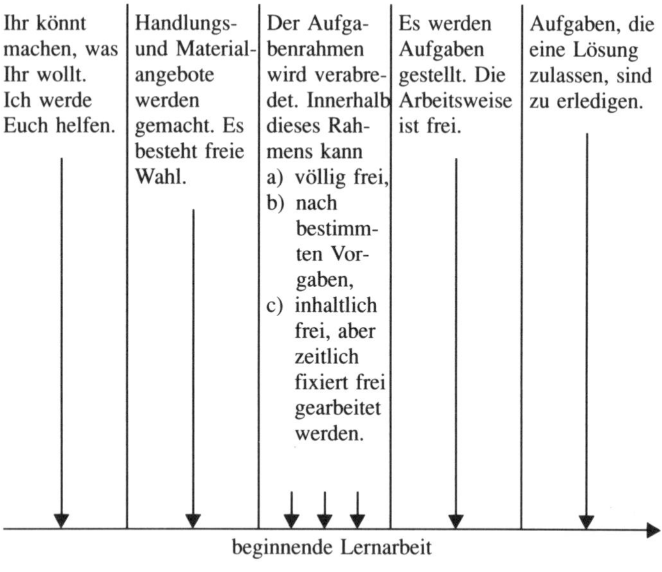

Die Skala enthält Möglichkeiten, die von „völlig offen“ bis „ziemlich stark vorgegeben“ reichen. Methodisch wäre für die Lehrenden wichtig, je nach der konkret gegebenen Lage adaptiv die Angebote zu verfolgen, die am ehesten zu gewährleisten scheinen, daß einzelne oder Gruppen ihr Interesse weiter artikulieren bei gleichzeitig konkreter werdender gemeinsamer Planung und Lernarbeit. Für den Bereich der Erwachsenenbildung mag die folgende Übersicht eine erste Strukturierung geben (Bönsch, 1981):

Adressatenorientierte Didaktik im Überblick

Prämisse	Der Erwachsene als autonomes Individuum mit unterschiedlicher Bewußtseinslage und unterschiedlichen Bedürfnissen/Interessen ist der Ausgangspunkt curricularen Denkens. Es kann kein schulähnliches, d.h. verordnetes Curriculum in der quartären Phase geben.					
Qualifikationen der Lehrenden	*Kommunikationskompetenz* Sensibilität, Toleranz, Empathie, Toleranz in sozialen Fragen, Fähigkeit zu Gespräch, Meditation, Selbstreflexion, Gruppendynamiktraining		*Interdisziplinäre Fachkompetenz* Grundfragestellungen für vieles, speziellere Kenntnisse für weniges besitzen	*Lehrerqualifikationen*	*Animateurqualifikationen im engeren Sinn* Anregen, organisieren und Mut machen, Freude, Spaß bereiten, lockern	*Speziellere Fachkompetenzen* bzw. Fertigkeiten
Bewußtseins-Bedürfnis-Skala	Suche nach Sinnorientierung, Bewußtseinserweiterung	Interesse/Bedürfnis an neuen Kommunikationsformen, Lebensweisen	Interesse an Wissen über Gesellschaft/Kultur/Technik/Politik/Wissenschaft	Bedürfnis nach Abschlüssen wie Hauptschul-, Realschulabschluß, Abitur	Interesse an Freizeitaktivitäten, Bedürfnis nach Lebenserfüllung	Ausbildungs-/Qualifikationsbedürfnis
Veranstaltungsformen	Wochenendseminare, Heimvolkshochschulwochen, Bildungsurlaub, Meditationszeiten	Gruppendynamische Seminare, Bildungsurlaub, Familienseminare, Stadtteilarbeit, Projekte	Vorträge, Vortragsreihen, Seminare, Kurse, Diskussionsformen	Lehrgänge, Semesterkurse, Schulungen, Abendschule, Abendoberschule	Selbstorganisiertes Lernen, Spielen, Kurse, Lehrgänge, Exkursionen, Reisen, Theater, Konzert, Sport, Lesungen	Ausbildung, Training, Umschulung in Bereichen wie z.B. Schreibmaschine, Stenographie, Englisch, EDV, Technisches Zeichnen

1.2 Perspektiven und Forschungsanregungen

Zum Abschluß sei der Punkt markiert, an dem die wissenschaftliche Diskussion und Forschung heute das Thema „Methoden des Unterrichts" weiterverfolgen sollte. Wenn das wieder aktuelle Interesse an Methoden des Unterrichts nicht bei den Unterrichtslehren von Huber, Jannasch-Joppich und Stöcker ansetzen soll, ist ein Orientierungshorizont zu entwickeln, der folgendermaßen zu beschreiben ist.

Lehrer- oder Lernerorientierung

Nach der Diskussion der letzten Jahre unter den Stichworten *„kommunikative Didaktik"* (Bönsch/Schittko, 1979) muß man heute zwei prinzipiell unterscheidbare Versionen von Unterricht beschreiben. Die folgende Übersicht kann das skizzenartig deutlich machen (Bönsch, 1986):

Zwei Versionen von Unterricht

1. Grundverständnis von Unterricht	
1.1 Kinder zu Menschen machen durch Ältere, Wissende. Stellvertreter des „Solls" → eher autoritative und vorschreibende Didaktik	1.2 Subjekten Angebote machen, um Sach- und Sozialkompetenz sowie individuelle Sinnorientierung und Handlungsfähigkeit zu gewinnen → eher emanzipatorische und kommunikative Didaktik
2. Inhalte des Unterrichts	
2.1 Fachleute wissen, was wichtig ist und setzen damit die Ansprüche/Normen/Zwänge → eher fachorientierte und vorschreibende Inhaltsauswahl	2.2 Lernmoderatoren bieten Inhalte als exemplarische Zugänge, Aufschlüsselungen und lebens-/gesellschaftsrelevante Problembereiche an → eher fachübergreifende, der Verabredung zugängliche Inhaltsauswahl
3. Methoden/Medien des Unterrichts	
3.1 Methoden der Vermittlung. Darbietungen überwiegen. Lernzielorientierung und -überprüfung gehören dazu → eher effektivitätsorientiert	3.2 Unterricht ist gemeinsames Handeln in Planung. Realisation und Reflexion → Problem-, Handlungs-, Projektorientierung überwiegen

Für die rechte Seite der Übersicht ist die Diskussion über Unterrichtsmethoden dringend voranzutreiben.

Neuer Bezug von Unterrichtsmethoden und Lerninhalten

Ein zweiter Orientierungshorizont ergibt sich, wenn man der Kritik folgt, nach der Unterrichtsmethoden immer wieder inhaltsneutral diskutiert worden sind. Das Methodenproblem ist in bezug auf die zu bearbeitenden Lerninhalte und das Erkenntnisinteresse an ihnen vernachlässigt worden. Hier ist ein Fortschritt möglich, wenn die potentiellen Lerngegenstände über das Buchwissen hinaus erweitert werden und Methoden auf unterschiedliche Inhaltsstrukturen hin bedacht werden, dabei das Problem, ob Lernen eher Rezipieren/Speichern oder mindestens ebenso sehr Erforschen/Erfahren/Erarbeiten sein soll, mitbedacht wird. Die folgende Übersicht ist als ein heuristisches Raster zu verstehen – sicher noch nicht in einer endgültigen Form –, das über die verschiedenen Unterrichtsfächer hinweg vier curriculare Grundstrukturen auf der Waagerechten vorsieht und in der Senkrechten dazu Methoden der Rezeption wie des Erforschens/Erfahrens/Erarbeitens wie Möglichkeiten des Verarbeitens/Verortens/Veröffentlichens zuordnet. Die damit entstehende Matrix ist mit Beispielen versehen; Vollständigkeit ist auch hier nicht beabsichtigt (Bönsch, 1986):

Inhalt und Methode: Potentielle Lerngegenstände und ihre Rezeption/ Produktion

Gegenstände des Lernens / Modi des Lernens	Realitäten (physische, psychische, soziale, politische) des menschlichen Lebens	Wissen über Realität (gegenwärtige, vergangene, zukünftige)	Spiegelungen, Darstellungen, Auffassungen, Schöpfungen (Romane, Gedichte, Bilder, Lieder, Opern, Plastiken usw.) menschlichen Lebens	Gestaltungen (Sprache, Spiel, Sport, Malen, Singen, Musizieren, Werken) über menschliches Leben
Rezeption Hören, Sehen, Lesen, Sprechen, Speichern, Interpretieren, Nachmachen	z.B. ein Bäckermeister beschreibt seine Arbeit in der Backstube	z.B. im Fernsehen in Texten in Bildern in Statistiken in Dokumenten	z.B. Kurzgeschichten lesen und interpretieren	z.B. Spiele kennenlernen Übungen ausführen Bilder herstellen Nachsingen

		in Grafiken in Vorträgen in Filmen in Schulfunk- sendungen		
Erforschen Erfahren Erarbeiten	z.B. Recherchieren, Unterrichts- gang, Erkun- dung, Rei- sen, Prakti- kum, Exkur- sion, Inter- view, Expe- rimente		z.B. Geschichte zu einem Thema suchen	z.B. Spiele für Altennachmittag suchen, durch- probieren, zusammenstel- len, Planspiele, Rollenspiele
Verarbeiten Verorten Veröffentlichen durch Produ- zieren durch Gestalten durch Verän- dern durch Handeln durch Verwen- den durch Anwen- den	 z.B. Projekte Demonstration Eingaben Agieren	z.B. Arbeitsheft Collage Ausstellung Elternabend z.B. Zeitung Buch Dokumentation	z.B. Gedichtsamm- lung z.B. eigene Kurzge- schichten schreiben Rock-Work- shop durch- führen	z.B. Liederabend Theaterauffüh- rung z.B. Spiele erfinden Lieder kompo- nieren Liederabend Sportfest Schulfest

Der Grundsatz ist, daß Curricula keine „Museen" menschlicher Erfindungen, Entdeckungen, Gestaltungen, Erfahrungen sind. Das menschliche Leben in all den Aspekten seiner Realitäten wie dem gewonnenen Wissen und produktiven Gestaltungen (Texte, Lieder, Bilder, Dramen, Opern u.a.m.) ist Gegenstand des Lernens, das selbst nicht nur die Übernahme von „Kulturgütern" bedeutet, sondern in starkem Maße der handlungs- und problemorientierten Methoden bedarf. Unterricht als „Werkstatt der Lebensbemächtigung" – dies ist die Signalformel für die Zukunft!

2. Neuere komplementäre Konzepte erfolgreichen Unterrichts

2.1 Adaptiver Unterricht

Ausgang

In der allgemein- und fachdidaktischen Diskussion wie in Rahmenrichtlinien ist ein ehernes Postulat immer wieder festzustellen: daß der Unterricht nämlich an den Lernvoraussetzungen der Schüler anzuknüpfen habe. Folglich kann man in schriftlichen Unterrichtsentwürfen immer wieder etwas über die Gegebenheiten in einer Klasse (Schülerzahl, Verhältnis Mädchen – Jungen, Arbeitshaltung, schwierige Schüler, vorhandene Arbeitstechniken u.a.m.) lesen. Ebenso häufig wird dann die Planung des Unterrichts unter Inhalts- und Verlaufsgesichtspunkten entworfen, die Lernvoraussetzungen scheinen vergessen. Diese Beschreibung scheint typisch für Unterrichtsplanung zu sein: Unterricht wird für einen Inhalt und von einem Lehrer geplant, die Schulgegebenheiten bleiben amorph, wenig konkretisiert, als „Durchschnitt" antizipiert. Die Lernvoraussetzungen einzelner Schüler bleiben vernachlässigt. Man könnte meinen, für die Unterrichtung von Klassen sei auch gar nichts anderes möglich. Trotzdem kann man vom Stand der Theorie her diese Auffassung, falls sie vertreten wird, als archaisch bezeichnen; verfügen wir doch über das Konzept des adaptiven Unterrichts, das im folgenden näher beschrieben werden soll und das bei sinkenden Schülerzahlen und in genügender Zahl vorhandenen Lehrern einen „qualitativen Sprung" für das tägliche Unterrichten ergeben könnte.

Die Kerngedanken des Konzepts adaptiven Unterrichts

Adaptiver Unterricht bedeutet die Schaffung einer möglichst optimalen Lernumwelt für jeden Schüler, während bei der herkömmlichen Differenzierung die Schüler danach ausgesucht werden, wie sie am besten zu einem vorgegebenen Unterricht passen (Schwarzer/Steinhagen, 1975). Vor allem das sog. ATI-Konzept (Aptitude-Treatment-Interak-

tion; Wechselwirkungen zwischen Schülermerkmalen und Unterrichtsmethoden) aus den USA (Cronbach/Snow, 1969) und das Mastery-Learning-Konzept (zielerreichendes Lernen) von Bloom (1970), Block (1971) und Carroll (1972), ebenfalls aus den USA kommend, sind Grundlage für den adaptiven Unterricht.
Adaptiver Unterricht verfolgt die Frage, welche Lernzeit und Lernhilfen (personale wie mediale) ein Schüler mit seinen ganz spezifischen Lernvoraussetzungen (allgemeine Intelligenz, Begabung für bestimmte Lernarten, Ausdauer) braucht, um die gesetzten Lernziele zu erreichen. Könnte die Wechselwirkung von Schülermerkmalen und Unterrichtsmethoden wirklich optimiert werden, so müßten 80–85% aller Schüler die gesetzten Grundlernziele (Fundamentum) erreichen können. Somit erweist sich adaptiver Unterricht als eine schulpädagogische Herausforderung, die bildungspolitisch Chancengerechtigkeit, lerntheoretisch Optimierung des Lernerfolgs und didaktisch-methodisch eine höchst artifizielle und differenzierte Unterrichtsstruktur verheißt oder fordert, je nach Einstellung dazu.

2.1.1 Erste Konkretisierung: Orientierung an Lernstrategien

Die meisten Maßnahmen der Schule sind darauf ausgerichtet, die so unbequemen individuellen Unterschiede soweit zu reduzieren, daß der Unterricht in unveränderter Weise fortgeführt werden kann. Dies trifft z.B. auch auf Förderunterricht zu. Adaptiver Unterricht paßt sein Vorgehen dem Individuum an. Wenn man z.B. weiß, daß das Erarbeiten und Behalten eines Sachtextes durch eingefügte (ordnungsstiftende) Fragen für Lerner mit schwachem assoziativem Gedächtnis leichter ist, für Lerner mit starkem assoziativem Gedächtnis die „Einmischung von außen" eine Erschwerung bedeutet, da sie eigene verläßliche Memorierungsstrategien entwickelt haben, müßte das zu praktischen Konsequenzen führen, die sich der Lehrer leicht vorstellen kann; unterschiedliche Modi für Instruktion und Gegenstandsbegegnung und unterschiedliche Bekräftigungs- und Rückmeldemodi wären zur Anwendung zu bringen.

Die Infrastruktur adaptiven Unterrichts

Bisher werden schulische Mißverfolge vorwiegend auf ungünstige Schülermerkmale zurückgeführt, wobei in den seltensten Fällen mangelnde Qualität des Unterrichts zur Erklärung herangezogen wird (Ingenkamp, 1979). Die Situation im Klassenzimmer erscheint in gewisser Weise standardisiert. Ein Lehrer steht einer Klasse gegenüber. Dabei ist es nicht verwunderlich, daß nicht alle Schüler im gleichen Maße vom Unterricht profitieren. Eine ganz andere Qualität wird der Unterricht haben, der in der Präsentation, Erläuterung und Anordnung der Lerninhalte bezüglich klarer Lernziele auf einzelne Individuen zugeschnitten ist. In Anlehnung an die vorliegende Literatur werden im folgenden die Elemente adaptiven Unterrichts entwickelt.

Auswahl und Festlegung der in Frage kommenden Unterrichtsstoffe

Für adaptiven Unterricht, der sich auf die Lernmöglichkeiten des einzelnen Schülers unter dem Anspruch zielerreichenden Lernens einstellen will, ist curricular zu klären, welche Unterrichtsstoffc unerläßlich und damit als für alle notwendig zu erarbeiten angesehen werden. Da schulischer Unterricht in seinen Intentionen komplex ist (Wissensvermittlung als Ausrüstung für das spätere Leben, Interessenentwicklung, Entwicklung von Selbstbestimmung und den Fähigkeiten, Disziplinen auf eigene Weise zu bearbeiten und zu studieren u.a.m.), sollte adaptiver Unterricht auf die Bereiche begrenzt bleiben, die als für jeden Schüler unerläßlich angesehen werden. Es bleibt hier das damit verbundene Problem außer acht, wie denn das Unerläßliche zuverlässig bestimmt werden könnte. Wäre das möglich, würden für den weiteren Unterricht viel entspannter Lehr-/Lernverhältnisse zu gestalten sein.

Festlegung und Überprüfung eines Erfolgskriteriums

Erfolgreicher adaptiver Unterricht mit der Maßgabe zielerreichenden Lernens setzt voraus, daß der Lehrer in der Lage ist zu erkennen, wann der Schüler das Lernziel erreicht hat und wann nicht. Hier wäre zu erinnern an die intensive Diskussion um operationalisierte Lernziele, informelle Tests (Mager, 1971, Gaude/Teschner ^{2}1971), die für diesen Bereich realisiert werden könnte.

Rückmeldungsmanagement

Der Schüler soll davon überzeugt werden, daß er die Lernziele erfolgreich erreichen kann. Statt der selegierenden greift hier also eine Mut machende, helfende Praxis. Es ist daher wichtig, daß er weiß, wo er im Hinblick auf die zu erreichenden Lernziele steht. Und es ist wichtig, daß er lernt, sein Lernen selbst in die Hand zu nehmen, daß heißt zu erkennen, wo ihm etwas fehlt, welche Art der Hilfe vielleicht am besten wäre. Zu lernen, sich über seine Lernbefindlichkeiten kognitiv wie affektiv wie sozial klarzuwerden, wäre für adaptiven Unterricht besonders wichtig, weil dann entsprechende Hilfen greifen können.

Alternative Lehr-/Lernstrategien

Die Hilfen bestehen in alternativen Lehr-/Lernstrategien, die auf die diagnostischen Informationen hin ausgewählt werden können: Kleingruppenarbeit mit einem Lehrer (das Modell 3 Lehrer für 2 Klassen wäre heute realisierbar), tutorielle Hilfe (für jeden Schüler steht ein Lehrender – Lehrer oder Schüler –) zur Verfügung, anderes Lernmaterial (alternative Lehrbücher, Arbeitshefte, audiovisuelle Hilfen, Programme u.a.m.).

Zeitressourcen

Als ganz wichtiger Faktor wird immer wieder die Zeit angesehen, die ein Lernender braucht, um etwas zu lernen. In der amerikanischen Literatur wird ein Verhältnis von 1:5, 1:6, mindestens 1:3 im Zeitaufwand zwischen schnellsten und langsamsten Schülern genannt. CARROLL hat bekanntlich Begabung als das Maß an Zeit definiert, die jemand braucht, um etwas zu lernen! Nun ist hier genau eine sehr schwache Stelle im herkömmlichen Unterricht. Der einzelne Schüler unterliegt festen Zeitrhythmen, dem am Durchschnitt der Klasse orientierten Vorangehen.
Adaptiver Unterricht muß hier einen anderen Rahmen schaffen. Darauf wird später noch eingegangen.

2.1.2 Zweite Konkretisierung: Lernen/Lerndiagnose/Lückenschließendes Lernen

Eine der bemerkenswertesten Arbeiten zum Thema ist die von Eigler und Straka (Eigler/Straka, 1978). Wie bei der Untersuchung von Ingenkamp (1979) zeigt sich, daß der Vorbereitungsaufwand ein zentrales Problem ist. Eigler und Straka sind bei ihrem Projekt der lehr-lerntheoretischen Konzeption davon ausgegangen, daß die Abfolge Lernen-Lerndiagnose-Lücken-schließendes-Lernen ein praktikabler Dreischritt sei, wahrhaftig keine Neuheit, aber erstaunlicherweise systematisch noch nicht häufig praktiziert. Entscheidende Grundlage auf der Seite der Lerninhalte ist die Lernhierarchie-Konzeption Gagnés

(Gagné, [3]1973), der die Überlegung zugrunde liegt, daß bei sorgfältiger Planung der Abfolge der Lehr-/Lernprozesse der vorangehende auf den folgenden vorbereitet, indem er die für diesen unerläßlichen Voraussetzungen im Lernenden aufbaut. Fehlen diese, wird der Lernende Schwierigkeiten bekommen, die mit einer Stagnation im Lernen beginnen und bei einer Kumulation der Ausfälle zum Mißerfolg führen werden. Eine Theorie der kognitiven Struktur bestimmter Lernbereiche sei deshalb so wichtig, sagen die Autoren, weil eine systematische Lerndiagnose, über die wir bis heute in der Regel nicht verfügen, nur auf ihrer Basis möglich ist. Die erziehungswissenschaftliche Diskussion über kognitive Strukturen, Lernhierarchien und Lehrstoffanalyse (siehe hierzu vor allem auch Klauer, 1974, und Schott, 1975) kann hier nicht dargestellt werden. Aber wenn man eine Art „Landkarte des zu lernenden Stoffes" hat, die nicht nur Inhalte angibt, sondern auch die kognitiven Anforderungen in einer Hierarchie darstellt, wird es möglich, lerndiagnostische Tests zu entwerfen, mit denen man die Erreichung von Teilen oder des Ganzen feststellen kann, um bei Lücken dann gezielt lücken-schließendes Lernen zu arrangieren. Das Problem, daß bei diesem Vorgehen leicht das Lernen einengende Standardwege gewählt werden, während in einem Problemraum (z.B. zur Lösung einer linearen Gleichung) mehrere möglich sind, sei hier nur angedeutet. Es mag aber deutlich machen, daß lehr-lern-theoretische Konzeptionen, die sehr streng dem Zusammenhang von Lehrstoff-kognitiver Struktur-Lernanforderungen – Lernen – Lerndiagnose – Lückenschließendes Lernen betonen, leicht in die Gefahr zu strenger Vorgehensregulierungen kommen können.

2.1.3 Dritte Konkretisierung in alternativer Sicht: kommunikativer adaptiver Unterricht

Die Frage erhebt sich, ob von einem eher kommunikativen Unterrichtskonzept her adaptiver Unterricht nicht auch anders gedacht werden könnte, nämlich in einer zwar globalen, aber stärker auf das lernende Individuum abstellenden Weise. Der an der Schule Interessierte fragt in regelmäßigem Abstand, warum Lehrer ihre Planung für eine Stunde, einen Tag, eine Woche, einen Monat, ein Vierteljahr Schülern nicht vorstellen, um dann mit ihnen besprechen zu können, in welcher Weise man das Pflichtpensum angehen könnte: wer sich stark engagieren muß, da er wenig Voraussetzungen mitbringt, wer nicht soviel Energien

aufwenden muß, da er meint, den Lehrstoff relativ schnell erarbeiten zu können, wer welche Hilfen haben möchte, wer allein, in Gruppen oder mit dem Lehrer arbeiten möchte u.a.m.. Adaptiver Unterricht in dieser Variante würde die „Solls" offenlegen, zu ihrer Erleichterung verschiedene Angebote machen und das Lernen freigeben. Die „Solls" könnten und sollten dabei möglichst präzise angegeben werden. In der Mathematik wären dies z.B. Aufgabenarten, die am Ende der Arbeitsphase gelöst werden sollten. In Geschichte könnten sehr konkret die Kenntnis-, Verstehens-, Anwendungsbereiche für ein bestimmtes Thema dargestellt werden. Ein Beispiel für das Thema „Alexander der Große" hat Messner einmal entwickelt (Messner, 1973).
Adaptiver Unterricht in dieser Variante würde viel stärker interessen-, bedürfnis- und lernorientiert sein.
Er würde die Schüler in die Lage versetzen, ihr Lernen stärker in die eigene Hand zu nehmen, aufgeklärter zu sein.
Er würde Metalernen fördern, wie ich es in einem früheren Aufsatz dargelegt habe (Bönsch, 1984). Voraussetzung wäre die Entwicklung einer Planungsdidaktik. Dies meint im Unterschied zu der bis heute praktizierten Vermittlungsdidaktik, Planungsbemühungen zu richten auf

- die Offenlegung und Nachvollziehbarkeit der Unterrichtsplanung für die Schüler,
- die Erörterung von verschiedenen Lernwegen,
- die Bereitstellung personeller, materialer und medialer Lernhilfen (Tutorensysteme, Lernkabinette, Bibliotheken, Mediotheken, Medienverbundsysteme, Lernprogramme) im Klassenzimmer und in anderen Räumen der Schule,
- die Ergänzung der Lehrerrolle (er ist primär Vermittler und Prüfer heute) durch Beratungsfunktionen, Diagnostikfunktionen und Differenzierungsfunktionen,
- Lernvoraussetzungen instrumental zu erheben, aber auch subjektiv artikulieren zu können.

Lernen könnte dabei zum Studieren im eigentlichen Sinn werden. Lernende könnten plan- und doch selbstbestimmt ihre Lernaufgaben wahrnehmen. Eine reichhaltige Lernumwelt würde entsprechende Angebote machen. Natürlich würde sich die scheinbar homogene Lerngruppe auflösen und Lernende an ganz verschiedenen Sachverhalten arbeiten. Wer sich in der Lage fühlt, sich den frühzeitig bekanntgemachten Leistungskontrollen zu unterziehen, würde diese jederzeit absolvieren können.

Multidimensionale Differenzierung

Adaptiver Unterricht aktualisiert, der Leser hat es längst bemerkt, die Differenzierungsdiskussion. Während ich in früheren Arbeiten dazu methodische wie organisatorische Vorschläge gemacht habe (Bönsch, [3]1976, Bönsch in Schnitzer, 1983), möchte ich hier zur weiteren Gestaltung des Konzepts des adaptiven Unterrichts kurz das Konzept der multidimensionalen Differenzierung von Kleber und Mitarbeitern vorstellen (Kleber u.a., 1977).
Multidimensionale Differenzierung folgt den leitenden Ideen der „Optimierung des individuellen Lerngewinns" und der „sozialen Gerechtigkeit", will also zwei Ideen zur Wirkung bringen, die in wenig dimensionalen Differenzierungsansätzen meist antinomischen Charakter haben. Zur Dimensionalität des Modells ist zu sagen:

1. Die Differenzierungsstrategie ist global so zu beschreiben, daß in zentralen Lernbereichen zielegale und in erweiternden (ergänzenden) Lernbereichen zieldifferente Differenzierung durchgeführt wird.
2. Dies bedeutet in bezug auf die Inhalte eine Curriculumdifferenzierung, mit der ein Basiscurriculum, eine horizontale Öffnung der Lernfächer (Zusatz-, Ergänzungs- und Arbeitsgemeinschafts-Curricula) und Lernschleifen möglich werden.
3. Für die Schüler ist die Konsequenz eine Teilnahme an einer Vielzahl von Gruppierungen: ziel-zeitegale flexible heterogene Gruppen für die von Kleber so genannten Gemeinschaftsfächer, zielegale, zeitweise fixe homogene Gruppen in den Zentralfächern, zieldifferente fixe Gruppen in den Ergänzungsfächern, zieldifferente flexible Gruppen für Arbeitsgemeinschaften.
4. Die Lerndifferenzierung bringt auch eine differenzierte Verteilung der Lehrerzeit, eine Delegation von Lehre (Team-teaching, Tutorensysteme).
5. In bezug auf die Lehr-/Lernzeit werden ebenfalls Differenzierungen vorgenommen und zwar nach dem Grundsatz: je ungünstiger die außerschulischen und personalen Lernbedingungen der Schüler und je höher das Bedürfnis an Lernzeit und an Instruktionsmenge, desto mehr Lehrerzeit wird dem Schüler in den zentralen Lernbereichen zugesprochen.

2.1.4 Vierte Konkretisierung: Rahmenbedingungen für die multidimensionale Differenzierung als adaptiver Unterricht

Kleber hat sein Modell für die Grundschule relativ weit entfaltet und daher die notwendigen Rahmenbedingungen skizziert.

Flexibler Fächerkatalog

Es scheint bei konsequenter Differenzierung unabdingbar zu sein, bei der Differenzierung des Curriculums zu beginnen.
Kleber unterscheidet Gemeinschaftsfächer (1.), in denen grundsätzlich gemeinsamer Unterricht in der Großlerngruppe (Klasse) stattfindet. Dazu zählt er muttersprachlichen Unterricht mit besonderer Betonung der kommunikativen Kompetenz, Sachkunde, bildnerisches Gestalten, Musik, Sport in seiner geselligen Komponente. Zentralfächer (2.) sind die zentralen Lernbereiche, in denen von allen Schülern zu etwa der gleichen Zeit die gleichen Basisziele erreicht werden sollen. Da dort unterschiedlich viel Lernzeit angeboten werden muß, werden die Gruppierungen variabel zu halten sein (Großlerngruppe – Teillerngruppe). Inhaltlich gehören hierher die Kulturtechniken, aber auch das Lernen des Lernens (Vermittlung von Lernstrategien, Arbeits- und Lerntechniken). Ergänzungsfächer (3.) treten in zwei Varianten auf: leistungsorientierte Zusatzfächer, die von denjenigen belegt werden können, die in den Zentralfächern freie Kernzeit zur Verfügung haben (qualitative Differenzierung) und ausgleichsorientierte Zusatzfächer, die der Optimierung individuellen Lerngewinns und im Sinne der Interessenentwicklung dienen. Dazu könnten z.B. gehören Deutsch-Laienspiel, Sport-Leistungstraining, Geschäftskorrespondenz, Maschinenschreiben. Arbeitsgemeinschaften (4.) ergänzen die Ergänzungsfächer in bezug auf das inhaltliche Angebot, sollen in der Regel freiwillig besucht werden. Mikrounterricht (5.) ist eine Organisationsform des Unterrichts, in der die Kerngruppenstärke drastisch reduziert werden kann (auf bis zu 3 Schüler!) mit dem Ziel der speziellen Förderung im emotional-sozialen Bereich, im lern-technischen Bereich und bei besonderen Problemen im stofflichen Bereich der Zentralfächer. Schließlich sind noch sog. „unstrukturierte Unterrichtszeiten“ (6.) zu nennen, die dem Schüler Entlastung bringen sollen. Sie sollen dreimal am Vormittag (je 30 Minuten) auftreten, Unterhaltungsangebote machen (Tischspiele, Lesen, Basteln; Musizieren, Ruhen, spazieren gehen, sich unterhalten können). Lehrer sollen dabei sein. Auch für sie sollte aber der Entspannungseffekt eintreten.

Die lerntheoretische Infrastruktur

Kleber entwickelt im weiteren lerntheoretische Vorschläge für die mehrdimensionale Differenzierung, die neben der inhaltlichen eine methodische Grundlage sichern sollen. Er spricht von elaboriertem Lernen, delegiertem Lehren und speziellem kompensatorischen Lernen.
Elaboriertes Lernen soll zielerreichendes Lernen in den Zentralfächern ermöglichen und meint die Realisierung der für jeden Schüler notwendigen Bearbeitungs- und Ausarbeitungsetappen, wenn eine neue Unterrichtseinheit mit einer fundamentalen Einführung bekannt gemacht worden ist. Aufgrund jeweils unterschiedlicher individueller Lernbedingungen ist eine unterschiedliche Bearbeitung von Lerninhalten mit unterschiedlichem Lernzeitbedarf zu erwarten. Nach der Einführung eines Fundamentums kommt es daher darauf an, im Ausarbeitungsabschnitt (Elaborandum) zu differenzieren. Ein Schüler braucht vielleicht nur eine Ausarbeitungsetappe zur Lehrziellerreichung, andere brauchen mehrere. Es geht dann darum, auf Zeit und aufgrund bestimmter Plazierungskriterien (dies könnten sein: Instruktionsverständnis, kognitives Entwicklungsniveau, Arbeits- und Lerntechniken, affektive Komponenten) eine flexible Differenzierung zu betreiben.
Delegiertes Lehren meint, den Lehrprozeß differenzierter zu betrachten als nur über den Lehrer. Schüler sollen teilweise Tätigkeiten des Lehrers übernehmen (Tutorials) und Schüler sollen lernen, selbständig zu lernen (Selbstinstruktion). Schließlich ist an Elternarbeit gedacht und an Lehrtätigkeiten anderer Laien. Da Lehrerzeit immer nur begrenzt vorhanden sein wird, schon weil sie als Kostengröße gesehen wird, ist die Delegation von Lehraufgaben konsequent über personale und vor allem auch materiale Hilfen voranzutreiben (Medienverbundsysteme, Programme, computerunterstütztes Lehren).
Spezielles kompensatorisches Lernen erfolgt ergänzend zu allen übrigen Lehr- und Lernaktivitäten nach Kleber im Mikrounterricht und knüpft an vorliegenden Erfahrungen insbesondere aus skandinavischen Ländern mit dem sog. Klinischen Unterricht an. Im Mikrounterricht wird elaboriertes Lernen auf die Spitze getrieben: Lerndefizite werden ausgeglichen, Arbeits- und Lerntechniken speziell trainiert, es finden spezielle Programme im emotional-sozialen Bereich statt.

2.1.5 Zusammenfassende Bemerkungen

Eine alte schulpädagogische Forderung ist die nach der Berücksichtigung von Lernvoraussetzungen im Unterricht. Obwohl es historisch genügend viele Beispiele gibt, die dieser Forderung konsequent nachzukommen versuchten, ist der Unterricht bis heute immer wieder stärker inhalts- und verlaufsorientiert als schülerorientiert. Historische Beispiele liegen vor im Winnetka-Plan von Washburne, in reformpädagogischen Konzeptionen (B. Otto, 1951; P. Petersen, 1930/34), in beispielhaften Arbeiten wie etwa denen von Kade und Jeziorsky (Kade, 1956; Jeziorsky, 1965), in neueren Modellen (Laborschule, Open- und Free-School-Bewegung) und in der mit der Gesamtschulentwicklung verbundenen Differenzierungsdiskussion (setting, streaming, flexible Differenzierung). Im vorliegenden Text ist das Konzept des adaptiven Unterrichts erörtert worden, das auf der Basis neuerer Entwicklungen (ATI-Konzept, Mastery Learning) die Idee von der Anknüpfung an die jeweiligen Lernvoraussetzungen eines Schülers ernstnehmen will. Dabei ist in den Abschnitten, die in unterschiedlicher Weise Konkretisierungen leisten wollten, deutlich geworden, daß dies Unterschiedliches heißen kann:

- Adaptiver Unterricht kann an die bei einem Schüler vorhandenen Lernstrategien ansetzen und dafür Lehr-/Lernangebote machen. Voraussetzung ist die genauere Kenntnis der Lernmöglichkeiten eines jeden Schülers.
- Adaptiver Unterricht kann in einer außerordentlich komplizierten Prozedur zunächst eine Landkarte des zu lernenden Stoffes entwerfen (Lehrstoffanalyse, Lernhierarchie, Einfädelung des Schülers in die Lernanforderungen, die sich dann sehr genau ergeben müßten), um die kognitiven Strukturen der Unterrichtsstoffe und die kognitiven Strukturen des Schülers zur Passung zu bringen.
- Adaptiver Unterricht könnte vor allem Planungsdidaktik sein, um den Schüler zu informieren, aufzuklären über das zu Lernende und ihn dann in den Stand zu setzen, die Lehrangebote zu nutzen, die ihm für die Bewältigung der Lernanforderungen als nützlich erscheinen.
- Adaptiver Unterricht könnte schließlich heißen, die bisherige Unterrichtsorganisation und -praxis erheblich zu verändern, um dem Schüler jeweils die Lehr-/Lernangebote machen zu können, die er aktuell benötigt, um das Notwendige lernen zu können und dem für ihn Wünschenswerten auch nachgehen zu können (multidimensionale Differenzierung).

In jedem Fall würde der Unterricht in der öffentlichen Schule einen „qualitativen Sprung" machen, der zum Wohl der Schüler und für eine interessantere Schule eigentlich längst fällig ist.

2.2 Kommunikativer und offener Unterricht

Herleitung des Themas

Beobachtungen bestätigen immer wieder die alte Vermutung, daß Unterricht als institutionaliserte Lehre überwiegend darin besteht, 1. eine Aufforderung zur Übernahme unbefragbaren, scheinbar sicheren, systematisierten, d.h. von konkreten Lebensbezügen relativ entfernten Wissens zu sein, 2. eine intensiv genutzte Möglichkeit zu sein, Urteile, Anschauungen, Wertvorstellungen mechanisch, blind, nicht hinterfragend zu vermitteln.

Zu viele hindernde Umstände bestehen, als daß Unterricht überwiegend etwas anderes sein könnte: die gesellschaftlichen Erwartungen und Anforderungen gegenüber den Schülern verlangen Leistungsorientierung, die Vermittlung des für die Reproduktion der bestehenden Verhältnisse für notwendig erachteten Wissens, die Erziehung zu Pünktlichkeit, Folgsamkeit, Sauberkeit, Fleiß und Ausdauer; die institutionellen und organisatorischen Bedingungen verhindern häufig durch Verfestigungen (Schule kann nicht anders denn als Stunde-Halten verstanden werden), durch ihre Kurzatmigkeit (Stunde für Stunde wechselt das Thema) und die Zersplitterung (Inhalte gibt es nur fein zerteilt und Fach für Fach organisiert) einen anderen als den herkömmlichen Unterricht; die Möglichkeit wie die Mittel für das Arrangement unterrichtlicher Situationen, die über die Vermittlung des Kanonisierten hinausgehen, fehlen häufig (z.B. Lernmaterialien); rechtliche Vorgaben verhindern häufig genug ein bißchen Offenheit, Wagnis, Nonkonformismus; die Lehrer haben oft nicht ein genügend ausgeformtes Verhaltensrepertoire, das heißt sie können andere als der Vermittlung dienende Lernsituationen nicht organisieren. Das alles liegt sicher zum nicht geringen Teil daran, daß die Allgemeine Didaktik, verstanden als Wissenschaft vom Unterricht, bisher mehr planerische, festschreibende, quasi-programmierende Elemente des Unterichtens diskutiert hat als offene, spontane, nicht exakt kalkulierbare Bestimmungsmerkmale von Unterricht. Unterricht als organisiertes Lernen ist ein zu problematisierender Denkausgang!

2.2.1 Bestimmungsmerkmale kommunikativen und offenen Unterrichts

In den letzten Jahren haben sich Diskussionsansätze ergeben, die diese Problematisierung vollziehen. „Offene Curricula" und „Kommunikative Didaktik" sind die Signalbegriffe für Überlegungen, die von einer Vermittlungsdidaktik weg und zu einer Didaktik des Lernarrangements führen wollen, das die Lehrer-Schüler-Beziehungen und das zentrale Problem der Identifizierung von Lerninhalten und -anforderungen neu bestimmt. Das heißt, daß der Vermittlungs- wie der Beziehungsaspekt von Unterricht auf eine Weise beschrieben wird, nach der in dialektischer Wirkungsweise die beteiligten Individuen wie die zu behandelnden Lernininhalte anders als bisher Unterricht mitdefinieren und -realisieren.

Kommunikativer Unterricht

Natürlich ist Unterricht immer durch Kommunikation bestimmt gewesen. Die Berücksichtigung kommunikationstheoretischer Ansätze in der erziehungswissenschaftlichen Diskussion hat aber deutlich gemacht, daß je nach dem vorherrschenden Interesse Kommunikationen sehr unterschiedlich gestaltet werden. Zwei Fragen klären dies sehr deutlich: Wie wird Unterricht z.B. von den Beteiligten definiert und ist überhaupt jeder Beteiligte zur Definition zugelassen? Je nach den Antworten kann sich das Lehrer-Schüler-Verhältnis in der Tat als Herrschaftsverhältnis darstellen, in dem der Schüler nur Objekt von Erziehungshandlungen ist, der Lehrer allein und ausschließlich alle Entscheidungen über Ziele, Inhalte, Verfahren und Medien des Unterrichts trifft und auch über die zugelassenen bzw. verbotenen Beziehungen zwischen den Schülern entscheidet. Es kann sich auch als der Versuch darstellen, symmetrische Kommunikation realisieren zu wollen. Dann stellt sich das Lehrer-Schüler-Verhältnis als Kommunikationsgemeinschaft erkenntnis- und handlungsfähiger Subjekte dar, die zu ihrer Konstitutierung einer Verständigung über Sinn-Orientierungen und Handlungsziele, zu ihrer Existenzerhaltung fortgesetzter Metakommunikation bedarf, die also über Zielsetzung, Inhaltsauswahl, Problemidentifizierung, Problembearbeitung, dabei verpflichtende Regeln nachdenkt und so die Legitimationsbasis für ihre Arbeit gewinnt.
Kommunikativer Unterricht ist bestimmt durch die Absicht des Lehrers, mit den Schülern eine Lerngemeinschaft auf Zeit zu etablieren, in der unter dem emanzipatorischen Erziehungsinteresse symmetrische

Kommunikation realisiert werden soll. Prinzipiell gesehen wird damit der Schüler wie der Lehrer in den Stand gesetzt, seine Absichten, seine Bedürfnisse, seine Interessen, seine Kompetenzen einzubringen und in Gleichheit und Gegenseitigkeit über die dabei einzuhaltenden Normen, Spielregeln, einzugehenden Verpflichtungen und zu übernehmenden Aufgaben mitzubestimmen. Konkret bedeutet dies, einer Reihe von Problemen Herr zu werden, die hier zunächst nur kurz beschrieben werden sollen.

Kommunikationsprobleme

Der Begriff der Beziehungsfalle, der Zwickmühle, des double-blind wäre auch recht gut für die nun aufzuführenden Kommunikationsprobleme zu verwenden.

- Im personalen Bezug zwischen Lehrer und Schülern liegen aufgrund des unterschiedlichen Lebensalters, der unterschiedlichen Lebenserfahrungen und der Sozialisation, der unterschiedlichen Sprachkompetenz Störanlässe vor, die mit dem Begriff des Dominanzproblems belegt worden sind.
- Im Verhältnis zwischen Lehrer- und Schülerrolle liegen so lange erhebliche Problemanlässe vor, so lange die Lehrer- wie die Schülerrolle von der Gesellschaft, den Eltern, der Schuladministration, der Lehrerausbildung, den Kollegen nicht im Sinn symmetrischen Verhaltens verstanden werden und daher Erwartungswidersprüche und Rollenrealisierungen gegeneinander laufen.
- Im Lehrerverhalten selbst kann es zu Widersprüchlichkeiten kommen, wenn z.B. im verbalen Bereich der Kommunikation symmetrisches Verhalten realisiert wird, mit dem übrigen nonverbalen Verhalten aber soziale Distanz, Ablehnung, asymmetrisches Verhalten signalisiert wird. Ähnliches könnte für das Schülerverhalten beschrieben werden.
- Die sog. institutionelle Beziehungsfalle wird eines der Hauptprobleme darstellen. Ein Lehrer kann von sich aus sicher Angebote symmetrischer Kommunikation machen, die institutionelle Ordnung der Schule und des Schulsystems wird die Schüler aber recht eindeutig in eine Position der Abhängigkeit, des Ausgeliefertseins bringen: Die Notengebung und die damit verbundenen Entscheidungen über die schulische Laufbahn sind als besonders gravierendes Problem zu nennen, daneben aber auch die durch Lehrerverteilung, Stundenplan, räumliche Gegebenheiten vorbestimmte Struktur der Lernsituation.

– Keine Frage ist, daß die Strukturmerkmale einer industriellen Leistungsgesellschaft insgesamt gesehen kommunikativen Unterricht in seinen bisher beschriebenen Merkmalen nicht favorisieren werden, da das Problem der Leistung von ihr nicht so modifiziert werden kann, daß es in der durch symmetrische Kommunikation gekennzeichneten Lernsituation zu bewältigen ist.

Diese Probleme frühzeitig mit den Zielvorstellungen aufzuführen, scheint aus mehreren Gründen notwendig zu sein: einmal könnten konzeptionelle Entwicklungen die Chance der Realisierung verpassen, nähmen sie nicht antizipatorisch die zu erwartenden Schwierigkeiten in ihre Überlegungen auf; zum anderen könnte der Ansatz einer kommunikativen Didaktik als Kultivierung der Sozialbeziehungen zwischen Schülern und Lehrern allein einem alten Fehler pädagogischen Denkens verfallens, nämlich die institutionellen und gesellschaftlichen Bedingungen und Zwänge entweder gar nicht zu sehen oder aber mindestens zu unterschätzen.

Offener Unterricht

Herkömmlich ist Unterricht in bezug auf seine Inhalte festgelegt und damit zu charakterisieren, daß der Lehrer das Planungsmonopol hat. Im Rahmen der staatlichen Vorgaben, evtl. getroffener Absprachen im Kollegium und der zugelassenen Schulbücher entscheidet er über Ziele, Inhalte, meistens auch über Verlauf und Erfolgsmessung. Die Allgemeine Didaktik hat dieses Verständnis von Schulehalten unterstützt durch die Theoriekonstrukte „zweckrationales Unterrichtskonzept“, „Lernzieloperationalisierung“, „geschlossene Curricula“, „Programmierung des Lernens“. Unterricht ist in der Verfolgung dieser Vorstellung verplant worden, produktorientiertes Denken herrschte vor (das Lernziel ist erreicht, wenn der Schüler dieses oder jenes tun kann), die Objektrolle der Lernenden verstärkte sich, Lernen wurde kontextneutral organisiert, also unter Außerachtlassung der jeweiligen konkret gegebenen Lernbedürfnisse der Schüler, der konkret gegebenen Kommunikationssituation der Lerngruppe und ihrer schulischen Bedingungen.

Drei neu- bzw. wiederentdeckte Feststellungen haben zu Überlegungen unter dem Stichwort „offene Curricula“ oder „offener Unterricht“ geführt. Da ist (1.) die Legitimationsproblematik virulent geworden. Welche Legitimation haben die professionellen Erzieher eigentlich für ein Planungsmonopol, wer gibt sie ihnen und welches sind die diese Legitimation „ortenden“ Werte, Normen, Einstellungen, Kompetenzen? Der Verlust einheitlicher Wertvorstellungen in einer hochindustrialisierten Industriegesellschaft generell wie die Unsicherheit bei der Frage, was für die kommenden Generationen wohl wichtig sein könnte, haben die sog. Legitimationsproblematik verschärft. Im Zusammenhang mit ihr ist (2.) deutlich geworden, daß man der Intention, den mündigen und handlungsfähigen Bürger eines demokratischen und sozialen Rechtsstaates zu erziehen, nicht 9 oder 13 Jahre folgen könnte unter Außerachtlassung eben der Subjektrolle, die ein Heranwachsender ausüben können müßte, um mündig zu werden. Die „Wiederentdeckung" des Subjekts „Schüler" müßte (3.) seine Interessen, Bedürfnisse, Initiative, Mitentscheidung als Bestimmungsmomente organisierten Lernens fordern. Damit haben wir die Elemente, die offenen Unterricht kennzeichnen sollen:

Elemente offenen Unterrichts

- Offener Unterricht verzichtet auf eine einseitig produktorientierte Programmierung des Lernens zugunsten eines offenen Arrangements von Lernsituationen und -materialien, um
- im Rahmen allgemeiner Zielsetzungen und Vorgaben dem Schüler Mitbestimmungsmöglichkeiten hinsichtlich der Intentionen, Inhalte, Arbeitsweisen und Materialien zu geben,
- um neben dem vorgegebenen Rahmen auch Schülerinteressen, -bedürfnisse, -initiativen zum bestimmenden Moment schulischen Lernens werden zu lassen und damit
- die Lehrerrolle zu verändern (Zurücknahme alles überdeckender Dominanz und Betonung der Berater-, Moderator-, Helferrolle),
- die Schülerrolle zu verändern (Förderung der Entscheidungs- und Handlungsfähigkeit der Schüler (Subjektrolle) unter Betonung der gleichzeitig notwendig werdenden Kommunikations- und Kooperationskompetenz,
- den Kontext schulischen Lernens (Schülersituation, Verringerung der Spannung zwischen Schule und außerschulischen Lebensbedingungen, Auseinandersetzung mit den gesellschaftlichen Erwartungen und Zwängen) deutlich zu verändern.

Der Zusammenhang zwischen Merkmalen kommunikativen und offenen Unterrichts wird damit offensichtlich. Soll sich kommunikativer Unterricht realisieren, kann er nicht so viel an inhaltlicher Vorgabe haben, daß die Beteiligten (Lehrer wie Schüler) nur ausführende Funktionen wahrnehmen dürfen. Soll sich offener Unterricht realisieren, bedarf es der Individuen, die in die Offenheit Initiative, Inhalte, Vorschläge einbringen, um dem vieljährigen Lernen in der Schule Sinn zu geben.

Probleme offenen Unterrichts

Vor der Verfolgung dieser Ideen unter pragmatischem Aspekt ist auch hier wieder eine Verweisung auf zu erwartende Probleme notwendig. Diese liegen auf verschiedenen Ebenen.

- Der jeweilige Bewußtseinsstand und Kompetenzgrad der Beteiligten kann unter der Hand die alten Überordnungs-Unterordnungs-Verhältnisse wieder herstellen bzw. zu einer andauernden Reduktion der Ansprüche führen, denen zu begegnen wäre.
- Die Gefahr einer Reprivatisierung der Schule durch Gewährung größerer Autonomie muß von Anfang gesehen werden und durch politische Aufklärung reduziert werden. Diese birgt ihrerseits natürlich die Gefahr von Einseitigkeiten.
- Die Gefahr der Vernachlässigung der instrumentellen Seite des schulischen Lernens (Erwerb von gesellschaftlich und individuell wichtigen Kenntnissen und Fertigkeiten) muß möglichst frühzeitig von Lehrern und Schülern erkannt werden.
- Die Erwartungen gesellschaftlicher Gruppen (also z.B. der Arbeitgeber, auch bestimmter Elterngruppen) werden stärker auf die Erreichung von Leistungsstandards ausgerichtet sein und daher kommunikativen und offenen Unterricht als überflüssig und realitätsfremd kennzeichnen.
- Unter gesellschaftspolitischen Gesichtspunkten wird der hier zur Rede stehende Unterricht unter Umständen als gefährliche Form emanzipatorischer Erziehung verstanden, die die Reproduktions-, Selektions- und auch Integrationsfunktion der Schule in Frage stellt.
- Didaktisch gesehen darf offener und kommunikativer Unterricht nicht als eine moderne Form des Laisser-faire verstanden werden, d.h. es ist zu prüfen, welches didaktisch-methodische Instrumentarium entwickelt werden muß, um den beschriebenen Intentionen entsprechen zu können.

2.2.2 Konkretisierungsansätze für kommunikativen und offenen Unterricht

Didaktische Überlegungen können nicht bei der Entwicklung von Zielvorstellungen und der Benennung von Problemen stehen bleiben. Die beschriebenen konzeptionellen Ansätze werden im folgenden unter drei Gesichtspunkten zu konkretisieren versucht.

Unterricht als kommunikativer Prozeß

Unterricht wird in der allgemeindidaktischen Literatur ganz überwiegend als die Organisation von Lernprozessen bei Schülern verstanden, deren Intentionen, Inhalte, Methoden und Medien von den dafür professionell vorgesehenen Lehrern bestimmt werden. Konstitutiv für diese Auffassung ist, daß die Organisationsbedingungen, Curriculumelemente und die Lehrer für den Lernprozeß als vorgegeben und bestimmend angesehen werden müssen. Diese Auffassung legt die Rolle der Schüler durch die Funktionen des Gehorchenmüssens, des Handlungsanweisungen-ausführen-Müssens, des Anpassungszwanges an vorgegebene Kommunikationsmuster fest. Lernen in diesen Verhältnissen ist eine konsequente Fortsetzung familialer Sozialisation, in der Wertvorstellungen, Erziehungspraktiken, Sprach- und Denkstile der Älteren die Werthorizonte, Verhaltensspielräume und kognitiven Niveaux der Jüngeren in entscheidender Weise prägen. In der Schule werden die Schüler auch täglich mit dem Anspruch der im Grunde unbezweifelbaren Wichtigkeit und Richtigkeit des Lernstoffes und mit dem relativ selten zu hinterfragenden Anspruch der Lehrer konfrontiert, wissen und bestimmen zu können, was Schüler zu lernen haben. Dazu kommt, daß die Beziehungen der Mitglieder einer Gruppe, die Beziehungserwartungen und -befürchtungen die Möglichkeit oder Unmöglichkeit zu lernen ebenso stark bestimmen können wie die Dominanz der Lehrpersonen. Die Angst vor Abweisung oder der Mut zu unorthodoxen Auffassungen, Meinungsterror oder Toleranz gegenüber abweichenden Meinungen, Gruppenbildungen, Rivalitäten, Außenseitererlebnisse hängen von dem sich entwickelnden Kommunikationsgeflecht in einer Lerngruppe ab. Häufig genug scheinen diese kommunikativ bestimmten Lernbedingungen bleibendere Spuren zu hinterlassen als die Vermittlung bestimmter Inhalte.

Wenn man davon ausgehen kann oder muß, daß die Art der sozialen Beziehungen, innerhalb derer wir aufwachsen und leben, die Art und Weise bestimmen, wie wir unserer Umwelt begegnen, wie wir Situationen »definieren«, wie wir unserere eigenen Bedürfnisse durchzusetzen versuchen, daß die sozialen Bestimmungen dem Individuum Identität verleihen, dann ist eine entscheidende Frage, wie die institutionell vorstrukturierten schulischen Kommunikationssituationen beschaffen

sein müssen, um dem Schüler Eigenrecht, Selbstentfaltung, Mündigkeit zu gewähren.
Unterricht als kommunikativer Prozeß ist also dauernd daraufhin zu überprüfen, inwieweit den beteiligten Individuen Möglichkeiten offen bleiben, ihr Handeln, ihre Bedürfnisse, ihre Interessen selbst zu bestimmen und inwieweit in Gleichheit und Gegenseitigkeit die einzuhaltenden Normen, Spielregeln, die einzugehenden Verpflichtungen und zu übernehmenden Aufgaben mitbestimmt und immer wieder neu oder modifiziert definiert werden können. Während die curricularen und organisatorischen Aspekte später behandelt werden, stehen zunächst kommunikative Aspekte im Vordergrund.
Unter pragmatischen Gesichtspunkten ist es sicher nicht schlecht, die Richtung zu beschreiben, in der das Lernverhalten sich bewegen müßte. Die Führungs- bzw. Verhaltensstil-Literatur erlaubt, alternativ Indikatoren zu beschreiben, die kommunikationsfördernde bzw. kommunikationsfeindliche Verhaltenstendenzen aufzeigen.

Indikatoren für ein Lehrerverhalten, das

a) kommunikationsfördernd ist (sozialintegrativer Führungsstil):
- begründet eigenes Vorgehen,
- nimmt Vorschläge auf,
- gibt selbst Alternativen,
- wünscht Initiative,
- bittet um Beiträge,
- akzeptiert Kritik,
- fördert Gruppenarbeit,
- läßt über Vorgehen abstimmen,
- argumentiert bei Widerspruch,
- stellt sich selbst in Frage,
- bittet um Aufgabenerledigung,
- gibt häufig Freiraum für selbständiges Tun,
- sieht Schüler als gleichberechtigten Gesprächspartner,
- erkennt seine Kompetenz und deren Grenzen,
- vertritt entschieden seine Auffassung, besteht aber nicht auf deren uneingeschränkter Einhaltung,
- ist immer zur Hilfe bereit,
- stützt emotional, baut auf,
- vermeidet angsterzeugendes Klima,
- verhindert Leistungszwang,
- ermöglicht Erfolge,
- sucht bei Konflikten nach Kompromissen,

b) kommunikationsfeindlich ist (autoritärer Führungsstil):

- schreibt alles vor,
- befiehlt ständig,
- duldet keinen Widerspruch,
- droht mit Strafe,
- wendet Zwang an,
- duldet keine Kritik,
- wünscht keine Initiative der Lernenden
- läßt nur Ausführung der Befehle zu,
- läßt nur Einzelarbeit zu,
- droht bei Widerspruch,
- erlaubt keine Kritik an sich,
- gibt keinen Spielraum für selbständiges Tun,
- sieht im Schüler einen Untertan,
- stellt sich selbst nicht in Frage,
- besteht auf der Richtigkeit seiner Auffassungen,
- macht schlecht,
- kritisiert hart, destruktiv,
- operiert bewußt mit der Angst der Schüler,
- fordert uneingeschränkt Leistung,
- kümmert sich nicht um Erfolgserlebnisse,
- reagiert bei Widerstand unnachgiebig, hart.

Bei Schülern, so ist die Annahme, treten korrespondierend zum erwünschten kommunikationsfördernden Verhalten des Lehrers Verhaltensmerkmale auf, die folgendermaßen aufzulisten sind:

Indikatoren erwünschten Schülerverhaltens:

Selbständigkeit

- Aufbau des Wunsches, des Willens und der entsprechenden Fertigkeiten, ohne Hilfe anderer (vor allem Erwachsener) auszukommen
- Entwicklung und Förderung des Selbstvertrauens
- Lernen, selbständig Lebenssituationen zu bewältigen
- In Konflikt- und Problemsituationen (kritisch) Entscheidungen treffen lernen.

Neugier- und Fragehaltungen, Neigungen und Interessen

- Aufgeschlossenheit gegenüber Erscheinungen und Ergebnissen in der Umwelt entwickeln
- Unbefangenheit, Offenheit, Fragen und Problematisieren allen Bereichen, allem Neuen gegenüber fördern
- Entdecken, Beobachten lernen
- Anerkennung und Entwicklung, Aufbau und Erweiterung spezieller Interessen

- Fähigkeit zur Verbalisierung von Fragen, Meinungen und Gefühlen entwickeln und fördern

Initiative und Risikoverhalten

- Unternehmungsbereitschaft, Entschlußfähigkeit fördern
- Bereitschaft, den Anstoß zu einer Handlung zu liefern
- Einsatz für eine Meinung, eine Sache, einen anderen Menschen
- Einsatzbereitschaft, auch bei ungewissem Ausgang oder möglichen persönlichen Nachteilen

Differenzierung der Wahrnehmung

- Differenzierung der visuellen, auditiven, haptischen (den Tastsinn betreffenden) Wahrnehmung
- Sensibilisierung für Sinnesreize
- Erfahrung dieser Reize
- Benennung ihrer Qualtitäten

Kritisches Denken und Urteilen

- Fähigkeit, Informationen aufzunehmen und zu verarbeiten
- Flexibilität des Denkens entwickeln
- Prüfen, Vergleichen, Werten; Kritikfähigkeit
- Vor- und Nachteile erkennen und gegeneinander abwägen
- Schlüsse ziehen lernen

Herangehen an Probleme und Problemlösungsverhalten

- Freude am Problemlösen wecken (Rätsel)
- Probleme erkennen und aufgreifen
- Probieren und Lösungswege finden
- Kompromißbereitschaft entwickeln
- Lösungen durchführen lernen (Lösungstechniken)

Kreativität und Produktivität

- Spontaneität und Phantasie entwickeln und fördern
- Experimentieren und Erfinden
- Anerkennung und Förderung ungewöhnlicher Ideen, Leistungen und Lösungen, neuartiger Ergebnisse
- Denk- und Handlungsbereitschaft (möglicherweise in Spannung mit konvergentem Denken, mit Konventionen)

Da bisher für Schüler individuelle Verhaltenspositionen beschrieben worden sind, die nicht in jedem Fall kommunikativ im Sinne symmetrischer Kommunikation orientiert zu sein brauchen, ist zu erörtern, welche soziale „Bindung“ sie erfahren sollten.

Indikatoren, die Fortschritte in der Ausbildung von Individuen mit

Ich-Stärke und Ich-Identität anzeigen, könnten auch fortschreitenden Egoismus aufzeigen. Soziale Beziehungen sind ständig bedroht von Störungen emotionaler Art (Neid, Eifersucht, Angst, Machtgefühl, Aggressivität) und intellektueller Art (Mißverständnisse, abweichende Situationsdefinitionen, Sprachschwierigkeiten). Die Sensibilisierung für die individuellen Befindlichkeiten wie für Gruppenprozesse und -strukturen und deren Auswirkungen ist daher als eine wichtige Aufgabe kommunikativen Unterrichts anzusehen. Sensitivitätstraining hat zum Ziel, mehr Transparenz, Offenheit, Echtheit und Spontaneität in die Gruppenbeziehungen zu bringen. Die Thematisierung emotionaler Bedürfnisse, die Bearbeitung von Störungen und die Stärkung der Verantwortlichkeit für sich und andere im Kommunikationsprozeß sind aktuelle Aufgaben des Unterrichts.
Über die Kultivierung der Sozialbeziehungen hinaus bekommen Kommunikationen eine weitere Dimension dann, wenn es um die Durchsetzung von Interessen geht, die ein einzelner/eine Gruppe gegenüber einem anderen, einer anderen Gruppe, einer Institution oder der Allgemeinheit hat. Die Relevanz machtpolitischer oder diskursiver Handlungsorientierung und die Verwendung jeweils dazugehörender Vorgehensweisen (Druck und Gewalt oder Argument und Überzeugung) wird Unterricht unter kommunikativem Aspekt zu seinem Inhalt und zu seiner Praxis machen müssen. Die Frage, bei welchen konkreten Anlässen dies geschehen könne, findet folgende Antwort: das konkrete Unterrichtsangebot der in einer Klasse Unterrichtenden birgt ständig Interessenkonflikte, in denen ein Ausgleich zu suchen, zu finden, zu erstreiten ist; die institutionellen Bedingungen (Schulordnung, Pausenregelungen, Verhaltenskodifikationen also, Raum-, Zeit- und Materialbedingungen, Identifikationsangebote oder -defizite durch Lehrer) bergen latent Konfliktanlässe; schließlich sind Schülerinteressen häufig genug durch die gesellschaftlichen Bedingungen beeinträchtigt bzw. gesellschaftliche Probleme werden zum Gegenstand von Reflexionen und Aktionen von Lehrern und Schülern.
Zusammenfassend lassen sich auch hier wieder einige Indikatoren für den Unterricht benennen, der unter den genannten Aspekten als kommunikativer Prozeß verstanden werden kann:

Indikatoren für eine soziale und politische kommunikative Lernpraxis:
- Erläuterung der Unterrichtsplanung gegenüber den Schülern, Begründung von Lernanforderungen
- Angebot von Alternativen im sog. Pflichtbereich schulischen Lernens

- Angebot von Freiräumen für schülerorientiertes Lernen
- konsequente und sich ausweitende Beteiligung der Schüler an der Festlegung der Lernintentionen, -inhalte, -verfahren und -medien
- Angstfreies Lernklima, in dem abweichende Auffassungen, die Artikulation von Interessen, der Versuch ihrer Durchsetzung nicht Sanktionen nach sich ziehen
- Verminderter Leistungszwang, um Raum für die Verfolgung schülereigener Ideen und Initiativen zu geben
- offene Leistungsbeurteilung
- institutionalisierte Unterrichtskritik
- Ergänzung der herkömmlichen Unterrichtsinhalte durch kommunikationsrelevante Sachverhalte (soziale Beziehungen, Störungen, Behinderungen)
- Erweiterung der Verhaltensweisen in Richtung auf Toleranz gegenüber anderen, Ermutigung zu Widerspruch, abweichendem Verhalten
- Erweiterung des Verweigerungsrechtes von Schülern
- Bemühungen um Kompromiß- und Konsensfindung
- gemeinsame Reflexion über Behinderungen der intendierten Praxis
- gemeinsame Entwicklung von Lernprozessen in Richtung der gewünschten Ziele.

Unterricht als Vermittlungsprozeß

In jedem Fall bleibt Unterricht eine Veranstaltung, in der Kenntnisse und Fertigkeiten vermittelt werden. Gebräuchlich ist inzwischen die Unterscheidung zwischen der Inhalts- und der Beziehungsdimension. War bisher von der Beziehungsdimension die Rede, so ist jetzt von der Inhaltsdimension zu handeln, da festgefügte, nicht veränderbare Curricula den Spielraum kommunikativen Unterrichts eingrenzen würden auf die Bemühung, die sozialen Beziehungen als Medium der Vermittlung zu verstehen und erträglich zu gestalten. Es ist aber deutlich geworden, daß die Inhaltsdimension zur Disposition stehen muß, wenn symmetrische Kommunikation die praxisstrukturierende Zielvorstellung wirklich sein soll. Hier erhebt sich natürlich sofort die grundsätzliche Frage, wie die Synthese zwischen dem Verpflichtenden und Freiwilligen, zwischen dem Notwendigen und dem Möglichen gefunden werden kann.
Die Termine „offenes Curriculum", „offener Unterricht", „offene Lernsituationen" stehen für die Absicht, an Stelle „geschlossener Curricula", „teacher-proof-Curricula", kaum beeinflußbarer Vorgaben Lernen zu ermöglichen, in dem die Lernenden zunehmend zu Subjekten ihrer eigenen Lernprozesse werden können, d.h. ihre Anliegen einbrin-

gen zu können, die verpflichtenden Vorgaben kritisch hinterfragen zu können, im Diskurs mit Lehrern zunächst den Sinn von Lernbemühungen zu finden und damit Anweisungen befolgbar zu machen, ehe gelernt wird. Zeitweilig sind die mit dem Adjektiv „offen" versehenen Begriffe als Anti-Begriffe verwendet worden: also gegen systematische Planung, operationalisierte Lernziele, gegen diejenigen, die etwas genauer über das Erreichbare nachdenken wollten. Positiv ist daher zunächst einmal festzustellen, daß offener Unterricht eine Synthese versucht zwischen curricularen Vorgaben, die sich als gesellschaftliche Anforderungen ausweisen, und den zu fördernden Lernideen, -interessen, -bedürfnissen der Schüler, d.h., daß curriculare Handlungsentwürfe als Orientierung und Anforderung sehr wohl bestehen, gleichzeitig aber die Autonomie und Kreativität der Lernenden das konkrete Lernen mitbestimmen müssen. Gelingt diese Synthese, können die Gefahren einer fehlenden inhaltlichen Bestimmung und eines unreflektierten Individualismus vermieden werden.

Die Offenheit von Curricula und Curriculummaterialien kann sich in folgender Weise zeigen:

- im Rahmen des Unterrichts kann immer wieder zwischen Alternativen, zwischen den Grundintentionen und zu vereinbarenden Zielen gewählt werden,
- trotz festgesetzter Lernziele sind unterschiedliche Lernerfahrungen möglich,
- die Lerninhalte sind so angeordnet, daß problemorientierte Überschreitungen festgefügter Lernbereiche (Fächer) angeregt werden,
- Schüler und Lehrer können eigene Probleme und Erfahrungen, besondere Interessen und Fähigkeiten einbringen,
- der Entstehungs- und Begründungszusammenhang des curricularen Entwurfs ist soweit offengelegt, daß die am Unterricht Beteiligten sinnvolle Entscheidungen für die konkrete Lernarbeit treffen können,
- die Lernplanung kann sich an die besonderen Bedingungen und Möglichkeiten der einzelnen Lerngruppen anpassen,
- Unterricht kann auf die sozialen Bedingungen des schulischen Umfeldes und regionaler Besonderheiten abgestimmt werden.

Rahmen und Spielraum

Um das Verhältnis zwischen Rahmen im Sinne curricularer Vorgaben und Spielraum als Mit- bzw. Selbstbestimmungsangebot genauer beschreiben zu können, kann man sich der Unterscheidung verschiedener Dimensionen bedienen.

Die Dimension „Schule" z.B. erlaubt die Feststellung am weitesten gehender Alternativen. Das Curriculum Vorschule, Grundschule, Hauptschule, Realschule oder Gymnasium kann über die Fächerfestlegung, die Zeitbudgets und die Beschreibung zu behandelnder Inhalte total verplant sein. Man kann sich die Schule als Angebot denken, aus dem Schüler in völlig freier Entscheidung wählen und damit auf Dauer, gelegentlich oder einmalig mit Lehrern und Mitschülern Themen bearbeiten. Es ist unmittelbar einsichtig, daß, wenn einmal die Anforderungsstrukturen festgelegt sind, sich im zweiten Fall erst die Verständigungsprozesse und ein sich damit ergebendes individuelles Anforderungsniveau ergeben müssen, aber auch ausbleiben können. Rahmen bzw. Spielraum wären hier noch Alternativen, keine Synthese. Die Dimension „Pflicht-, Wahlpflicht-, Wahlfächer" ist wesentlich eingegrenzter, dafür realistischer. Besonders im Sekundarbereich gibt es eine Reihe von Beispielen für diese Rahmenkonstruktion, die dem Schüler mehr und mehr eine Schwerpunkt- und Interessenbildung ermöglichen soll. Der Zeitpunkt der Aufgabe eines für alle verpflichtenden und gleichen Fächerkanons, die Verteilung der Unterrichtsfächer auf die Kategorien Pflicht, Wahlpflicht, Wahl, der Zeitraum für die Geltung von Entscheidungen, die in den Kategorien Wahlpflicht und Wahl bestehenden Angebote und das Zueinander von Pflicht und Wahl sind die solch eine Konstruktion bestimmenden Gesichtspunkte. Eine vielleicht etwas offenere Variante ist in dem curricularen Angebot zu sehen, das neben den Pflichtfächern inhaltlich nicht vorfixierte Zeiträume (Verfügungsstunden, Arbeitsgemeinschaften, Projektstunden, freies Arbeiten) freizuhalten versucht. Sie ist z.B. in den Rahmenrichtlinien für die Primarstufe und in den Anweisungen für die Arbeit in der Orientierungsstufe in Niedersachsen enthalten. Die Beurteilung dieser Regelung muß ambivalent ausfallen: positiv ist die Eröffnung von Freiräumen für interessenorientierte Tätigkeiten, weniger positiv ist die Inhaltslosigkeit und die Verbundenheit mit dem Pflichtkanon zu sehen. Man könnte von „Spielwiesen" sprechen, die Kompensationsfunktion haben, aber nicht den Intentionen folgen, Pflicht und Wahl, Rahmen und Spielraum, fremd- und selbstbestimmtes Lernen in eine fruchtbare Spannung zu bringen. Die Dimension „Wahldifferenzierung im Fach" setzt ein vorhandenes Schulcurriculum als Gesamtangebot voraus und strukturiert im einzelnen Fach das Verhältnis von Rahmen und Spielraum in unterschiedlichen Varianten. Da kann sich ein Fach im Verbund mit anderen Fächern quantitativ und qualitativ unterschiedlich anbieten. Grundkurse und Intensivkurse sind die Fachtermini für die Beschreibung eines allgemeinen, zeitlich begrenzteren

und eines spezielleren intensiven und zeitlich ausgeweiteten Fachangebots (Beispiel: Grundkurs Biologie – Intensivkurs Chemie/Physik oder umgekehrt). Ein Fach kann zunächst einmal einen Fundamentalkurs für alle in Frage kommenden Schüler anbieten und danach zur Wahl Zusatzkurse (Beispiel: Fundamentalkurs Geräteturnen – Zusatzkurse für einzelne Geräte). Auch hier ist im Grunde der Verbund mit Angeboten anderer Fächer mitgedacht, weil in ihm der Spielraum für den Schüler hinsichtlich seiner Entscheidungen und Schwerpunktbildung größer wird. Die in der Leistungsdifferenzierung auftretende Unterscheidung zwischen Fundamentum und Additum ist keine Variante der hier intendierten curricularen Offenheit, da sie nach Leistungsgesichtspunkten und der Lehrerbewertung erfolgt und der Entscheidung der Schüler entzogen ist.
In der Dimension „Unterrichtseinheit" ermöglicht das Konzept des wahldifferenzierten Unterrichts (siehe dazu das entsprechende Kapitel) Offenheit, die Wahlfähigkeit der Schüler, die Fähigkeit zur Mitbestimmung über eigene Lernangelegenheiten, kooperative Verhaltensweisen, selbständiges Lernen in der Kleingruppe zu fördern. Nach diesem Konzept werden in einer Strukturierungs- und Fundierungsphase die für ein Thema wichtigen Informationen (Kenntnisse, Erkenntnisse, Probleme) und Fragestellungen vermittelt. In der sich anschließenden Differenzierungsphase sollen die Schüler aus vorhandenen alternativen Lernangeboten oder auch aufgrund eigener Ideen Intention und Inhalt für selbständiges Lernen finden, mit anderen Schülern sich zusammentun, einen Arbeitsplan entwickeln und nach ihm selbständig arbeiten. Die Strukturierungs- und Fundierungsphase mit ihren motivierenden und informierenden Funktionen, unterstützende Lernmaterialien und die Beratung des Lehrers stellen die Hilfen dar, die es den Schülern ermöglichen sollen, im vorgesehenen Rahmen (Thema, grundlegende Informationen und Fragestellungen) nach selbstbestimmten Intentionen weiterzuarbeiten.
Die Dimension „Unterrichtsstunde" stellt schließlich die eingeengteste, aber nicht chancenlose Möglichkeit dar, „Offenheit" unter curricularem Gesichtspunkt zu realisieren. Angebote im Thema (Teilthema), in den Fragestellungen, in der Nutzung von Lernmaterialien, in der Arbeitsweise, unter dem Terminus „innere Differenzierung" vielfältig diskutiert, lassen Offenheit zu, wenngleich der Rahmen (zeitliche Einengung, vorgegebenes Thema, Raum- und Materialvorgaben) den Spielraum nicht übermäßig groß werden läßt.

Probleme curricularer Konstruktion

Die Grundfrage bei allen Versuchen, die Lernintentionen und -inhalte weitgehend oder begrenzt vorzubestimmen, ist die nach dem Bildungsziel, das man im Grunde verfolgt. Wird die Idee einer Allgemeinbildung vorwiegend unter Gesichtspunkten der Wissens- und Fertigkeitenvermittlung verstanden, kann man in einer hochdifferenzierten Leistungsgesellschaft genügend viele Lerninhalte beibringen, die für die Qualifikation des einzelnen wie für das Fortbestehen der Gesellschaft als unerläßlich angesehen werden können. Wird der Wert eines Lernziels vor allem daran gemessen, inwieweit es dazu beiträgt, das Selbstverständnis und die Handlungsfähigkeit des Schülers in seiner konkreten gesellschaftlichen und historischen Situation zu fördern, werden die Entwicklung seiner Urteils- und Entscheidungsfähigkeit, die Berücksichtigung seiner Bedürfnisse und Interessen, frühzeitige Versuche selbstbestimmten Lernens gleichen Wert haben wie die Wissensvermittlung. Freilich ergeben sich mit der Betonung der Merkmale offenen Unterrichts Konsequenzen für die Leistungsbeurteilung, Zensurenerteilung, Abschlußvergabe. Das bisher alles in allem dominierende Leistungsdenken muß sich umorientieren und Leistungen anerkennen, die bisher weniger anerkannt waren. Es ist schon ausgeführt worden, daß offener Unterricht nicht die Frage nach dem Notwendigen, nach dem unerläßlichen Soll verdrängen soll. Offenheit kann auch zum ideologischen Begriff werden. Wenn man meinte, alles sei offen, es ginge vor allem um die „Entfesselung“ von Kreativität und Spontaneität, könnten Verdrängungen die schulische Szene nur noch unwirklicher machen. Selektion und Konkurrenz könnten umso wirksamer werden, wenn man den Begriff „Offenheit“ für die Einrichtung von Spielwiesen nähme und für nichts anderes.

Praktische Versuche zeigen überdies, daß Interessen und Bedürfnisse der Schüler nicht unmittelbar zum konstitutierenden Moment schulischen Lernens zu werden brauchen. Sie können längst verschüttet oder auch nicht entwickelt sein. Sie bedürfen bestimmter Verhaltenskompetenzen und Fertigkeiten, um sich zu entwickeln und zu befriedigender Lernarbeit zu führen. Häufig müssen diese erst aufgebaut werden.

Freilich zwingt die Frage nach vorzugebendem Rahmen und den zu eröffnenden Spielräumen vielleicht mehr als geschlossene Curricula/Lehrpläne, über die Entscheidungsgrundlagen nachzudenken.

2.2.3 Unterricht als organisierter Lernprozeß

Kommunikativer und offener Unterricht in der bisher beschriebenen Weise könnte schnell an institutionell bestimmten Organisationszwängen scheitern, wenn nicht eben diese von vornherein mitbedacht werden.

In der Regel wird gegenwärtig Wissen in der Schule von Lehrern fein parzelliert – Stunde für Stunde folgt Fach auf Fach mit jeweils anderen Inhalten – und abgezogen von konkreten Lebenszusammenhängen angeboten. Die Unterrichtsorganisation ist starr, sie ist durch fest fixierte Zeiteinheiten (45 Min.), fest verplante Räumlichkeiten und natürlich feststehenden Lehrereinsatz gekennzeichnet. Die Lehrer sind auf das „Halten von Stunden" hin orientiert. Aufsichtspflichten und Verwaltungsaufgaben engen den Spielraum informeller Kommunikation ein. Der Trend zum Fachlehrer verstärkt sich und führt z.B. auch in der Primarstufe dazu, daß die bisher überwiegend integrativ angelegte Arbeit zersplittert wird. Diese Gegebenheiten werden kommunikativen und offenen Unterricht stark behindern, wenn nicht verhindern. Es ist also nach den unterrichtsorganisatorischen Adäquaten zu fragen, um nicht von vornherein zu scheitern. In aller Kürze sollen Möglichkeiten unter den Gesichtspunkten Zeitbudget, Lehrerkooperation, flexible Raumnutzung und Lernmaterialien entwickelt werden.

Zeitbudget

Kommunikativer und offener Unterricht läßt sich in streng einzuhaltenden 45-Minuten-Einheiten kaum realisieren. Die einfachsten Hilfen sind Blockstunden (90-Minuten-Einheiten) und Epochenunterricht, bei dem einzelne Fächer zeitweise einen höheren Stundenanteil als andere bekommen und damit Intensität, Konzentration und Dauer der Arbeit steigern können. Verfügungsstunden oder freie Arbeitsstunden können den Zeitanteil aufbessern helfen. Alles in allem sind dies partielle Maßnahmen.

In umfassender Weise würde eine Unterrichtsorganisation auf die hier zur Rede stehenden Intentionen eingehen, wenn die insgesamt zur Verfügung stehende Unterrichtszeit in einen nach wie vor fest verplanten Teil (Unterrichtszeit, z.B. die je drei ersten Stunden des Vormittags) und in einen frei zu verwendenden Teil (Studienzeit) eingeteilt würde. Die Unterrichtszeit würde dann dem Pflichtteil, dem Fundamentum dienen, die Studienzeit für die Erledigung sich aus dem Fundamentum

ergebender Aufgaben, Übungen und für die Verfolgung weiterer, z.T. selbst gefundener Anliegen dienen können.
Wäre somit eine Zweiteilung gegeben, die recht gute Chancen für einen kommunikativen und offenen Unterricht eröffnen würde, ließe sich diese ausdifferenzieren z.B. in einen Grundbereich, Leistungs- bzw. Schwerpunktbereich und in einen Bereich freier Aktivitäten pro Fach oder pro Fächergruppe.
Ganztagsschulen wären für solche Überlegungen besonders günstig, da sie die einschränkende Bedingung, die Vielfalt der Intentionen am Vormittag erledigen zu müssen, nicht haben und von vornherein über mehr Zeit disponieren können.

Kooperation der Lehrer

Im Grunde ist kommunikativer und offener Unterricht auf die Kooperation von Lehrern angelegt. Offenheit und Anregung erweitern sich durch die Abstimmung des Angebots mehrerer Lehrer, durch die Verabredung für bestimmte Stunden, durch die Öffnung hin zu anderen Klassen. Ideen, Materialien, Kontakte, Räumlichkeiten, Beratung multiplizieren sich. Wenn zu realisieren wäre, daß für eine Studienzeit „Naturwissenschaft" für vier Klassen Physikraum, Klassenräume, Schülerbibliothek und ein Berater für eine Lernaktivität außerhalb der Schule (Erkundung) zur Verfügung stehen könnten und in den Räumen je ein Lehrer als Berater vorhanden wäre, wären die Voraussetzungen entscheidend verbessert.
Schwierigkeiten sind sicher bei der Bildung von Lehrerteams zu erwarten, da unter Umständen der Wille und die Fähigkeit zur Kooperation nicht sonderlich ausgeprägt sind und die insgesamt vorhandenen Arbeitsbelastungen, das Fehlen bzw. Nichtfinden von Besprechungsterminen Kooperation schon im Ansatz ersticken. Ein Stundenpool für diese Begleitaktivitäten könnte daher eine entscheidende Erleichterung darstellen.

Flexible Raumnutzung und -ausstattung

Für einen kommunikativen und offenen Unterricht sind Spiel- und Leseecken, die Vielfalt in der Raumnutzung, unterschiedliche Räume mit leicht realisierbarer Nutzung besonders wichtig. Das heißt, daß die häufig schmucklose Einrichtung der Schulräume verändert werden müßte. Abtrennbare Spiel-, Lese- und Arbeitsecken, Material- und Medienangebote, variable Sitzmöglichkeiten (z.B. Teppiche, um den Fußboden nutzen zu können) wären für die Klassenräume zu wünschen.

Zusätzliche Räume wie z.B. eine gut eingerichtete Schülerarbeitsbibliothek, Arbeitsmittelsammlungen, eine Mediothek mit allen wichtigen Medien wie Radio, Filmwiedergabegeräte, Projektoren, Fernsehgeräte, Tonbandgeräte, Plattenspieler und Gruppenräume würden die anregende und auflockernde Atmosphäre für vielfältige Aktivitäten schaffen helfen. Um passende Flurteile und andere, häufig vorhandene Räumlichkeiten nutzen zu können, wären Trennwände, die zur Einrichtung von Arbeitskojen und als Ausstellungswände dienen könnten, bewegliches Gestühl, transportierbare Tafeln zu wünschen.
Die offene Klassentür, die kurzfristig mögliche Veränderung der Raumgliederung, die Beweglichkeit und Reichhaltigkeit der Einrichtungsgegenstände als Voraussetzung für die Arbeit wechselnder Lerngruppen, klassenübergreifender Projektgruppen und die schnelle Nutzbarkeit der Sonderräume (Physik-, Chemie-, Biologieräume sowie Turnhalle, Lehrerbücherei u.a.m.), um auf verschiedenartige Gruppenanliegen reagieren zu können, das wären kommunikativen und offenen Unterricht unterstützende Gegebenheiten.

Lernmaterialien

Lernmaterialien mit motivierender, informierender und die Schülerarbeit unterstützender Funktion haben für den kommunikativen und offenen Unterricht deshalb große Bedeutung, weil sie am ehesten in Anfangs- und Übergangsphasen vom Angewiesensein auf den Lehrer weg- und zu Selbständigkeit hinführen helfen können. An sich müßte jede Schule längst ihr systematisch aufgebautes Arsenal an Arbeitsheften, Arbeitsbüchern, Lernspielen, Übungsheften, Sachbüchern, Medien (Schallplatten, Tonbänder, Filme, Dias) haben.
Darüber hinaus wären Lernmaterialien, die eine das Selbstlernen unterstützende Struktur haben (nicht nur Programme, sondern Materialien, die neben Informationen auch Fragestellungen, Probleme, Informationsquellen anbieten), wünschenswert. Institutionalisiert würden sich solche Angebote in einer Bibliothek, Mediothek und in einem Selbstlernzentrum wiederfinden können, wie sie in der didaktischen Literatur der Erwachsenenbildung längst entwickelt sind. Die allgemeinbildende Schule hat merkwürdigerweise ein systematisch diese den Lernprozeß unterstützenden Hilfen verfolgendes Interesse nicht entwickelt. Die Lehrerausbildung vernachlässigt dieses Thema ebenfalls. Nun mag die institutionelle Einrichtung der oben genannten Lernhilfen gleich auch einen Bürokratierungseffekt nach sich ziehen (eine Aufsicht wird notwendig, ein Ausleih-System muß entwickelt werden, für Regelübertre-

tungen müssen Sanktionen ausgedacht werden); es wäre daher wichtig, sie für die Schüler anziehend und nicht befremdend einzurichten.

2.2.4 Zusammenfassende Bemerkungen

Unterricht ist auch ein gesellschaftlich beobachteter Prozeß. Neben allen beschriebenen Aspekten ist deshalb zum Schluß darauf hinzuweisen, daß Öffentlichkeitsarbeit eine wichtige flankierende Maßnahme für kommunikativen und offenen Unterricht ist. Die Gefahr des Mißverstehens (da wird nur gespielt, was soll schon dabei herauskommen?), Ängste gegenüber Verhaltensweisen, die man von Schülern nicht erwartet (Kritik, unerschrocken geäußerte Meinung, ein unerwarteter Grad von Selbständigkeit) wie Mißtrauen (die werden nicht soviel lernen) sind zu erwarten und müssen durch eine kommunikativ angelegte und offene Öffentlichkeitsarbeit möglichst vermieden werden.

3. Der Gesamtrahmen des Unterrichts: Die Organisation (Stundenplan) als Gelenkstelle zwischen neueren Konzepten und konventionellen Infrastrukturen

Bevor die Darstellung von Unterrichtsmethoden fortgesetzt wird, ist es zweckmäßig, kurz auf einen *Bedingungsfaktor* des Einsatzes von Unterrichtsmethoden einzugehen, der wesentlich den Unterricht in jedweder Lehr-/Lerninstitution (Schule, Hochschule, Akademie, Volkshochschule u.a.m.) bestimmt: die ist der Gesamtrahmen, der in Form des *Stundenplans* Chancen und Grenzen des methodischen Vorgehens dimensioniert – rigide oder großzügig. Ist der Stundenplan nach Fächern und Lerngruppen (Klassen) parzelliert, haben bestimmte Methoden geringere Chancen. Elemente des fächerübergreifenden Lernens und der freien Arbeit schaffen demgegenüber andere Ausgangsbedingungen.
Adaptiver Unterricht und offener/kommunikativer Unterricht benötigen zu ihrer Realisierung eine sehr flexible und variabel nutzbare Unterrichtsorganisation. Umgekehrt gibt es fachliche Ansprüche, die nur bei qualitativ hochstehender Verfügung über konventionelle Unterrichtsmethoden eingelöst werden können. Insofern sind diese unaufgebbar.
Die Organisation des Unterrichts muß den Unterrichtsmethoden einen anregenden Rahmen zur Verfügung stellen. Dieser wäre optimal, wenn er durch fünf Teilkonstrukte bestimmt wäre:

– *Lehrgangsorientierter (vermittelnder) Unterricht*

Für den Unterricht in der öffentlichen Schule und, wie ich glaube, auch in alternativen Schulen ist das Teilkonzept „lehrgangsorientierter Unterricht" unaufgebbar. Sei es, daß Unterrichtsfächer oder Teile von ihnen aus sachstrukturellen Überlegungen heraus der Lehrgangsform bedürfen (z.B. Lesen, Schreiben, Mathematik – obwohl sich auch hier Alternativen denken lassen –, sei es, daß sich in offenen Situationen das Bedürfnis nach einer zwischenzeitlich notwendigen systematisierten Vermittlung ergibt (z.B. die Benutzung eines Lexikons, einfache

Formen des Interviewens u.a.m.), grundsätzlich oder intermediär wird die Lehrgangsorientierung immer wieder eine Vermittlungsform sein. Dies ist zu bejahen und braucht das schlechte Gewissen wahrhaftig nicht zu wecken. Zumal lehrgangsorientierter Unterricht im Alltag häufig durch binnen-differenzierende Maßnahmen in Form von Einzel-, Partner- oder Gruppenarbeit aufgelockert wird/werden muß. Eine weitergehende Form der Öffnung wäre durch die Realisierung wahldifferenzierten Unterrichts gegeben, der für die einzelne Unterrichtseinheit eine Struktur vorzieht, die im Dreischritt von Strukturierung – Differenzierung (Wahl eines Arbeitsschwerpunktes/Teilthemas und dessen Bearbeitung in Kleingruppen) – Vermittlung/Reflexion Unterricht zu selbstbestimmtem Lernen hin öffnet.

– Wochenplanarbeit

Die z.Zt. stark diskutierte Wochenplanarbeit ist von freier Arbeit klar zu unterscheiden. Die Aufgaben werden vom Lehrer/von der Lehrerin in einem oder mehreren Fächern im Wochenplan vorgegeben. Es besteht ein offener Zeitrahmen (1 oder mehrere Stunden pro Woche) und die SchülerInnen können in diesem Zeitrahmen Reihenfolge, Zeitumfang und Kooperation bei der Bearbeitung der Aufgaben selbst bestimmen. Wenn Kontrollmöglichkeiten für die Schüler vorliegen, können sie ihre Arbeit selbst kontrollieren. In aller Regel aber übernimmt dies die Lehrperson.

– Die freie Arbeit

Bei der freien Arbeit können SchülerInnen sehr viel konsequenter einen vorgegebenen Zeitrahmen (1 oder mehrere Stunden pro Woche) inhaltlich wie verfahrensmäßig selbst bestimmen. Sie können spielen, lesen, basteln, Übungen durchführen, kleine Projekte realisieren oder sich von anregenden Materialien einladen lassen. Die Tätigkeiten bleiben konsequent in der Verantwortung der SchülerInnen. Die Begründungen für freie Arbeit – und dann und wann von skeptischen sehr leistungsorientierten Eltern als Spielerei abgetan – ist, daß es zu den grundlegenden Bildungserlebnissen gehört, selbst etwas für wichtig zu halten, gegen alle Erwachsenenmeinung durchzuhalten und auch selbst zu verantworten. Lernen nach Auftrag ist erst die Hälfte schulischen Lernens!

– Projektarbeit

Projektarbeit als viertes Teilkonzept setzt sich langsam in der Breite durch. Als Hochform handlungsorientierten Unterrichts ist sie dadurch bestimmt, daß eine Gruppe (SchülerInnen und LehrerIn) ein Anliegen für wichtig hält (vorgegebene Themen, konkrete Anlässe, „gefundene" Themen), den Plan für seine Bearbeitung entwirft und dann nach diesem Plan das Anliegen verfolgt. Dabei wird das Produkt der Projektarbeit häufig „Gebrauchswert" in dem Sinn haben, daß es der Gruppe dient, daß es Andere bereichert, daß es Umwelt verbessert.

– Lernen in außerschulischen Lernorten

Neben dem „Buchlernen" ist das „Lernen vor Ort" heute eine der aufgebbaren Forderungen. Für forschendes Lernen, für Erkundungen und Praktika ist der Wechsel des Lernortes (hinaus aus der Schule in außerschulische Wirklichkeiten) wichtig. Die Stundenplangestaltung muß solche Möglichkeiten unkompliziert realisierbar machen.
Neuere Konzepte und konventionelles Unterrichten werden ihre Chancen und Realisierungen immer dann in dem je beabsichtigten Maße haben, wenn die Rahmenbedingung „Organisation" adäquat gestaltet wird. Eine qualitativ hochstehende Vermittlung von Lerninhalten wird übrigens immer ihren hohen Stellenwert haben. Daher darf das Augenmerk jetzt auf ihre Möglichkeiten gelenkt werden.

4. Konventionelle Infrastrukturen des Unterrichts

4.1 Methodik der Lernanregungen

Das Problem

Lernen anzuregen im Sinne von „In-Gang-bringen“, „Ideen vorstellen“, „Etwas zu erforschen anleiten“, „Fragen stellen“, „Probleme haben und lösen wollen“ ist im Unterrichtsalltag vielleicht das Schwerste, was der Lehrer zu tun hat. Im konsequenten Gebrauch des Begriffs läge ja immer auch das Scheitern: anregen kann nur ein Versuch sein, ob er gelingt, ist nicht in des Lehrers Verfügung. Wer wirklich nur anregen wollte, bräuchte nicht auf der Annahme der Anregung zu beharren. Anregungen können konsequenzlos bleiben.
Weil es so schwer ist, Lernen anzuregen, ist der Unterrichtsalltag auch viel schlichter. Der Lehrer sucht Inhalte aus, setzt die Ziele fest. Er wählt die Art der Erarbeitung, er hat die Macht der Anweisung. Wenn es hochkommt, ist er so einfallsreich, daß sein Unterricht immer wieder einmal „ganz interessant ist“, „ein paar Ideen drinstecken“, „ein bißchen Pfiff“ hat. Die Situation des Schülers aber ist in jedem Fall fixiert: er muß lernen, er muß dauernd etwas anderes lernen, seine Bedürfnisse und Interessen sind im Grunde belanglos. Die elterlichen Erwartungen und die schulischen Zensuren und Abschlüsse sind „lernantreibend“ genug, so daß der Unterrichtsbetrieb schon läuft. Gerade wenn man sich an der Schule und ihren Chancen engagiert, muß einem diese Alltagssituation mit ihren ständig verzerrten Formen des Lehrens und Lernens beunruhigen.
Die Hauptprobleme werden sicher verursacht durch die Art schulischen Lernens, die die selbstverständlichste und kaum zu verändernde zu sein scheint: das Lehren und Lernen im Klassenzimmer mit festen Zeiten (in der Regel 45 Min.-Stunden), wechselnden Fächern und Lehrern und in der Regel an Klassenzimmer gebunden. Genau diese Unterrichtsorganisation macht es so schwer, Lernen anzuregen, Lernmotive zu gewinnen, Interessen zu entwickeln. Der Schüler kann im Grunde genommen in dieser Art von Schule nur überleben, wenn er

sich den Regularien möglichst unterwirft, um die Kräfte für die Erfüllung der so erlebten fremdbestimmten Forderungen aufzusparen. Spätestens in der Sekundarstufe I stehen alle vor einem Scherbenhaufen, der sich darin zeigt, daß Lernen das Ödeste zu sein scheint, was es auf der Welt gibt. Das Ergebnis aller Lernanregungen ist Lernunlust!

Problemlösungen unterschiedlicher Reichweite

Wenn man von dem skizzierten Sachverhalt beunruhigt bleibt, geht man ständig der Frage nach, was denn wie zu ändern wäre. Reformansätze kann man sich unterschiedlich konsequent denken:

Reform einer defizitären Unterrichtsorganisation		
Alternativen im Klassenzimmer	*Alternative Unterrichtsorganisation*	*Entschulung der Gesellschaft*
– veränderte Konzepte der Lernanregung – mehr freie Arbeit – mehr wahldifferenzierter Unterricht – veränderte Klassenzimmer: wirkliche Lernräume – Epochenunterricht – 2 Lehrer pro Klasse usw.	– Projektlernen – Doppelstunden – Dalton-Plan – fachübergreifendes Lernen – Verbindung von Leben und Lernen – Verbindung von Arbeit und Lernen usw.	– Aufhebung der institutionellen Verkrustungen – Aufhebung der Lehrmonopole – Nachweisdienste für Lerngelegenheiten – Vermittlung von Lehrkompetenzen – Vermittlung von Kontakten Gleichinteressierter usw.

Das Arsenal der Alternativen ist theoretisch wie praktisch immer wieder durchdekliniert worden. Es hat in der Breite Schule überhaupt nicht verändert. Die oben aufgeführten Stichwörter brauchen nicht näher erläutert zu werden. Der Interessierte kennt sie längst und kann sie Konzepten oder Autoren zuordnen. Die folgenden Ausführungen wollen dann auch angesichts der offensichtlich nicht zu verändernden Grundstruktur des Schulehaltens „nur“ der Frage nachgehen, ob für das herkömmliche Lernen im Klassenzimmer Möglichkeiten der Lernanregung entwickelt oder beschrieben werden können, die tendenziell Lernen anregen können.

Die Grundfolie: Lernprozeß und Unterrichtsprozeß

Die Grundfolie der weiteren Überlegungen sei kurz dargestellt. Es wird davon ausgegangen, daß es sich in der Schule darum handelt, sinnvolle Lernprozesse zu initiieren, zu steuern und zu einem Ergebnis zu bringen. Der Lernprozeß des je einzelnen Schülers ist zu unterscheiden von dem Unterrichtsprozeß, den ein Lehrer inszeniert zu dem Zweck, Lernprozesse bei den Schülern den Intentionen entsprechend parallel laufen zu lassen. Eine häufige Täuschung dabei tritt auf, wenn man glaubt, gut gelaufener Unterricht hätte bei jedem Schüler Lernprozesse bewirkt.
In der Lernpsychologie wird der Lernprozeß recht übereinstimmend vier- bis sechsphasig beschrieben.

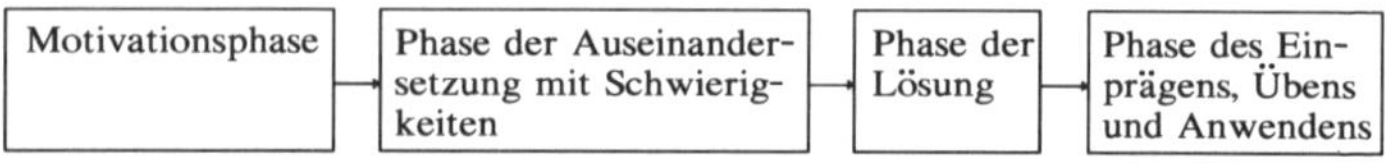

Bei einer 6-phasigen Beschreibung ist meist die vierte weiter ausgegliedert (Roth, [14]1973; Correll, [16]1976). Der Unterrichtsprozeß erfährt entsprechend dann eine Artikulation wie diese:

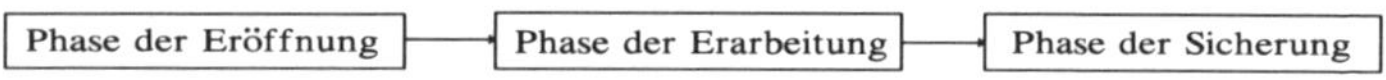

Dabei lassen sich für die einzelnen Phasen gewisse Konkretisierungen vornehmen, die in der folgenden Übersicht zusammengefaßt sind. Zu ergänzen ist, daß sich die Realisierung dieser Phasenabfolge in der Regel in einer Einzel- oder Doppelstunde ergeben soll. Dabei wird häufig vernachlässigt, daß die Phasen des Einprägens, Übens und Anwendens sich über längere Zeit hinziehen müßten, wenn sie einen abgeschlossenen Lernprozeß zum Ziel haben (Bönsch, [4]1977).

Der Lernprozeß - der Unterrichtsprozeß

Lernprozeß →	Phase der Motivation	Phase der Auseinandersetzung mit Schwierigkeiten	Phase der Lösung	Phase des Einprägens, Übens und Anwendens
Unterrichtsprozeß →	Phase der Motivation	Phase der Erarbeitung		Phase der Sicherung

Phase der Motivation:

Überdauernde Motivation (z.B. verfestigtes Interesse)

Aktuelle Motivation

1. Didaktisierung der Aufgabe
- konkret-handgreifl.
- anschaulich
- besondere didaktische Qualitäten wie Lücke, Widerspruch, Überraschung, Befremdliches
- besondere Wege, Nacherfinden, Nachentdecken
- besondere Formen: Erkundung Projekt Praktikum

2. Situative Anregungen
- Kreis
- Gruppenarbeit
- Medien
- Expertenbesuch

- Lob des Lehrers
- Zielangabe
- Gruppendruck
- Wettkampf
- Prüfung

Phase der Erarbeitung:

Vom Nicht-wissen zu neuem Wissen

Vom Nicht-können zu neuen Fertigkeiten

Vom Nicht-verstehen zu neuen Einsichten

Vom Nicht-akzeptieren zu neuen Einstellungen, Konzepten usw.

Phase der Sicherung:

- Festhalten des Neuen
- Geläufigmachen Üben Übertragen Anwenden
- Ausüben in Realsituationen

4.1.1 Der anthropologische Aspekt: Motivation oder Entwicklung von Sinn, Relevanz, Interesse?

Der Motivationsbegriff ist ambivalent. Mit ihm verbinden sich heute Assoziationen in Richtung Manipulation, Trickkiste, Lerntechnologie. Wenn man nur das richtige Mittel anwende, gewinne man eine Klasse ohne weiteres für beliebige Lerninhalte. Da für Schüler die Lernziele und -inhalte ohnehin den Charakter des Beliebigen haben werden, käme es nur darauf an, ihnen das Lernen ein wenig schmackhaft zu machen. Wenn man ehrlich ist, wird man allerdings hinzufügen müssen, daß mit dem Begriff der Motivation immer auch mehr als das Manipulieren gemeint war. Wenn man sich an Schiefeles Ausführungen erinnert, so haben die sog. gegenstandsorientierten wie auch die sog. schülerorientierten Motivierungsmöglichkeiten zum Ziel, in umfassender Weise ein „Spannungsverhältnis“ zwischen Stoff und Lernenden zu schaffen, in der höchstentwickelten Form als Autonomie und personale Wertentscheidung. Die folgende Übersicht macht dies deutlich (Schiefele 1974):

1. *Gegenstandorientierte Motivierungsmöglichkeiten*

Kognitive Dissonanzen	*Fachdidaktische Aufbereitung*	*Humane Akzentuierung / exemplarische Gegenstandswahl*	*Motivation durch Medien*
– Problemorientierter Unterricht – Anreizqualitäten des Unbekannten, Unerwarteten, Rätselhaften – Entdeckungslernen – Fragenstellen lernen	– Bedeutung – gegenstandsadäquates Auftreten – Vereinfachung – Werdeprozesse – Hoffnung auf Erfolg	– Beziehungen zum Leben des Menschen – Exemplarisches	– Film – Versuch – Bücher u.a.m. – Arbeitsformen

2. *Schülerorientierte Motivierungsmöglichkeiten*

Motive kognitiver Welterkundung	*Soziale Motive*	*Selbstbestimmung*
– Welt erkunden als Urmotiv – spielendes Lernen – Lernen durch Tun – Geschäftigkeit, Erlebnishunger, Neugier – Interesse – Selbsttätigkeit	– Anerkennung – Freude an Zusammenarbeit – Konkurrenzdruck – Angst – Erfolgsorientierung	– Autonomie – personale Wertentscheidung – Wertorientierung – Norm der Wahrheit – Einsicht in Forderungen

Im Unterrichtsalltag wird man auf die Vielfalt der Möglichkeiten nicht verzichten können. Was aber möglichst genau und in aufklärerischer Absicht geklärt werden muß, ist der „Verwendungszusammenhang" einzelner Motivierungsmöglichkeiten. Wenn man von der Grundintention aufklärerischen Lernens ausgeht – diese hat zum Inhalt, daß das Individuum zur Welt, zu Anderen und zu sich reflektierte Bezüge entwickeln können muß –, so können Schüler nicht schnurstracks Tag für Tag zum Lernen überlistet werden. Die zentrale Frage ist dann, was ihr Lernen initiieren, anregen, stützen kann. Drei Kategorien sind wohl entscheidend: *Sinn, Relevanz, Interesse.*

Schüler werden sich auf Lernanforderungen, auch ungeliebte und langweilige, einlassen können, wenn sie wenigstens den Sinn solcher Anforderungen erkennen können. Das heißt, daß ihnen von Lehrern die Formulierung von Zielen und die Auswahl von Inhalten begründet und erläutert werden muß. Wer antizipierten Sinn nachvollziehen kann, ist von der Sinnlosigkeit des Lernens befreit. Und das wäre ein entscheidender Fortschritt. Die Annahme, daß mit der Aufstellung von Richtlinien oder Lehrplänen Sinn konstituiert sei, wäre voreilig. Sinn wird sich aus einem curricularen Zusammenhang, aus antizipierten Berufserfordernissen (pragmatische Sinnbestimmung) oder aus den Lebenszusammenhängen von Schülern und Lehrern ergeben (existentielle Sinnbestimmung). Mit dem Thema „Frieden" wird sich eine ganze Menge von Erörterungen über den Lebenssinn ergeben. Infinitesimalrechnung kann hoffentlich gut aus dem „System der Mathematik" heraus begründet werden. Der erschließende Charakter von Lernanliegen kann beiden Sinnbestimmungen folgen, in pragmatischer Orientierung, wenn man z.B. Sport als Möglichkeit sinnvoller Freizeitbestimmung erfährt (ich weiß danach besser, etwas mit meiner Freizeit anzufangen), in existentieller Orientierung, wenn mir jemand klassische Musik erschließt und ich mit ihr ein lebenserweiterndes Medium finde (ich kann Enttäuschungen, Niederlagen, Einsamkeiten durch Musik auffangen und überwinden; in der Musik lebe ich erst auf.): Relevanz bedeutet als Lernanregung etwas mehr. Es kann sich Sinn für Lernarbeit ergeben, ohne daß ich besonders betroffen wäre. Wenn Relevanz entsteht, ist Bedeutsamkeit, Betroffenheit im Spiel. Hat etwas für mich Relevanz, hat es nicht nur Sinn, sondern auch Notwendigkeit. Damit muß ich mich befassen, weil ich davon wissen muß. Dritte Welt, Drogen, Berufsverbot u.a.m. können Themen sein, die für Relevanz stehen, für Relevanz, die von Lernenden konstatiert werden muß, nicht vom Lehrer! Das ist der entscheidende Unterschied in Bestimmung und Realisierung! Relevanz wird häufig nicht einfach gegeben

sein, sondern wird im Rahmen lernanregender Maßnahmen sich entwickeln können müssen. Das heißt, daß die alte Vermittlungsdidaktik stärker als bisher einer Anregungs- und Beratungsdidaktik weichen oder sich von ihr ergänzen lassen muß. Unterricht müßte viel häufiger erst einmal anregen, Sinn finden lassen, Relevanz entdecken lassen.
Interesse ist die dritte genannte Kategorie. Wenn jemand Interesse an einer Sache entwickelt hat, sind für ihn Sinn, Relevanz und affektive Befindlichkeiten in einer positiven Weise gegeben, daß er von sich aus die Auseinandersetzung, Beschäftigung mit einem Thema, mit einem Gegenstandsbereich, mit einer Disziplin sucht. Die Lernanregungen sind dann längst zu internalisierten Beweggründen geworden. Schule muß sich in dem Fall die Pflege und Erhaltung von Interessen zur Aufgabe machen. Häufig genug erstickt sie keimende Interessen oder gibt ihnen keinen Raum zur Entwicklung und Verfestigung. Im Unterricht gegebene Lernanregungen sind solche des Material-, Verfahrens- oder Personenangebotes, die Fortschritt, Erweiterung und Ausbau bedeuten.
Im Sinn einer aufsteigenden Linie sollten Lernanregungen also Sinnvermittlung, den Aufbau individueller oder sozialer Relevanzstrukturen und die Entwicklung von Interessen leisten. Anregung heißt Angebot, Chance. Die Annahme oder Ablehnung liegt prinzipiell beim Schüler. Die Übernahme von Sinn, die Entwicklung von Relevanzstrukturen und Interessen müssen ohnehin von ihm geleistet werden. Im Unterrichtsalltag wird man in der Regel diese entscheidenden Prozesse nach dem Stellvertreterprinzip wahrnehmen: Bis zu einem späteren uund fernen Zeitpunkt definieren Lehrer das für wichtig Gehaltene. Und dies bringt irritierenderweise soviel Sinnlosigkeit in das schulische Lernen!
Um der Ambivalenz von Lernanregungen gegenüber auch im Unterrichtsalltag eine bewußte und kritische Einstellung zu behalten, können folgende Fragen eine Art Prüfinstrument sein, mit dem die von einem selbst geplanten Lernanregungen daraufhin befragt werden können, ob sie eher aufklärerischen Charakter oder eher funktionalisierenden Charakter haben:

Prüffragen zum Charakter von Lernanregungen

- Worauf zielen die Lernanregungen?
  - Sollen die Schüler den Unterrichtsgegenstand erraten?
  - Sollen die Schüler zur Beschäftigung mit einem Unterrichtsgegenstand angeregt werden?

- Sind die Lernanregungen methodische Arrangements oder Lernbegründungen?

- Wie offen bzw. gezielt sollen die Lernanregungen eingesetzt werden?
  - Führt „Schokolade essen“ zum Thema „Verdauung“ oder zum Thema „Werbung“ z.B.?
  - Reicht eine Lernanregung am Anfang für eine Stunde oder sind für unterschiedliche Unterrichtsphasen unterschiedliche Lernanregungen nötig?

- Wie sind die Lernanregungen zu dimensionieren?
  - Kann man nicht unmittelbar den Unterrichtsgegenstand nehmen (z.B. politische Lyrik)?
  - Sind methodische Arrangements z.B. als Hilfe bei abstrakten Themen wichtig?
  - Ist der größere Kontext einer Unterrichtseinheit, vielleicht sogar fachübergreifend angelegt, Lernanregung für einzelne Themen?
  - Ist die Lebensbedeutsamkeit eines Unterrichtsgegenstandes lernanregend?

- Wie verstehe ich generell Lernanregungen?
  - Sind es Hilfen, zur Arbeit mit von mir auch nicht gut geheißenen Themen anzuregen?
  - Sind es „Tricks“, Unterricht interessanter zu machen?
  - Sind es gemeinsam mit Schülern gefundene Hilfen, sich die Lernarbeit gemeinsam interessanter zu machen?

- Was sind Lernanregungen für die Schüler?
  - Sind es im Grunde genommen Täuschungen, Übertölpelungen?
  - Sind es Lernbegründungen für sie?
  - Sind es Ideen für eine interessante Lernarbeit (experimentelle Haltung, anschauliche Hilfen, handlungsorientiertes Lernen, Lösung lebenspraktischer Probleme)?

- Wäre gemeinsame Planung von Unterrichtseinheiten (Offenlegung der Pflicht und Raum für eigene Ideen) ein Ansatz, um aus dem Zwang der stundenweise notwendigen Lernanregung herauszukommen oder würde solch ein Ansatz (den Schüler zum Subjekt seiner Lernprozesse machen) nicht tragen?

4.1.2 Der methodische Aspekt: Lernanregungen als Unterrichtsstrategien

Bringt man die vorstehenden Ausführungen in den gegebenen unterrichtlichen Alltag ein, heißt dies: welche Methodik der Lernanregungen ist zu entwickeln, daß Schüler immer wieder in die Lage versetzt werden, ihr Lernen selbst in die Hand zu nehmen? Welche Mittel der Lernanregung können als akzeptabel gelten, um anzuregen, nicht aber zugleich blind zu manipulieren, um sich auf etwas einzulassen, das man später verstärkt verfolgen oder auch wieder liegen lassen kann? Wenn man die sog. Stellvertreterstrategie ausschließt (bis die Schüler mal soweit sind, gebe ich ihnen das Wichtige einfach vor; sie können mir schon vertrauen), weil sie der aufklärerischen Züge entbehrt, bleiben wohl drei Unterrichtsstrategien, Lernen anzuregen:

- der informierende Unterricht *(Aufklärungsstrategie)*
- der direkte, am Unterrichtsgegenstand Lernanregungen entwikkelnde Unterricht *(Konfrontationsstrategie)*
- der indirekte, über Handlungen und Medien Lernanregungen schaffende Unterricht *(Startrampenstrategie)*

Diese drei Strategien sollen im folgenden etwas näher beschrieben werden.

Der informierende Unterricht (Aufklärungsstrategie)

In letzter Zeit ist vor allem von den Grells unter dem Stichwort des informierenden Unterrichtseinstiegs diese Variante der Lernanregung beschrieben worden (M. u. J. Grell, 1979). Mit den Arbeiten über Metakommunikation im Unterricht ist dieser Ansatz aber früher schon entwickelt worden (Hiller, 1973; Bönsch, 1975, S. 67ff.). Gemeint ist ein Unterricht, bei dem der Lehrer damit beginnt, seine Intentionen, seine Planung vorzustellen, zur Diskussion zu stellen, Korrekturen, Ergänzungen, Verbesserungen ausdrücklich zuzulassen und als erwünscht zu kennzeichnen. Schüler sind dann von Anfang über das informiert, was auf sie zukommt, wie es begründet ist. Sie können also einen Stand diesen Planungen gegenüber gewinnen, zu ihnen Stellung nehmen, eigene Ideen für den Arbeitsverlauf oder auch für die Akzentuierung des Geplanten einbringen. Mit dem Stichwort „Metakommunikation" ist immer gemeint gewesen, Verständigung über die gemeinsame Arbeit ständig zu betreiben und somit über die Ebene der gemeinsamen Arbeit eine zweite der Besprechung, Verbesserung und Bearbeitung von auftretenden Problemen zu installieren. Informieren wird, so kann man hoffen, Unterricht immer. Mit informierendem Unterricht ist hier also ein Unterricht gemeint, der zunächst über sich selbst informiert, an dem man dann informiert und aufgeklärt teilnehmen kann.

Die Prämisse dieses Ansatzes ist, Schüler als Subjekte ihres Lernprozesses zu verstehen, sie nicht nur als Objekte von Lehrermaßnahmen zu betrachten. Wenn sie nun ständig Lernen mitverantwortlich tragen sollen, müssen sie über das Geplante, das Vorbedachte informiert werden. Kritik an dem Ansatz kommt vor allem von zwei Seiten. Einmal meinen Lehrer, daß dann die ganze Spannung aus dem Unterricht heraus sei. Wenn man gleich alles wisse, werde es um so eher langweilig. Zum anderen geben Kritiker zu bedenken, daß der Nichtinformierte kaum etwas anderes tun könne, als die Information und die Begründung zu übernehmen. Woher soll er die Voraussetzungen für eine eigenständige Stellungnahme nehmen, wenn er noch gar nichts über die Sache weiß? Dieses Phänomen begegnet einem auch bei entsprechenden Anfängen von Seminaren und Übungen in der Hochschule. Die Konsequenz ist, daß man sich erst einmal auf das einläßt, was da einer vorschlägt. Dies scheint auch für Schüler eine immer mögliche Reaktion, die die Chance hat, von Anfang an informiert, zunehmend Stellung zu der Arbeit gewinnen zu können. Was den ersten Einwand anbelangt, so steckt dahinter wohl eine Auffassung von Unterricht, die dem Kasperlspiel ähnelt. Man muß eben dem Lehrer erst auf die Schliche kommen. Die Grells haben diese Verfahrensweise zutreffend kritisiert.

Entscheidend ist wohl, wie eng oder weit Information, Begründung, Offenlegung der Planung verstanden werden. Im Rahmen offener Unterrichtsplanung (Schittko, 1976) wären hinsichtlich der Bearbeitungsschwerpunkte, der Verfahrensweise, der einzusetzenden Materialien eine Fülle von Anregungen denkbar, die den Schülern sehr schnell zu einem verantwortlichen und kompetenten Status verhelfen könnten. Und die angenommene „tabula rasa" sind sie häufig gar nicht in dem Umfang, wenn Lernen auf sie und ihre Lebenslage hin gedacht wird. Nur vom Standpunkt des „reinen Fachmanns" mag totale Inkompetenz vermutet werden. Andererseits muß man sich auch klar darüber sein, daß Information, Begründung von Lernanliegen längst nicht immer den Charakter von Lernanregung haben müssen, evtl. sogar gegenteilige Wirkungen hervorrufen können.

Der direkte, am Unterrichtsgegenstand Lernanregungen entwickelnde Unterricht (Konfrontationsstrategie)

Im Unterricht wird häufiger der Unterrichtsgegenstand selbst unmittelbar den Schülern vorgestellt werden. Dafür spricht, daß in der herkömmlichen Unterrichtsorganisation mit den 45-Min.-Unterrichtsstunden gar nicht viel Zeit bleibt, um zunächst erst einmal Lernanregungen zu geben.

Die unmittelbare Konfrontation mit dem Unterrichtsgegenstand ist immer dann von lernanregender Wirkung, wenn die Auseinandersetzung mit ihm interessant zu werden verspricht. Im Rahmen einer Unterrichtseinheit zum Thema „Frieden“ liest der Lehrer neuere Gedichte zum Frieden vor, die betroffen machen. Der Biologielehrer bringt lebendige Frösche mit. Der Physiklehrer zeigt ein verwunderliches Naturphänomen (z.B. die Kraft eines Magneten). Die Mathematikaufgabe wird zur wahren Knobel-(Rätsel-)aufgabe.
Man müßte eigentlich davon ausgehen können, daß Schule ein Ort ist, an dem man als Schüler dauernd auf Verwunderliches, Neues, Provozierendes stößt, da die große Menge unterrichtlicher Inhalte für die Schüler ausgesucht ist und ihr Leben, ihr Denken, ihr Fühlen bereichern sollte. Der Alltag ist anders und daher werden Lerninhalte gern „didaktisiert“, worunter eine Art von Aufbereitung der Inhalte gemeint ist. Besonders didaktische Qualitäten sind in diesem Zusammenhang das Rätselhafte, das Befremdende, das Widersprüchliche, das Spannende, die Lücke, die Dissonanz, die einen Unterrichtsgegenstand anziehend, interessant, mindestens der Nachfrage wert machen.
Die Namen von Copei, Wagenschein, Odenbach stehen für den Ansatz, Unterrichtsgegenstände mit besonderen didaktischen Qualitäten zu versehen, um die Schüler zu einer Auseinandersetzung mit ihnen anzuregen. Der problemorientierte Unterricht (Scholz, 1980; Bönsch, 1970) ist hier zu nennen. Bemühungen, über Prozesse des Nacherfindens und Nachentdeckens zur intensiven Auseinandersetzung zu führen, stehen in einer langen Tradition (Wertheimer, ^{2}1964, Duncker, ^{3}1966). Alle diese Varianten wollen im Kern ohne große Umwege zur Befassung mit Lerninhalten führen in der Hoffnung, daß Schüler dann schon gepackt sein werden und sich Lernbemühungen unterziehen. Die guten Beispiele dieser sog. Konfrontationsstrategie (möglichst schnell mit Unterrichtsinhalten konfrontieren) haben dann die weniger guten Beispiele erarbeitenden Unterrichts nachgezogen, die von den Grells mit einem gewissen Recht kritisiert werden. Denn sie haben oft genug Unterricht zum Rätselspiel gemacht, bei dem aus dem Schüler etwas herausgefragt werden sollte, was im Grunde erst einmal „hinein mußte“! Sie haben auch diesen stark manipulativen Charakter, da mit minderen Mitteln (Herausfragen) Unterricht spannend gemacht werden soll und Spannung in diesem Verständnis nur entstehen kann, wenn der Schüler möglichst lange nicht so recht weiß, wo es heute langgehen wird.
Von diesen zu kritisierenden Formen her darf aber der Ansatz der Konfrontationsstrategie nicht generell kritisiert werden. Es kommt dar-

auf an, didaktische Phantasie zu entwickeln, um viele gute Beispiele zu finden, und zu prüfen, wie weit er mit der Aufklärungsstrategie verknüpft werden könnte.

Der indirekte, über Handlungen und Medien Lernanregungen schaffende Unterricht (Startrampenstrategie)

Anregungen bekommt man häufig erst so richtig, wenn man sich schon ein Stück weit mit einer Sache befaßt hat. Die begrenzte Wirkung des Erläuterns und Begründens unter dem Aspekt der Anregung ist früher schon angesprochen worden. So sind Unterrichtssequenzen/-einheiten/-formen wichtig, die im Sinn der Startrampe etwas auf den Weg bringen können. Sie selbst sind eher Vehikel für etwas anderes, für das eigentliche Lernen nämlich. An drei Beispielen sei diese Unterrichtsstrategie verdeutlicht.

Der in letzter Zeit häufig besprochene sog. handlungsorientierte Unterricht hat neben seinen genuinen Leistungen auch eine klassische Vehikelfunktion (Bönsch, 1982). Handlungsprozesse wie einen Handwerksbetrieb besichtigen, Leute befragen, aus Plastilin einen Zoo bauen, eine Suppe kochen und hinterher aufessen provozieren Aktivitäten, machen Spaß. Die beabsichtigten Lernprozesse können ganz anders liegen. Sie mögen in der genauen Recherche einer Sache, im Erlernen der Interviewtechnik, im Planen und Realisieren der eigenen Planung oder auch darin liegen, daß selbstbestimmtes Lernen in Gang kommt, erfahren wird und wiederholt zu werden wünscht. Handlungsprodukte wie eine Collage über Umweltverschmutzung, eine Fotoausstellung über das Leben im eigenen Dorf während der NS-Zeit sind Ergebnisse intensiver Auseinandersetzung und haben eine andere Qualität als ein Text im Merkheft. Sind sie Anlaß zur Bearbeitung der entsprechenden Inhalte gewesen, haben sie wahrscheinlich einen viel höheren Anregungsgehalt gehabt als die Unterrichtsthemen selbst.

Wenn Einsiedler für den Sachunterricht in der Grundschule Arbeitsformen wie die folgenden aufführt, haben wir das Phänomen wieder (Einsiedler, ^{7}1978):

Arbeitsformen im Sachunterricht

Die Arbeit an der Wirklichkeit →
1. Der Unterrichtsgang
2. Die Objekterkundung
3. Gäste im Unterricht

Die Arbeit mit Modell, Schema, Bild	1. Zusammensetzen oder Auseinandernehmen eines Modells 2. Erarbeiten oder Lesen von Schemata 3. Erlesen von Bildern, Bildgeschichten
Die Arbeit mit dem Wort	1. Die Befragung 2. Die Beschreibung
Die Beobachtung	1. Kurzzeitbeobachtung 2. Langzeitbeobachtung
Der Versuch	1. einzelner Versuch 2. Die Versuchsreihe
Arbeitsformen des Machens und Vormachens	1. Die Handlungseinheit 2. Die Darstellungseinheit

Es werden für den Unterricht Arbeitsformen ausgewählt, die natürlich der Struktur der Unterrichtsinhalte und den Möglichkeiten der Schüler angemessen sein müssen, die aber vor allem hohen Anregungswert haben werden, da sie alle über die reine Wortbelehrung hinausführen und von ihrer Art her Aktivität, Interessantes verheißen. Die Hoffnung ist immer dabei, daß sich eine Anregung inhaltlicher Art bei solchem Unterricht verfestigen möge und zu Lernpräferenzen oder gar -interessen verfestigen möge. Die Arbeitsformen selbst, so sehr sie selbst auch erst einmal gelernt sein wollen, sind im Prinzip Vehikel für etwas anderes, sie bilden Startrampen für das Bearbeiten von für wichtig gehaltenen Inhalten. Im Grunde gilt dies alles auch für die Arbeit mit audiovisuellen Medien.
Das dritte Beispiel ist im Rahmen des bearbeiteten Themas hier ambivalent: Projektunterricht. Einmal ist Projektunterricht immer als eine Form verstanden worden, in der Schüler selbst identifizierten Lernanliegen, Problemen nach Maßgabe eigener Entscheidung und Planung nachgehen können. Dieser so verstandene Projektunterricht setzt voraus, daß Schüler genug Anregungen und Probleme haben. Es braucht dann nur die herkömmliche Unterrichtsorganisation für eine bestimmte Zeit außer Kraft gesetzt zu werden, um Zeit freizumachen für die Projektarbeit. In der Schule wird heute Projektunterricht häufig in einer abgewandelten Spielart praktiziert. Es wird gewissermaßen Projektunterricht oder eine Projektwoche verordnet und dann soll er/sie dazu dienen, daß Schüler ein verabredetes Thema nach ihren Ideen bearbeiten. Hier ist Projektunterricht dann wieder die Rampe, auf der

Lernprozesse inhaltlicher Art mit der Schubkraft „Eigeninitiative-Selbständigkeit“ auf den Weg gebracht werden sollen. Wenn es gelingt, wird auch dies für Schüler ein Gewinn sein.
Die Beispiele mögen die dritte Unterrichtsstrategie, Lernen anzuregen, deutlich gemacht haben. Wenn sie in dem intendierten Sinn wirken, können sie häufig für eine ganze Reihe von Stunden Lernen anstoßen und in Gang halten. Freilich muß man auch hier darauf aufmerksam machen, daß der manipulative Charakter dieser indirekten Form der Lernanregung schnell aufkommen kann. Ihm muß mit entsprechenden Mitteln begegnet werden: diese sind Erläuterungen, Begründung, Bitte um Vertrauen. Sind sie gegeben, läßt sich ein Lernender gern auf etwas ein, was Spaß, Interessantes, Anregung verheißt.

4.1.2 Zusammenfassende Bemerkungen

Die folgende Übersicht faßt noch einmal zusammen. Das didaktische Dreieck Schüler-Lernintentionen/-inhalte-Lehrer stellt die Grundstruktur dar. Wenn man dann die Übersicht von unten – vom Lehrer her – liest, erkennt man, daß dem Lehrer im Grunde drei Möglichkeiten der Lernanregung zur Verfügung stehen. Häufig praktiziert, erziehungswissenschaftlich aber höchst fragwürdig ist das sog. personenbezogene Konditionieren. Mit Lob oder Tadel, Anerkennung oder Ablehnung, Belohnung oder Strafe konditioniert er die Schüler in die gewünschte Richtung. Solange größere Gruppen zu unterrichten sind, wird dies allerdings wohl auch immer Praxis bleiben. Die zweite und dritte Möglichkeit sind dann die Aufbereitung der Inhalte (Übersicht rechts) – im Text ist diese vor allem unter dem Stichwort „Konfrontations-Strategie“ besprochen worden – und methodische Arrangements, die eher schülerorientiert (aufsteigende Treppe nach links) oder eher inhaltsorientiert (aufsteigende Treppe nach rechts) sein können und dabei fließende Übergänge zur Aufbereitung der Inhalte haben – siehe dazu die Ausführungen beispielsweise zum Projektunterricht.

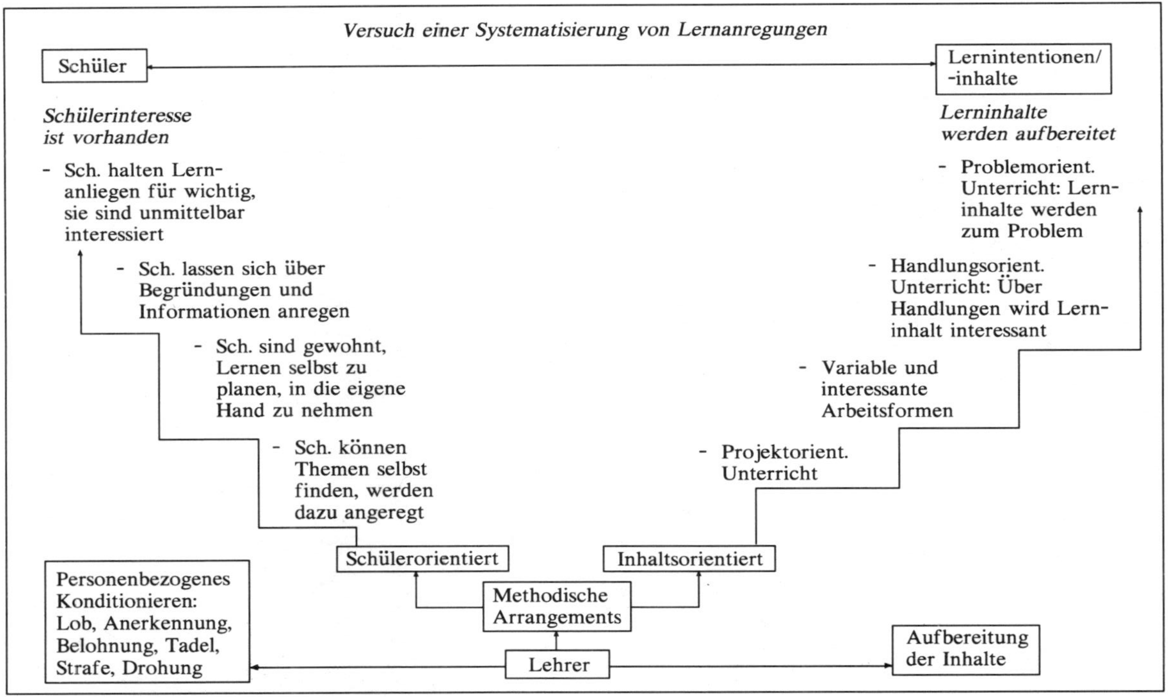
Versuch einer Systematisierung von Lernanregungen
Schüler
Lernintentionen/ -inhalte
Schülerinteresse ist vorhanden
- Sch. halten Lernanliegen für wichtig, sie sind unmittelbar interessiert
- Sch. lassen sich über Begründungen und Informationen anregen
- Sch. sind gewohnt, Lernen selbst zu planen, in die eigene Hand zu nehmen
- Sch. können Themen selbst finden, werden dazu angeregt
Lerninhalte werden aufbereitet
- Problemorient. Unterricht: Lerninhalte werden zum Problem
- Handlungsorient. Unterricht: Über Handlungen wird Lerninhalt interessant
- Variable und interessante Arbeitsformen
- Projektorient. Unterricht
Schülerorientiert
Inhaltsorientiert
Methodische Arrangements
Personenbezogenes Konditionieren: Lob, Anerkennung, Belohnung, Tadel, Strafe, Drohung
Lehrer
Aufbereitung der Inhalte

4.2 Lehrtechniken

Ein Kapitel über Lehrtechniken? Ist dies nun auch in der Allgemeinen Didaktik die Wende hin zum alten lehrerzentrierten Unterricht? Abgesehen von der offenen Frage, ob in der Mehrheit der Schulen je ein anderes Unterrichtkonzept (schülerorientierter Unterricht z.B.) Platz gegriffen hat, das Kapitel soll keine Wende markieren. Aber die an der Schule und ihrem Alltag wirklich Interessierten – der Autor rechnet sich zu diesen – können heute wieder unbefangener und ehrlicher sein. Und das heißt auch, unkompliziert zuzugeben, daß natürlich ein Lehrer verschiedene didaktisch-methodische Kompetenzen besitzen muß, wenn sein Unterricht über die fortschrittliche Grundorientierung hinaus auch noch interessant und lernunterstützend sein soll. Nichts ist frustrierender als ein engagierter Lehrer, der sehr langweiligen Unterricht macht. Schulische Reformansätze sind deshalb häufig gescheitert, weil sie in den Alltag nicht umgesetzt werden konnten. Auch wenn Aspekte schülerorientierten Unterrichts relativ breit praktiziert werden (Projektlernen, wahldifferenzierter Unterricht, freie Arbeit u.a.m.), braucht jeder Lehrer Lehrtechniken, wie sie in diesem Kapitel dargestellt werden: das Veranschaulichen, das Üben und Wiederholen und das Metakommunizieren, das, am Beispiel des wahldifferenzierten Unterrichts dargestellt, in jedwedem Unterricht Platz greifen sollte, um der Sinngewinnung, -vergewisserung und -sicherung in bezug auf die gemeinsame Lernarbeit Fortschritt zu sichern. Und wenn es daneben oder davor gelingt, Lernen anschaulich, anregend, problematisierend, strukturierend und lernerfolgssichernd zu gestalten, wäre das ein wesentlicher Dienst an den Schülern, die LehrerInnen ausgeliefert sind. Wir sind es ihnen schuldig, kompetent ihren Lernprozessen auf den Weg zu helfen. Die Ausrede, daß die Beschäftigung mit Lehrtechniken zu simpel wäre, gilt nicht mehr. Wer mehr will, muß sie zuallererst beherrschen!

4.2.1 Das Veranschaulichen

Vorbemerkungen

„Trägt man nicht Eulen nach Athen, wenn man sich anschickt, zu Pädagogen über die Bedeutung der Anschauung im Bildungsgeschehen und in der Schulpraxis zu sprechen? ... Mit mitleidiger Geste wird der abgewiesen, der in unseren Tagen solche Binsenwahrheiten wie die vom anschaulichen Unterricht immer wieder ausspricht," (Reumuth, 1955).

Erste Überlegung: Anschaulicher Unterricht als erkenntnistheoretisches und ideologiekritisches Problem

Wenn man sich aus relativem Abstand dem Thema zu nähern versucht, wird man zunächst feststellen müssen, daß sich Unterricht als planmäßige Initiierung, Steuerung und Kontrolle von Lernprozessen, als Mittler zwischen der Welt in all ihren Aspekten (gesellschaftliche, politische, soziale, physikalische, chemische, ökonomische, literarische, sprachliche, religiöse u.a.m.) und Individuen mit unterschiedlichen Erfahrungen, Erkenntnis- und Wissensbeständen und Aufnahmemöglichkeiten darstellt. Das darin liegende erkenntnistheoretische Problem läßt sich mit folgenden Fragen näher kennzeichnen:

- Dient Unterricht der Vermittlung „abgelagerter Wissensbestände" über die Welt, in der wir leben, oder ist Unterricht als Hilfe zum Weltverstehen, zur Weltbemächtigung zu verstehen? Welche Unterrichtskonzeption liegt den täglich zu haltenden Stunden zugrunde?
- Wie wählen Lehrer Unterrichtsgegenstände als exemplarische Anlässe, Sachverhalte, Fragestellungen, Probleme, Spiegelungen aus; wie ist ihr eigenes Verhältnis zu ihnen? Verstehen sie sich als Träger und Bewahrer gesicherten Wissens oder ist ihr Selbstverständnis eher so, daß sie sich als Anwalt von jungen Menschen verstehen, denen sie Zugänge zu für wichtig gehaltenen Sachverhalten menschlicher Existenz anbieten bzw. ermöglichen wollen? Welche erkenntnistheoretische Absicht verfolgen sie?

Zweite Überlegung: Anschaulicher Unterricht als lernpsychologisches Problem

Bruner hat einmal ausgeführt, daß jeder Wissensbereich (oder jede Problemstellung innerhalb eines solchen Wissensbereiches) auf dreifache Weise dargeboten werden kann: durch eine Folge von Handlungen (handelnde Repräsentation), durch eine Reihe zusammenfassender Bilder oder Graphiken (bildhafte Repräsentation) oder durch eine Folge symbolischer logischer Lehrsätze (symbolische Repräsentation). Und er macht dies am Beispiel der Balkenwaage deutlich: man kann die Wippe nach dem Prinzip der Balkenwaage richtig benutzen, man kann

sich ihr Funktionieren an einem Modell oder an einer Zeichnung deutlich machen, man kann sie beschreiben und mit der mathematischen Formelsprache erklären (Bruner, 1970). Wenn man einmal annimmt, daß Bruner nicht einer Abbildidaktik das Wort reden wollte (je sinnhafter eine Präsentation ist, um so anschaulicher und damit eingängier wird ein Sachverhalt), so erhebt sich die Frage, ob die Beliebigkeit der Darbietung wirklich gegeben ist. Werden beim Schaukeln wirklich physikalische Sachverhalte (Hebelgesetz) deutlich und stellt die Formel ein mit der Wippe zu vergleichendes Medium dar oder zielen die unterschiedlichen Veranschaulichungsmöglichkeiten nicht auf unterschiedliche Zugänge bzw. Erkenntnischancen?
Für anschaulichen Unterricht ist zwischen Wahrnehmung, Anschauung, Erfahrung, Vorstellung und Begriff zu unterscheiden. Während man das Wahrnehmen als das mit den Sinnen Aufnehmen definieren kann, bei dem es zu Anschauungen kommen kann, aber nicht zu kommen braucht (ich sehe, höre, rieche, fühle, nehme wahr), ist der Begriff eine Abstraktion, ein kategoriales Schema, mit dem unabhängig vom einzelnen, konkreten Phänomen eine Anzahl von Objekten oder Ereignissen auf Grund übereinstimmender Merkmale mit einem gemeinsamen Namen belegt wird. Der Begriff der Anschauung meint eine Operation (Fröbels Begriff der Tatanschauung), mit der durch Wahrnehmungen Strukturen (Wittmanns Begriff der Strukturanschauung), Elementares, Fundamentales (Klafkis Begriff der kategorialen Anschauung) erfaßt werden (Bönsch, 1965). Wenn jemand sagen kann, er habe eine Anschauung von einem Sachverhalt gewonnen, hat er konkrete, deutliche Ansichten von ihm, das heißt, er kann Bewußtseinsinhalte von ihm produzieren. Schwieriger ist das Verhältnis von Anschauung und Erfahrung. Erfahrung ist Seinsaneignung durch Aktivität, so formulierte Guyer (Guyer, [2]1965). Erfahrung meint dann mehr als Anschauung. Wolf hat davon gesprochen, daß es drei Grade der Wirklichkeitserfassung gäbe: die Kenntnisnahme durch Mitteilung, die eigene Anschauung und Beobachtung und das Selbst-Probieren, das Handeln, die Auseinandersetzung: einen Tisch kann ich mir beschreiben lassen, ich kann ihn ansehen, ich kann ihn selbst herstellen. Die persönliche Beteiligung ist entweder ein müheloses Sich-Ergehen im Begrifflichen der Mitteilung oder die Sachlichkeit des Anschauens oder das harte Ringen mit Werkzeug und Material (Wolf, 1964). Im Erfahren liege Aktion und Passion, Erfahren-haben und Erfahren-worden-sein. Anschauen sei ein distanziertes Verarbeiten, Erfahren ein intensiveres Bearbeiten und Erleiden.

Dritte Überlegung: Anschaulicher Unterricht als didaktisch-methodisches Problem

In der allgemeindidaktischen Literatur ist das Anschauungsproblem häufig etwas vordergründig dargestellt worden. Ohne auf die Kompliziertheit des Themas einzugehen, sind Schemata wie die folgenden aufgestellt worden.:

Reumuth (Reumuth, 1955):

1. Primäre Anschauung (das Ernsterleben, das Umgangserleben, das Betrachten vor Ort)
2. Die sekundäre Anschauung (ein Modell, ein Film, Bilder werden eingesetzt)
3. Die tertiäre Anschauung (Landkarte, Kurven, Schemata, Formeln, Sprache geben eine symbolorientierte Darstellung)

Stöcker (Stöcker, [15]1970):

1. Anschauung durch die Wirklichkeit selbst vermittelt:
   a) die erlebte „hereinragende Wirklichkeit" („Es brennt!" – Ein Verkehrsunglück)
   b) die aufgesuchte Wirklichkeit im Unterrichtsgang in die Natur (Wald), in die Kultur (auf dem Rathaus)
   c) die bereitgestellte Wirklichkeit
   – der lebenden Natur (Fische im Aquarium)
   – der toten Natur (die Pflanzen im Herbarium)
   – im vorgeführten Versuch (eine Sicherung brennt durch)
   – im vorgeführten Spiel (Gerichtsverhandlung)

2. Anschauung durch die Nachbildung der Wirklichkeit
   a) das bewegte Bild (Film)
   b) das plastische Bild (Modell, Sandkasten)
   c) das Anschauungsbild als Lichtbild, Bildtafel
   d) die Wandtafelzeichnung
   e) die Zeichnung im Lehrbuch
   f) die Schülerzeichnung[12])

So nützlich solche Übersichten für eine Grundorientierung sein mögen – zu diesem Zweck werden sie auch hier verwendet –, so problematisch werden sie, wenn man von ihnen kurzschlüssig ableiten wollte, Unterricht sei um so anschaulicher, je mehr er Möglichkeiten der direkten Auseinandersetzung mit der Wirklichkeit nutze, Unterricht sei um so abstrakter, je mehr er nur mit Sprache und Symbol arbeite. Text und Sprache eines Films mögen verschlüsselnder sein als der Lehrervortrag, sog. Wirklichkeit mag überhaupt nicht anschaulich sein (man kennt die Erfahrung, daß der Laie im Wald nicht so viel sieht im Vergleich etwa zum Förster). Die sog. Interiosationstheorie Galperins, nach der alles Lernen von real Erlebten ausgeht und auf dem Weg der Versprachlichung, Verarbeitung und Verinnerlichung Erkenntnis- und Wissenbesitz eines Individuums wird, mag auf den ersten Blick einleuchten – überdies dann, wenn man Prämissen einer materialistischen Psychologie folgt, ist aber nicht mehr schlüssig, wenn man von der ständig gegebenen Situation ausgeht, daß Einstellungen, Einsichten, Wissen bereits einen beträchtlichen Stand haben.

Fixpunkte anschaulichen Unterrichts

Anschaulicher Unterricht ist nach den bestehenden Ausführungen folgendermaßen näher zu kennzeichnen:
- Eine bloße Abbilddidaktik kann nicht gemeint sein. (Was vor den Sinnen gewesen ist, ist auch im Kopf.) Bilder allein sichern keine Anschauungen, höchstens Ansichten im ursprünglichen Sinne des Wortes.
- Der schematische Einsatz von Veranschaulichungsmöglichkeiten gibt ebenfalls keine Zielorientierung. Der Weg zum Supermarkt mit der Klasse gibt den Blick frei auf Warenbestände, Preise und Kasse. Was den Supermarkt im Unterschied zum „Tante-Emma-Laden" ausmacht, wird dabei nicht vollständig klar.
- Anschaulich wird Unterricht, wenn er Schülern Zugänge zu Sachverhalten, Problemen eröffnet, Zugänge, die Einsichten, Kategorien, Strukturen eröffnen.
- Dies bedeutet gleichzeitig, daß Anschauen ein aktiver Prozeß der Aneignung ist, für den Wirklichkeiten oder Medien Material liefern, die kognitiv/sprachlich „bearbeitet" werden müssen.
- Von der Seite des Lehrers her ist die Reflexion darüber wichtig, welche *Aspekte* (Ansichten) einer Sache eigentlich deutlich werden sollen. Das Vermittlungsinteresse ist zu hinterfragen und möglicherweise zu korrigieren: was heißt anschaulicher Unterricht, wenn die Weber von Hauptmann gelesen werden? Geht es um literarische Strukturen oder um die gesellschaftliche Unterdrückung der schlesischen Weber?
- Von der Seite der Lernenden wird zu prüfen sein, welche ansozialisierten *Denk-* und *Handlungsstrukturen* ihnen Zugänge erschweren oder erleichtern werden. Wenn sie z.B. noch keine Wahrnehmungs- und Verarbeitungsschemata für Kernspaltung entwickeln konnten

(Vorwissen, Vorerfahrungen, Vorstellungshilfen), stellt sich die Frage nach einem anschaulichen Unterricht sehr dringlich.

- Vom Anschauungsmittel her (ob sog. Wirklichkeit, Film, Modell oder Text) stellt sich die Frage, wofür es steht/stehen kann: ist es nicht mehr als *Aufhänger, Anreiz, Impuls* oder stellt es eine Art *Erschließungsinstrument* dar? Im Verkehrsunterricht kann z.B. ein Dia eine Verkehrssituation zeigen, mit der sich die Regeln für das Linksabbiegen erarbeiten lassen. Die Vorschläge von Spreckelsen, mit den Teilchen-, Wechselwirkungs- und Erhaltungskonzepten Grundlagen für die Erschließung der Naturwissenschaften zu schaffen, greifen viel weiter. Demzufolge kann ein Versuch motivierende Funktion im Sinn von Interessenweckung oder eine erschließende Funktion haben (das berühmte Milchbüchsenspiel von Copei ist viel mehr als Veranschaulichung – Copei, [5]1960).
- Die Teildisziplin „Mediendidaktik" fragt nach den unterrichtlichen Funktionen vor allem der audio-visuellen Medien. Dafür gilt im Prinzip das eben Gesagte. Hinzu kommt aber die Frage nach dem Verhältnis von *Sache und ihrer medialen Darstellung*. Medien bilden nicht einfach nur ab, sie sind unter dem Interesse und der Perspektive von Produzenten hergestellt, und also sind ihre Darstellungen von einer Sache subjektive Wiedergaben einer Sicht, nicht etwa objektive Reproduktionen von Wirklichkeit. Und gerade weil Mediendarstellungen schnell Objektivität zugeschrieben wird (Authentizität und Live-Charakter verstärken dies), ist ihre Pseudokonkretheit zu durchbrechen in gemeinsamer gedanklicher Arbeit am Medium.
- Anschauungsbildende Maßnahmen stehen also in einem *Geflecht von Faktoren,* das je im Einzelfall geprüft werden muß, um entscheiden zu können, in welcher Art und Weise sie lernwirksam werden können. Der Film über elementare Formen des Brotbackens kann u.U. sehr gut Elementaranschauungen vermitteln, ökonomischer und didaktisch besser aufbereitet sein als der Vortrag des Bäckers aus der Nachbarschaft. Die Wandtafelskizze mag einen chemischen Prozeß besser veranschaulichen als ein fachwissenschaftlich aufgemachter Arbeitsstreifen (8-mm-Film). Umgekehrt werden bestimmte Erfahrungen (Pflanzen ziehen, Informationen beim Arbeitsamt beschaffen, mit behinderten Kindern zusammen lernen) in ihrem existentiellen und erschließenden Charakter durch nichts zu ersetzen sein.

4.2.2 Das Problematisieren

Unterricht, der nicht nur systematisiertes und gut geordnetes Wissen vermittelt, sondern von Problemen ausgeht und Problemlösungen ermöglicht, wird in der Didaktik-Diskussion gern favorisiert, weil

- Schüler durch Probleme aktiver lernen,
- schulisches Lernen durch Probleme interessanter und abwechslungsreicher wird,
- Problemlösungsfähigkeit allgemein als ein erstrebenswertes Ziel schulischen Lernens angesehen wird.

Die Fähigkeit, Probleme zu lösen, verlangt Flexibilität, Improvisation, Originalität, Problembewußtheit, Unternehmungslust – dies sind erstrebenswerte Qualitäten menschlichen Handelns (Ausubel, 1974). Man muß sich vergegenwärtigen, daß diese Betrachtungsweise problemorientierten Lernens eine didaktische ist (d.h. Probleme als „Vehikel“, als Mittel institutionellen Lernens verstanden werden) und es ein ganz anderer Ansatz wäre, von den Lebensproblemen der Schüler auszugehen. Darauf wird noch zurückzukommen sein. Die folgenden Ausführungen sollen zunächst näher erläutern, was unter einem Problem und unter Problemlösung verstanden werden kann, danach erörtern, welche Chancen sich problemorientiertem Unterricht eröffnen könnten, mit welchen Problemen diese aber auch verbunden sind.

Problem

Wertheimer sieht ein Problem dann als gegeben an, wenn Lücken, verworrene Stellen, Störungen eine Situation oder einen Sachverhalt bzw. die Bewältigung der Situation oder das Verstehen des Sachverhaltes beeinträchtigen (Wertheimer, 1945). Duncker formulierte: „Ein ‚Problem‘ entsteht z.B. dann, wenn ein Lebewesen ein Ziel hat und nicht weiß, wie es dieses Ziel erreichen soll“. (Duncker, 1966).
Bergius hat diese Bestimmung erweitert, indem er nicht nur die Merkmale „noch nicht bewältigte Aufgabe“ und „Fehlen von Lösungsmöglichkeiten“ zur Bestimmung eines Problems verwendet hat, sondern erst dann vom Problem spricht, wenn das Ziel/die Zielerreichung als Aufgabe aufgefaßt wird und wenn das Bereitstellen von Lösungsmöglichkeiten bewußt wird (Bergius, 1964).
E. Becker hat dann formuliert: Konstitutiv für ein Problem ist die Konfrontation eines Schülers mit einer Situation/Aufgabe, die nicht mit Hilfe eines bereits verfügbaren Schemas anzugehen ist. Im Prinzip muß aber das Problem im Lösungsbereich eines Schülers liegen, also mit Hilfe von Überlegungen, Versuchen u.ä. zu lösen sein (Becker,

1972). Zu prüfen wäre, ob dies stimmt, ob es nicht Probleme gibt, die man als solche sieht, aber Lösungen nicht zuführen kann. Scholz hat in einer 1980 erschienenen Publikation Bestimmungsmerkmale für das Problem entwickelt: ein Problem an sich gibt es nicht. Ein Problem existiert immer nur im Zusammenhang mit einem Subjekt. Problem bezeichnet ein intrasubjektives Phänomen (Scholz, 1980).

Bis hierher kann man feststellen:
- Ein Problem entsteht für ein Individuum/eine Gruppe dann, wenn in einer Situation oder gegenüber einem Sachverhalt Lücken, Zweifel, Widersprüche, Verwirrung entstehen, die die Bewältigung der Situation oder das Verstehen des Sachverhalts beeinträchtigen bzw. nicht möglich machen.
- Persönliche Betroffenheit als Problemempfindung ist auf der Seite des Individuums/der Gruppe wichtig, um das Problem gegenüber der Aufgabe, die verordnet wird, abgrenzen zu können.
- Ein Problem besteht dann, wenn in bezug auf den Weg/die Lösung subjektive Neuartigkeit vorliegt. Ist oder scheint eine Anforderung dem Individuum/der Gruppe nur inhaltlich unbekannt, ist von Problem noch nicht zu sprechen (es könnte eine neue Mathematikaufgabe vorliegen, die, wenn sie erst bekannt ist, nach einem vertrauten Schema gelöst werden kann).
- Jedes Problem hat eine Inhaltskomponente (Probleminhalt). Probleminhalt bedeutet mehr als ein Thema. Der Probleminhalt ist im Gegensatz zum Thema durch die Betroffenheit (die Problemfindung) mit Qualitäten besetzt, die das Individuum/die Gruppe zur Auseinandersetzung drängen. D.h., daß an einem Thema, an einem Sachverhalt, an einer Situation, an einer Aufgabe ein Problem erkannt ist (Problemidentifikation).
- Der Problemlöseprozeß, zu dem die Problemkonstellation das Individuum/die Gruppe drängt, besteht in den Schritten der genaueren Problemfeststellung, der Entwicklung von Lösungen und der Lösungsfeststellung.
- Problemlöseaktivitäten können kognitiv bestimmte Operationen wie genaueres Durchdringen, Erinnerung an frühere Erfahrungen, Beschaffung neuer Informationen, Befragung anderer Menschen u.a.m. sein, aber auch praktische Versuche oder soziale Handlungen.
- Die Problemlösung kann in einer vorläufigen oder gar falschen Weise als „subjektives Zufriedengestelltsein“ erfolgen oder nach Kriterien der Richtigkeit (wenn es nur eine Lösung gibt), der Geeignetheit oder der Angemessenheit.

Aus der Perspektive der Schüler wird man unterscheiden können:

- Probleme, die man hat (existentielle Probleme): der Schüler versteht einen Lehrer nicht, er hat Angst vor anderen Schülern, er hat zu Hause Ärger, der Vater schlägt die Mutter u.a.m.,
- Probleme, die man durch didaktische Hilfen entdeckt, auf die man stößt:
  im Fernsehen wird der Widerspruch zwischen Mini-Fußballweltmeisterschaft und den Unterdrückungsmethoden des Regimes im Gastland skizziert, der dauernde Anstieg der Ölpreise wird für sog. Entwicklungsländer zum Problem u.a.m.,
- Probleme, die man vermittelt bekommt durch den Lehrer:
  eine Mathematikaufgabe ist so spannend wie ein Kreuzworträtsel, eine Karikatur verfremdet einen Sachverhalt, ein physikalischer Versuch erregt Verwunderung u.a.m.

Das Grundproblem steckt in der Frage, wie sich Betroffenheit, persönlicher Bezug zu einem aufkommenden Sachverhalt entwickeln können. Schütz sagt dazu: „Der Wissenserwerb in der Schule hängt von der Beziehung zwischen vermittelten Inhalten und kindlichen Relevanzstrukturen ab. Die Relevanzstrukturen hängen von zwei Faktoren ab, die miteinander verschränkt sind und sich gegenseitig bestimmen: die Situation selbst und die Biographie. Letztere verweist auf eine bestimmte Lebenswelt, aus der ein Individuum die Handlungs- und Interpretationsmuster gewinnt" (Schütz, 1974). Lernen wird zum signifikanten Lernen, wenn Probleme in der konkreten Situation und aufgrund der bisherigen Biographie für den Schüler bedeutsam werden können. Das vielgebrauchte Postulat „Unterricht hat seinen Ausgang von den Interessen und Bedürfnissen der Schüler zu nehmen" bekommt hier einen konkreten Sinn. Wenn man davon ausgeht, daß in der Schule vermittelte Probleme der Regelfall sind, sofern überhaupt problemorientierter Unterricht intendiert wird, ist zu fragen, in welcher Weise Problementwicklung betrieben wird.

Möglichkeiten der Problementwicklung

Die verbreitete Erfahrung, daß hier und jetzt versuchter problemorientierter Unterricht ernüchternd verläuft, führt zu der Frage, wie Problementwicklung unter methodischem Aspekt zu denken wäre. Riedel hat für die Organisation von Denk- und Lernprozessen zwischen problemzentrierter Organisation des Lernprozesses und gegenstandszentrierter Organisation des Lernprozesses unterschieden und dafür einerseits Strukturierungs- und andererseits Lösungshilfen unterschieden (Riedel, 1973):

Strukturierungshilfen für die problemzentrierte Organisation des Lernprozesses

- Hilfen zur Präzisierung des Problems
- Hilfen zur Hypothesenbildung
- Hilfen zum Überprüfen der Hypothese
- Hilfen zum Zusammenfassen der Erkenntnis

Lösungshilfen für die gegenstandszentrierte Organisation des Lernprozesses

- Hilfen in der Form von Aufgabenstellungen und Handlungsanweisungen ohne Bezug auf die Problemstellung
- Hilfen zum Identifizieren bedeutsamer Komponenten
- Hilfen zum Generalisieren des relevanten Beziehungszusammenhangs
- Hilfen zum Festigen des Gelernten

So hilfreich die Gegenüberstellung von Hilfen für die Organisation von Lernprozessen ist, um charakteristische Unterschiede zu markieren, das Problem der Problementwicklung wird ausgelassen. Hilfen zur Problementwicklung könnten sein: Bewußtmachung von Problemen des täglichen Lebens, Aufklärung über gesellschaftlich Ungereimtes, Angebot von generativen Themen im Sinne Freires (Freires, 1973), handlungsbetonte Umweltorientierungen (Erkundungen, Interviews) und kognitive Dissonanzen im Sinne von tatsächlichen oder konstruierten Widersprüchlichkeiten. Dies wären Hilfen, die den unterrichtlichen Anfang bestimmen müßten, ehe die Riedelschen Hilfen anzubieten wären.

In der ersten der vier genannten Gruppen von Hilfen zur Problementwicklung spielen Information (von den mit der Nutzung der Kernenergie verbundenen Fragen muß man überhaupt erst einmal gehört haben) und dialogisches Lernen (das Aufwerfen von Fragen, die Wahrnehmung der eigenen Lebenssituation lernt man im Gespräch mit dem anderen) eine Rolle, wobei das Engagement des einen den anderen anregen können muß, ohne ihn zu indoktrinieren. In der zweiten Gruppe der Hilfen wären generative Themen im Sinne Freires anzubieten, die Grunderfahrungen aktualisieren, von denen her die Welterfahrung der Lernenden sich organisiert. Solche Themen sind in der letzten Zeit für Sekundarstufenschüler z.B. Jugendarbeitslosigkeit, Drogen, Sexualität u.a. gewesen. Es verband sich mit ihrer Behandlung häufig die Hoffnung, daß sie in besonderer Weise auf die Lebenslage und

-probleme der Schüler abgestellt seien und von daher problemorientiertes Arbeiten anregen würden. Mitunter hat diese Hoffnung getrogen. Die dritte Gruppe von handlungsorientierten Angeboten hatte zum Hintergrund, Schülern über andere als die üblichen Papier-Bleistift-Verfahren Zugänge zu Problemen, zu problematisierenden Inhalten zu verschaffen. Das Finden von Sachverhalten und Meinungen ist sicher eine Chance zu problemorientiertem Arbeiten, wenngleich die Frage, die zu Erkundungen und Interviews führt, schon da sein muß. Die kognitive Dissonanz in ihrer Funktion als problementwickelndes Mittel liegt dann schon ganz auf der Linie des Gedankenspiels, des intellektuellen Spaßes, für die die Entsprechungen bei den Schülern (Relevanzstrukturen) weniger gegeben sein werden. Konkrete Erfahrungen des Lückenhaften (Kley, 1962), des Zweifels, des Widerspruchs, der Verwirrung, der Verfremdung (Potthoff, 1976) sind die erhofften problemerzeugenden Dissonanzbeispiele.

Hilfen zur Problemlösung

Wenn man den glücklichen Fall der Problemstellung im Sinne persönlichen Betroffen- oder Berührtseins hat entwickeln können, stellt sich die Frage, in welcher Weise situative, methodische, materielle und personelle Hilfen zur Verfügung stehen sollten, um an der Lösung von Problemen (real oder gedanklich) zu arbeiten. Die Situation ist insofern labil, als subjektive Befindlichkeiten wie „das ist zu schwer", „ich verstehe die Frage überhaupt noch nicht", „wo sollen wir da etwas finden?", „das dauert viel zu lange" schnell zur Problemverdrängung führen können, andererseits schnelle und klar vorgeschriebene Verfahrensvorgaben die Arbeit der Schüler zu ausführender Arbeit verwandeln können. Die Problemstellung war dann nichts anderes als ein Anfangsimpuls, der zu Initiierung vorgeplanten Arbeitens genutzt wird. Unterrichtsorganisatorische Schwierigkeiten kommen häufig hinzu: die Stunde dauert nur 45 Minuten, dann soll ein Ergebnis vorliegen, der Lehrer muß nach der Pause in einer anderen Klasse unterrichten u.a.m.

Um Hilfen zur Problemlösung beschreiben zu können, muß man zunächst wohl eine Kategorisierung von Problemen vornehmen. Im Inhalt wie im Komplexitätsgrad variieren Probleme sehr stark. Die Lösung einer Mathematikaufgabe, das Überklettern eines Gerätes, die Veränderung einer angstverursachenden Situation im Physikunterricht (der Lehrer notiert sich ständig Noten über die Schüler), der Bau eines Vogelbauers, die Durchführung eines Experimentes, die Suche nach

Informationen über die Ursachen der Wohnungsnot in Berlin u.a.m. können die sehr unterschiedlich auftretende Inhaltlichkeit von Problemen aufzeigen. Quer dazu könnte man Probleme kategorisieren als

- unklarer Sachverhalt, der geklärt werden soll,
- anfängliche Unbekanntheit einer Sache,
- schwierige Lernaufgabe (Mathematikaufgabe, Interpretation einer Kurzgeschichte),
- praktisches Problem (Bau einer Rampe für Rollstühle),
- Entscheidungsnotwendigkeit zwischen Handlungsalternativen (Fahrt ins Schullandheim oder freies Zelten),
- Handlungsprobleme im schulischen und außerschulischen Bereich (Protest gegen Häufigkeit schriftlicher Arbeiten, Aktion gegen Fahrpreiserhöhungen)
- existentielle Nöte im Sinne sehr persönlicher Probleme (man möchte in der Schule nicht mehr weitermachen, man möchte von zu Hause weggehen u.a.m.).

Je nach dem konkret-gegebenen Problem werden Vorgehensweise, Besprechbarkeit, Art der Hilfen zu bestimmen sein. Eine recht allgemein gehaltene methodische Hilfe ist das Dunckersche Frageschema, das von einer Situationsanalyse mit den Unterpunkten der Ziel-, Material- und Konfliktanalyse ausgeht (Duncker, 1966):

1. Was will man wissen bzw. erreichen?	→	Ziel	
2. Was weiß man schon? Was ist als Hilfe vorhanden?	→	Material	} Situation
3. Welche Schwierigkeiten sind vorhanden Was verhindert Lösungen?	→	Konflikt	

Das Frageschema kann vielleicht eine Hilfe zur Abklärung der Ausgangslage sein und den weiteren Gang der Bemühungen bestimmen helfen. Unter situativen Aspekten scheint die offene Situation dem problemorientierten Unterricht angemessen zu sein. Im Gegensatz zu der geschlossenen, strikt an Lernzielen und diese anstrebende Verfahren orientierten Unterrichtssituation ist die offene Situation deshalb so wichtig, damit Schüler Probleme finden können, sie sich zu eigen machen und sie dann bearbeiten können. Die Rolle des Lehrers besteht darin, Problemidentifikation zu ermöglichen, bei der Situationsanalyse zu helfen, bei der Wegfindung zu beraten, unterschiedliche Problemidentifikation zu ermöglichen, bei der Situationsanalyse zu helfen, bei der Wegfindung zu beraten, unterschiedliche Problemdefinitionen zuzulassen, Materialien für das eine und das andere Vorgehen bereitzuhalten. Insgesamt ist Beratung sein entscheidender Auftrag. Soweit er Problemdefinitionen antizipieren kann, wird er die Verschiedenheit der Hilfen berücksichtigen und entsprechende Angebote bereithalten können. Dabei ist sein Problem, die Situation zwischen zu leichtfertiger und falscher Problemlösung und Resignation angesichts vieler faktischer oder angenommener Schwierigkeiten im Gleichgewicht zu halten. Auf der Seite der Schüler sind Eigenständigkeit, Beweglichkeit, Produktivität, kritisches Denken, Mut erwünscht, schnelle Zufriedenheit, geringe Umsicht, schnelle Resignation, Oberflächlichkeit zu vermeiden. Kommunikative Hilfen bei Schwierigkeiten in der Gruppe hinsichtlich der Zielbestimmung, der Arbeitsverabredung, der Ausführung verabredeter Arbeiten sind vom Lehrer bereitzuhalten.

Die Einschätzung des Ergebnisses: Lösungsfeststellung

Die Frage, wann ein Problem gelöst ist, kann für viele konkrete Fälle eindeutig nicht beantwortet werden. Scholz sagt: „Lösung meint zunächst das subjektive Aus-der-Welt-Geschaffen-sein des Problems“ und fügt dann an, daß eine subjektiv empfundene Lösung bestimmten Kriterien genügen muß, damit sie als objektive Lösung gilt. Das wichtigste Kriterium sei „Adäquanz“. Sie werde an intersubjektiv verbindlichen Gütemaßstäben wie Normen, Empirie, Evidenz, Plausibilität, Logik, Sachlichkeit, Genauigkeit, Funktionalität, Konsens festgelegt und gemessen (Scholz, 1980). Mit dieser Sammlung von Adäquanzkriterien wird man im praktischen Fall nicht sehr viel anfangen können. Hilfreicher erscheint eine auch von Scholz vorgenommene Unterscheidung nach

- Problemen, die „endgültig“ gelöst werden können,
- Problemen, die vorläufig gelöst werden können,
- Problemen, die geklärt werden können.

„Endgültig“ zu lösende Probleme können solche genannt werden, die eine oder mehrere als „richtig“ anerkannte Lösungen haben, wobei „richtig“ und „falsch“ Kriterien sind, die als Außenkriterien auftreten (Vorgaben durch die Wissenschaft „Mathematik“ z.B.) oder als Innenkriterien im Sinne von Verabredungen bei der Situationsanalyse festgestellt worden sind. Vorläufig zu lösende Probleme besitzen keine Lösungen, die als eindeutig falsche oder richtige bezeichnet werden. Für sie gibt es immer mehrere alternative Lösungen, die von verschiedener Warte aus als besser oder schlechter, relevant oder weniger relevant, adäquat oder weniger adäquat beurteilt werden können. Das Problem der Pausenhofgestaltung hat sicher keine einzige Lösung. Mehrere sind zu denken. Probleme, die „nur“ geklärt werden können,

sind solche, deren Lösungen als Produkt, als Ergebnis gar nicht zu leisten sind. Das Problem, so wie es sich darstellt, ist nicht lösbar. Das Feld, innerhalb dessen das Problem gesehen wird, stellt nicht die Mittel bereit, die zur Lösung des Problems erforderlich wären. Das Problem ist also nur zu erklären, es sind Möglichkeiten der Lösung zu bedenken, aber nicht zu praktizieren. Für Schüler ist das Problem der Demokratisierung südamerikanischer Staaten nicht lösbar (Scholz, 1980).
In jedem Fall muß die Frage der Feststellung von Problemlösungen abgeklärt werden, um nicht vorschnellen Zufriedenheiten, subjektiven Meinungen, die falsch sein könnten, Zufallslösungen u.a.m. anheimzufallen.

4.2.3 Das Anregen und Fragen

Der Lehrer braucht ein reiches Instrumentarium, um das Unterrichtsgeschehen in Gang zu bringen oder in Gang zu halten. Dabei haben wir folgende Auffassung vom Unterricht: Der Unterricht erschöpft sich nicht im Vormachen des Lehrers und dem darauffolgenden Nachmachen der Schüler oder im Vortrag des Lehrers, dem sich die verbale Wiederholung durch die Schüler anschließt. Unterricht ist ein sehr komplexes Phänomen, das in vielen Variationen immer wieder Wirklichkeit wird. Ein Unterrichtsgeschehen in Gang zu bringen, hat den Zweck, entsprechende Lernprozesse bei jedem einzelnen Schüler anzuregen. Der Idealfall ist dann gegeben, wenn in einer Klasse von z.B. 35 Schülern 35 Lernprozesse synchron zum Unterrichtsgeschehen ablaufen. Diesen Idealfall erreichen wir fast nie. Wenn der Unterricht nun ein möglichst lebendiges und vielfältiges Geschehen sein soll – die Chance, daß die Lernprozesse der Schüler anlaufen, ist dann größer –, muß man als Lehrer zusehen, daß man dieses Unterrichtsgeschehen durch Antriebe und Steuerungsmöglichkeiten Wirklichkeit werden lassen und dann auch zum gegebenen Ziel hin ablaufen lassen kann. Die Impulse sind dafür die geeigneten Mittel. „Impuls (Anstoß, Antrieb; lat. pellere = Stoßen, in Bewegung setzen) bezeichnet eine vom Lehrer in der Unterrichtsführung getroffene Maßnahme (‚Lehrgriff‘), die den Lauf des Unterrichts vorantreiben soll.“ Wir wollen im folgenden einen Überblick über *mögliche Impulse* geben:

Die Frage

Wir ordnen die Frage in die Reihe der Impulse ein. Damit kommt zum Ausdruck, daß extreme Auffassungen (Diesterweg: Die Frage ist die Krone der Lehrgeschicklichkeit; Gaudig: Die Lehrerfrage ist das fragwürdigste Mittel der Geistesbildung, eine Brutalität) als überwunden gelten und die Frage des Einsatzes der Lehrerfrage differenzierter beantwortet werden sollte.

Vermeiden sollte man folgende Fragearten:

1. Die Ergänzungsfrage (Klapperfrage), bei der der Schüler aus dem Sinnzusammenhang heraus nur ein Wort oder einen Satzteil zu ergänzen hat: Und was habe ich schon hundertmal gesagt? Wenn ich nicht in der Klasse bin, sollen Sie mit der Arbeit schon beginnen.
2. Die Suggestivfrage, bei der der Schüler unter dem Eindruck und Druck der Lehrerfrage nur die Möglichkeit der vom Lehrer gewünschten Richtung hat: Was sollen Sie machen, wenn die Pause zu Ende ist?
3. Die Entscheidungsfrage, bei der der Schüler die Wahl zwischen zwei vom Lehrer gegebenen Möglichkeiten hat: Ist ein Rappe immer schwarz oder nicht?

   Die von Stöcker als „bedingt mögliche Fragen" gekennzeichneten Arten sind von ihrer Anlage her Impulse (Stöcker, [15]1970):

   1. die zur Prüfung, Wiederholung und Kontrolle gestellten Fragen sollen eine sinnvolle Wiedergabe des Gelernten anstoßen. Man wird dabei darauf achten müssen, daß sie nicht eine Antwort im Ausmaß eines einzigen Wortes provozieren, sondern eine selbständige sinnvolle Antwort in mehreren Sätzen.
   2. Die sog. entwickelnde Frage hat von vornherein die Absicht des Weiterhelfens, des Anstoßes zum Denken, zum Weitersuchen.
   3. Die Begründungsfrage (Warum? Weshalb? Wieso? Womit? Wodurch?) soll ebenfalls selbständige Denkleistungen anregen. Sie sollte nicht banale Selbstverständlichkeiten erfragen.

Mit dieser Gruppe von Fragen zeigt sich die Verwandtschaft von Frage und andersartigen Impulsen sehr deutlich, wie es auf der anderen Seite Impulse gibt, die, wenn auch nicht der grammatikalen Form, so doch ihrem Inhalt nach durch eine Frageintention gekennzeichnet sind.
Wir müssen aber noch eine andere Dimension der Frage erschließen. Neben der Frage, die einer Erkundigung dient, gibt es die „didaktische

Frage“, die die Schüler zur Erfassung einer Gegebenheit anleitet. Wenn mit dem Unterricht beabsichtigt wird, Wissen nicht einfach mitzuteilen, sondern zur aktiven Erfassung von Unterrichtsgegenständen anzuleiten, wird es wichtig, dem Schüler Gesichtspunkte und Auffassungstätigkeiten zu geben, die auf den vorliegenden Gegenstand sinnvoll anzuwenden sind. Die Frage „Wie viele“ schlägt dem Schüler vor, den Gegenstand unter dem Gesichtspunkt der Anzahl zu betrachten, die Frage „Wo“ läßt ihn den Gegenstand auf seine Lage untersuchen, die Frage „Warum“ schlägt die kausale Betrachtungsweise einer Erscheinung vor.

Ausgehend von einer Analyse der Denkvollzüge stellt Schiefele fest (Schiefele, 1963), daß die Frage jener Akt sei, der vom erfragten Denkziel her die Spuren legt, in denen der Denkprozeß zum Ziel hingeführt wird. Die so verstandene Frage „ist formuliertes Problembewußtsein“. Sie wird auf einen Gegenstand hin gestellt. Der Lehrer stellt sie stellvertretend für die Schüler, da die Schüler angesichts der Komplexität und Unzugänglichkeit vieler Gegenstandsbereiche in ihrer Fragefähigkeit überfordert sind.

Es ist sicher ein gutes Mittel, die Schüler an eine Fragehaltung zu gewöhnen, die sich darin zeigt, daß in Unterrichtssituationen, in denen Unterrichtsgegenstände vorgestellt werden, spontan Fragen gestellt werden. Dabei ist an der Gefahr vorbeizusteuern, eine oberflächliche Fragerei einzugewöhnen. Ziel ist es, die Unterrichtsgegenstände zu befragen. Durch die Gewöhnung an eine Fragehaltung, die Aufbereitung der Unterrichtsgegenstände in einer Weise, daß sie sich den Schülern als Fragen öffnen, und die vom Lehrer gestellte „didaktische Frage“ kann zu diesem Ziel hingeführt werden. Ein konkretes Beispiel soll gegeben werden:

Gegenstand einer Unterrichtsstunde in der Biologie ist die Tollkirsche. Die Schüler haben Exemplare auf dem Tisch. Der Lehrer fragt: „Wie viele Kelchblätter weist die Frucht (die Blüte) auf?“ Dem Lehrer ist die Anzahl der Kelchblätter wichtig, da sich mit ihr die Tollkirsche von Verwandten (z.B. die Einbeere, die 4 Kelchblätter hat) unterscheidet. Das kann der Schüler nicht wissen. Er käme von sich aus nicht auf den Gedanken, ausgerechnet die Zahl der Kelchblätter festzustellen. Mit dem Gesichtspunkt 'Anzahl der Kelchblätter' oder der Auffassungstätigkeit des Zählens kommt es zu einer wichtigen Feststellung, zu einer Einsicht, zu der er allein mit großer Wahrscheinlichkeit nicht kommen würde.

Die Aufforderung

In einer Klasse, die eine gute Arbeitshaltung hat, für die das gemeinsame Arbeiten und Lernen in der Schule selbstverständlich ist, braucht sich der Lehrer nicht ständig um die Motivation des Lernens zu mühen. Er kann bei laufenden Arbeiten mit schlichten Aufforderungen das erreichen, was in einer lernmüden Klasse nur mit sehr viel kräftigeren Mitteln zu erzielen ist. Er wird neue Lernabschnitte, neue Vorhaben selbstverständlich motivieren, aber er kann innerhalb einer Unterrichtseinheit mit sparsamen Aufforderungen Unterricht und Lernen vorantreiben. Man kann folgendermaßen differenzieren:

a) Aufforderung zum Beobachten (da bemerken wir etwas Besonderes).
b) Aufforderung zum Mitteilen (wir berichten und erzählen).
c) Aufforderung zum Ergänzen (da ist etwas anzufügen).
d) Aufforderung zum Urteilen (wir geben unser begründetes Urteil).
e) Aufforderung zum Vergleich (da müssen wir gegeneinander abschätzen).
f) Aufforderung zum Vermuten (wir denken uns aus, wie das weitergeht).

Diese Arten von Aufforderungen kennzeichnen die Situation, in die sie sinnvoll einzusetzen sind.

Es ist eine Erörterung im Gang, man hat ein Lesestück kennengelernt, es ist ein Versuch vorgeführt worden, zwei Bilder hängen vorn, das Verhalten eines Klassenmitgliedes wird besprochen. Bei einer Rechenaufgabe kommt man nicht weiter, vom Sonntag wird berichtet, die Zeichnungen der Klassenmitglieder sind ausgestellt oder aufgehängt worden, der Lehrer hat ein ausgestopftes Tier in den Unterricht mitgebracht, eine Schulfunksendung ist gehört worden; viele Situationen lassen sich denken.

Die Form der Aufforderung wird in der Regel der sachliche, kurze Imperativ sein:

Erzählen Sie! Berichten Sie vom Unterrichtsgang! Sehen Sie das genau an! Vergleichen Sie das mit unserem letzten Lesestück! Begründen Sie Ihr Verhalten! Fassen Sie zusammen!

Führen Sie die Geschichte zu Ende! Nehmen Sie die Lupe und schauen Sie diesen Teil an! Wir vergleichen die beiden Texte! Usw. Es werden keine Kommandos gegeben, sondern Aufforderungen. Der freundliche und sachliche Ton ist der angemessene für die Aufforderung. Auf diese Weise ist sie ein positives Mittel der Anregung auch bei einem sozialintegrativen Führungsstil.

Weiterleitende Äußerungen

Dem im Gang befindlichen Unterrichtsgeschehen können Impulse gegeben werden, die auf sparsame Weise weiterhelfen und anleiten: Das möchten wir wissen. – Weiter! – Ja? – Und dann? – Das ist interessant. – Wirklich? – Meinen Sie? – Das steht nicht allein da. – Ich habe anderes beobachtet. – Hm. – Genauer! Überlegen Sie doch einmal. – Das glaube ich nicht. – Klaus, was sagen Sie dazu? – Die Feststellung des Erarbeiteten kann zur Ergänzung oder Korrektur anregen.

Mimik, Gestik, Gebärde

Unmittelbar in die Nähe der aufgeführten weiterleitenden Äußerungen sind die vielen Möglichkeiten des individuellen Ausdrucks der Zustimmung, der Ablehnung, des Zweifels, der Anfeuerung, der Beschwichtigung, der Aufmunterung durch den entsprechenden Gesichtsausdruck, durch Achselzucken, Kopfschütteln, Handbewegungen. Je reicher hier die Möglichkeiten des einzelnen Lehrers sind, um so besser kann er das Unterrichtsgeschehen wortlos steuern.

Stumme Impulse

Im weiteren Sinne gehören alle schon genannten gebärdenhaften Impulse zu den stummen, im engeren Sinne kommen folgende hinzu: das beredte Schweigen nach einer Äußerung beispielsweise, die Pause nach dem Zeigen eines Bildes, der fragende Blick bei einer falsch gerechneten Aufgabe, das erstaunte Schweigen nach von den Schülern zunächst unwidersprochenen, fehlerhaften Feststellungen bei einer Erdkunde-Wiederholung, die nachdenkliche Miene, das stumme Zeigen auf einen Fehler in einer Skizze, das Herbeiwinken eines Schülers, um an der Karte etwas zu zeigen. Die Reihe ließe sich verlängern.
Für die drei zuletzt genannten Gruppen von Impulsen gilt, daß sie sich nur in einer schriftlichen Fixierung voneinander trennen lassen, daß sie in der Unterrichtswirklichkeit miteinander wirken und vielfache Verbindungen eingehen. Der neu in eine Klasse kommende Lehrer muß erst erforschen, an welche Impulsstärken die Klasse gewöhnt ist. Wird man auch zum leisen, unauffälligen Impuls hinstreben, so kann es zunächst notwendig sein, recht laute und deutliche Aufforderungen und Befehle zu geben. Eine Klasse, die an diese Impulse gewöhnt ist, wird sie sogar erwarten. Erst nach und nach wird man sie an andere Arten von Impulsen gewöhnen können.

Der Auftrag

Jugendliche brauchen wie wir Erwachsene für eine Arbeit eine klare Aufgabenstellung und dann Zeit, um entweder wenigstens mit dem gegebenen Auftrag warm zu werden (Gedanken in Bewegung zu setzen, zu sammeln, zu ordnen) oder vorbereitete Arbeiten für das folgende gemeinsame Gespräch zu erledigen. Beachten wir die beiden genannten Bedingungen, so ist der schlichte Auftrag ein Mittel, mit dem eine Klasse ohne großen Aufwand in Aktivität gebracht werden kann. Wir setzen dabei voraus, daß eine Klasse positive Einstellungen zur Unterrichtsarbeit hat. Ist das nicht der Fall, wird man mit anderen Motivationen und Mitteln das Unterrichtsgeschehen in Gang bringen müssen.
Arbeitsaufträge können so aussehen:
Erinnert Euch an unseren gestrigen Unterrichtsgang. Wir wollen in zwei Minuten darüber sprechen.
Seht Euch in Ruhe die Karte auf S. 25 im Atlas an. Wir wollen dann gemeinsam feststellen, was aus ihr herauszulesen ist.
Vor Euch liegen Kartoffeln, Messer, altes Zeitungspapier. Bedeckt Eure Tische doppelt mit Zeitungspapier. Schält dann eine Kartoffel, schneidet sie in zwei Hälften und versucht, auf der Schnittfläche ein Muster zum Drucken einzuschneiden.
Mit jeder dieser Anweisungen nun bringt der Lehrer das Unterrichtsgeschehen in Gang. Sind es hier 2 Minuten der „Alleinarbeit", so sind es dort 15–20 Minuten. Für die folgenden gemeinsamen Erörterungen sind die Schüler ausgerüstet, sie können begründet mitsprechen. Auf eine unvermittelt und unvermutet kommende Frage (Es ist jetzt Herbst. Woran erkennen wir den Herbst eigentlich?) ist sehr viel schwerer zu antworten.

Sach-Impulse

Die Gruppe der vielleicht dankbarsten Impulse wollen wir zuletzt darstellen. An der Sache, am Gegenstand, am Anzuschauenden entzünden sich sehr schnell Rede und Gegenrede. Der Sachimpuls ist folgendermaßen zu charakterisieren:

a) Nicht eine Frage, ein Hinweis oder eine Information des Lehrers fordert die Schüler zu einer Aktivität, zu einer Auseinandersetzung auf, sondern ein drittes tut dies.
b) Der Sachimpuls fordert nicht nur zu einer Aktivität auf, er gibt dafür gleichzeitig Information, die eine Hilfe ist.
c) Trotz seiner Doppelfunktion muß er kurz, knapp, aber anregend und auffordernd wirken.

Der Sachimpuls kann am Beginn der Unterrichtsstunde eingesetzt werden, er kann aber auch in der Erarbeitung, in der Mittelphase einer Stunde zum Einsatz kommen. In Phasen der Sicherung, Zusammenfassung oder in Wiederholungsstunden fungiert er ebenfalls oft sehr viel glücklicher als die pure Lehrerfrage. Geben wir eine Reihe von Beispielen:

Um in eine Erdkunde-Stunde über den Harz einzuführen, zeigt der Lehrer 3 bis 4 Diapositive, die einleiten und zugleich wichtige Aussagen machen. Das Gespräch beginnt sehr bald.

Es sollen die verschiedenen Getreidearten geklärt werden. Der Lehrer bringt einzelne Halme mit den Ähren mit und stellt sie der Klasse vor. Da ein Vorwissen bei diesen und jenen Schülern mit Sicherheit vorhanden ist, kommen sofort die ersten Äußerungen. Mit der Aufforderung, genau die Ähren zu beschreiben, sie zu vergleichen, kann er das zuerst frei sammelnde Gespräch dann schnell zu dem beabsichtigten Ziel hin lenken.

Im Geschichtsunterricht ist die Lebensweise am Hof der absoluten Könige zu veranschaulichen. Mit Bildern hat der Lehrer in die Gebäude und Räume eingeführt, kurze historische Schilderungen geben nun Anlaß, sich das einzelne Bild immer mehr konkret auszumalen.

In der Physik ist der Elektromotor Gegenstand des Unterrichts. Versuche geben Impuls und Information, um die wesentlichen Wirkkräfte des Elektromotors im Gespräch gemeinsam klären zu können.

In Phasen der Wiederholung können z.B. ein paar an die Tafel geschriebene Feststellungen eine Wiederholung in Gang bringen. Eine vorbereitete Tabelle kann dasselbe bewirken. Ein Film über Italien ist Ausgang und Anlaß, um zusammenfassend noch einmal das zur Sprache zu bringen, was man in einer Reihe von Unterrichtsstunden erarbeitet hat. Ein Lückentext kann vier Wochen nach der Behandlung einer Naturkunde-Unterrichtseinheit den Wissenstand prüfen.

Die Beispiele genügen, um Wesen und Wirksamkeit der Sachimpulse in verschiedenen Unterrichtssituationen aufzuzeigen. Jedesmal braucht der Lehrer nicht mit Fragen oder mit einer Kette von Fragen den Unterricht voranzutreiben, der Sachimpuls gibt den Anlaß, etwas festzustellen, sich zu äußern, etwas zu wiederholen, miteinander zu besprechen. Es zeigt sich dabei, daß der Sache gegenüber der Schüler sich unbefangener äußert, daß der Lehrer als Gesprächsleiter, als Partner der Schüler mitspricht, mithilft und damit seine Position günstiger ist. Der Sachimpuls ist somit eine außerordentlich positive Antriebs- und Steuerungsmöglichkeit im Unterricht. Von der inhaltlichen Bedeutung wie von der Einsatzsituation hängt die Wirkungsweise im einzelnen ab.

4.2.4 Das Informieren

Die Informationsvermittlung durch den Lehrer ist in der didaktisch-methodischen Diskussion lange Zeit ein verpöntes Thema gewesen, in der Unterrichtspraxis sicher täglich umfassend praktiziert worden. Die kritisch-ablehnende Haltung war in der Regel damit begründet, daß mit dem Lehrervortrag die Machtposition des Lehrers nur noch stärker würde, daß die Schüler in rezeptives Lernen gedrängt würden. Besser wäre aktives Lernen im Sinne von Selbsterarbeiten, Entdecken und Erforschen von Sachverhalten. So wichtig dies ist, im Alltag wird eine gute Lehrerdarstellung immer wieder notwendig sein. Zugespitzter gesagt: wenn der Lehrer wirklich Experte für etwas ist, liegt eine große Lernchance darin, von ihm eine Information, Erläuterung, Erklärung in einer Weise zu bekommen, die in der Strukturierung, Verdeutlichung die Aneignung durch die Schüler befördert. Die Qualität des Lehrers wird immer wieder dadurch bestimmt sein, daß ein Lehrer eine Information in lernpsychologisch geschickter Weise gibt. Wenn ein Lehrer etwas gut darstellen und erklären kann, wird er von Schülern sehr geschätzt. In der persönlichen Mittlerrolle liegt auch die Chance, Interesse, evtl. sogar Spaß und Freude an einer Sache zu vermitteln. Auch das sagen Schüler immer wieder: ein Lehrer müßte erkennen lassen, daß er seine „Sache“ (Fach) für wichtig und interessant hält. Im übrigen ist hier die Lehrtechnik des Informierens als eine von mehreren gemeint, die ihren Stellenwert auch in einem lernaktiven Unterricht hat. Es wird nicht einem neuen Frontalunterricht gehuldigt!

Vier Gesichtspunkte einer didaktisch gestalteten Information

Wenn man die Lehrerinformation als didaktisch strukturierte Aufgabe versteht, wird man sich in einem ersten Komplex vorbereitender Überlegungen darüber klarwerden müssen, welche Lernziele angestrebt werden, was der Lernende nach dem Lernprozeß unter festgelegten Bedingungen tun können soll. Die Vorlesung soll Lernprozesse bei den Hörern einleiten, steuern und zu einem gewissen Erfolg führen. Vom Charakter dieser Aufgabe her, bei der Wissen durch mündliche Darstellung vermittelt wird, werden die Lernziele vor allem der kognitiven Dimension, weniger der affektiv-sozialen bzw. psychomotorischen Dimension zuzuordnen sein. Das erleichtert die Zielfestlegung. Die

empirische Überprüfung des Lernerfolgs nach dem Lernprozeß läßt sich an Zielen, die kontrollierbares Wissen zum Inhalt haben, leichter durchführen.
Über die Herkunft der Ziele ist in diesem Zusammenhang nicht zu reflektieren, obwohl das wichtig genug wäre. Das ist aber ein inhaltsdidaktisches Anliegen, das von den jeweils zur Rede stehenden Disziplinen her behandelt werden muß. Im Sinne einer Objektivierung der Lehrfunktionen wäre es sicher gut, über einsame Entscheidungen einzelner Lehrender hinauszukommen.
Nehmen wir an, es handelt sich um Überblicksinformationen für eine Unterrichtseinheit „Weimarer Republik". Der Lehrer wird ein Manuskript (Basistext) vorbereiten, das diesen Überblick leisten kann. Dies ist aber nur ein Teil der Vorbereitung, die sachliche und stoffbezogene Vorbereitung. Er sollte sich, so schwer das im Einzelfall sein mag, um eine Adressatenanalyse bemühen. Adressaten sind bestimmte Individuen, auf die hin der Unterricht konzipiert wird. In unserem Zusammenhang handelt es sich also um Schüler, deren Vorwissen festgestellt werden muß. Ihre Kenntnisse, Fertigkeiten und Einstellungen, über die sie bereits verfügen oder über die sie aufgrund des Anspruchsniveaus der Unterrichtseinheit verfügen sollten, müssen in etwa bekannt sein; man spricht von der adressatenbezogenen Vorbereitung. Die Adressatenanalyse hat die doppelte, unmittelbar praktische Bedeutung: Erstens wird sich der Lehrer z.B. in der Wahl des Vokabulars bzw. in der Erklärung einer bestimmten Fachterminologie auf seine Hörerschaft einstellen können, wenn er z.B. weiß, daß es sich um Schüler eines 8. Schuljahres handelt.
Zweitens wäre an eine Diagnostik des Eingangsverhaltens in der Form zu denken, daß man z.B. mit Fragebogen das Eingangswissen der Schüler feststellt und darauf dann seine Information abstellt.

Didaktik der Informationsvermittlung

Hier sollen für die Lehrerinformation didaktische Gestaltungselemente der Informationsvermittlung in Grundzügen dargestellt werden. Wir benutzen eine Zweiteilung in Überlegungen zur inneren Struktur und zu didaktischen Hilfen.
Zur *inneren Struktur* von Lehrerinformationen
Wenn man die Forderung nach einem akustisch gut verständlichen, nicht zu hastigen Vortrag als selbstverständlich voraussetzt, so geht es darum, dem Hörer zu Beginn des Vortrages einen *Überblick* über

den Aufbau und die einzelnen Themen als Strukturierungs- und Orientierungshilfe anzubieten.
In der Darstellung der Sachverhalte sollten neben systematisierenden und verallgemeinernden Ausführungen immer wieder *Beispiele* verwendet werden, um zu veranschaulichen, zu konkretisieren, beim Detail zu verweilen. Das Wechselspiel von Verallgemeinerung und Beispiel scheint eine effektive Darstellungsweise zu sein, d.h., daß variierend induktiv vom Einzelnen zur Verallgemeinerung und deduktiv vom Allgemeinen zum speziellen Fall vorgegangen wird, ein Wechselspiel, das Übersicht und Detail gleichsam zur Wirkung kommen läßt.
Bei einer differenzierten Ausarbeitung der Vorträge kann man auch auf verwendete *Zitate* zurückgreifen, auf *Metaphern* (bildlicher Ausdruck) und *Hyperbeln* als übertreibend-verdeutlichende Ausdrucksform, auf kleine Anekdoten, humorvoll illustrierende eigene Erfahrungen u.a.m. Dadurch wird der Hörer nicht nur erheitert, sondern auch neu interessiert und für die Sache gewonnen. Die Rhetorik mit all ihren Erkenntnissen und Empfehlungen kann manch guten Ratschlag geben.
Von Zeit zu Zeit, aber nicht konstant zu Beginn jeder Lehrerinformation, sind *Wiederholungen* und *Zusammenfassungen* für die Strukturierung des Gehörten wichtig. Der Hörer kann in der Flut der Information leicht den Überblick verlieren. Er kann auch den Stellenwert einzelner Darbietungen nicht abschätzen, so daß ein *ordnender Rückblick* jeweils nach einem bestimmten Informationsangebot wichtig ist.
Quasi-dialogische Darstellungen, mit denen der Vorlesende arbeiten kann, haben folgenden didaktischen Wert: Fragen und Zweifel, mit denen das Gesagte infragegestellt wird, Argument und Gegenargument sind Möglichkeiten, den Hörer in die gedankliche Auseinandersetzung hineinzuziehen, das Gespräch simulierend zu führen, um den Hörer stärker zu beteiligen. *Literaturhinweise* während des Vortrages und in nicht zu großer Häufung, mit dem Hinweis auf Passagen in Publikationen, deren Lektüre von unmittelbarem Wert für das Verständnis ist, sind für den Zuhörer anregend und aktivierend.
Am Schluß einer Lehrerinformation sollte ein *Gesamtüberblick* die vermittelten Informationen bündeln und einprägsam zusammenfassen. Es ist darüber hinaus möglich, auf ein Satellitensystem weiterer *didaktischer Hilfen* zurückzugreifen.
Die Lerneffektivität der Lehrerinformation kann erheblich gesteigert werden, wenn ein sog. Satellitensystem didaktischer Hilfen eingesetzt wird.

Zwei Gruppen möchte ich nennen:

1. *Informationshilfen*

Die Lehrerinformation kann schon an Übersichtlichkeit und Lerneffektivität gewinnen, wenn mit dem einfachsten Mittel des *Tafelanschriebs* Begriffe, Definitionen optisch festgehalten werden, wenn Übersichten an der Tafel entwickelt werden, die Ordnung des Dargelegten optisch deutlich machen. Weiterhin können vervielfältigte Arbeitspapiere dem Zuhörer eine wichtige Verarbeitungshilfe sein. Eine Übersicht über die Ziele und Inhalte der Information, ein Literaturverzeichnis, Kurzdarstellungen von besonders wichtigen Darstellungsteilen (3–4 Blätter) helfen, die Aufzeichnungen zu ordnen, zu strukturieren, schaffen Kernbereiche, um die sich die Notizen gruppieren, sichern das Verständnis des zunächst vielleicht nur Halbverstandenen, geben Ausgangspunkte und Hilfe zum häuslichen Verarbeiten. Will man einen Schritt weitergehen, kann man Skripten anfertigen, die einen Leitfaden enthalten, Literaturangaben bringen, Arbeitsaufgaben stellen und Zwischen- bzw. Endtests zur eigenen Überprüfung anbieten.

2. *Veranschaulichungshilfen*

Wenn die Lehrerinformation die Funktion erfüllen soll, Lernprozesse bei einer größeren Zahl von Hörern zu initiieren, wird man immer wieder nach Mitteln suchen, um diese Aufgabe zu verwirklichen. Filme, Fernsehen, Abbildungen, Modelle und Dia-Reihen, Epidiaskop- und Overhead-Tageslichtprojektionen sind als Veranschaulichungshilfen einzusetzen, wenn immer das im Kontext sinnvoll ist. Sie lockern durch Abwechslung den mündlichen Vortrag auf, sie wecken Interesse, sie wenden sich an den Hörer als Zuschauer, sind Informanten, die neben den akustischen auch optischen Sinneskanäle der Schüler ansprechen.

3. *Erfolgskontrollen*

Helfen die ersten beiden Grupen didaktischer Hilfen bei der Informationsdarbietung, so ist es für den Vortragenden fast ebenso wichtig, Rückmeldungen über die Informationsaufnahme, über Verständnisschwierigkeiten, über Interessendefizite bei den Lernenden zu erhalten. Verschiedene Möglichkeiten bieten sich an: Der Lehrer kann die Schüler auffordern, Informationsfragen entweder sofort oder hinterher zu stellen. Im ersten Fall muß er dann bereit sein, jederzeit seinen Vortrag zu unterbrechen, um auf Fragen einzugehen. Im zweiten Fall kann er die Fragen bündeln und hinterher darauf eingehen. In den Konsequenzen weiter reicht der Vorschlag, *Arbeitsgruppen* zu bilden, die jeweils im Anschluß an die Lehrerinformation zusammentreten, um die Inhalte zu besprechen, Unklarheiten zu beseitigen, Probleme aufzureißen, zum weiteren Lernen anzuleiten.

4. *Kontrolle des Lernerfolgs*

Für die Lehrerinformation stellt sich die Frage, in welcher Weise man den Teilnehmern eine Kontrolle des eigenen Lernerfolgs ermöglicht. Einfachste Formen sind Kontrollbogen oder Kontrollübersichten. *Kontrollbogen* führen eine Reihe von Fragen oder Aufforderungen auf (Erklärt bitte den Zusammenhang zwischen ....). Es kann ein *Lösungsbogen* dazu ausgegeben werden. Eine wichtige direkte Hilfe ist der möglichst punktförmige Hinweis auf Literatur, die man zur Klärung heranziehen könnte (Wenn Ihr diesen Begriff nicht erläutern könnt, lest bitte nach: ....).
Kontrollübersichten verwenden Lückentexte, offene Schemata, zu beschriftende Zeichnungen oder Bilder, um ökonomisch Wissensüberprüfungen durchführen zu können. Man wird diese natürlich nur einsetzen, wenn man die vermittelten Inhalte für besonders wichtig hält.

Satellitensystem didaktischer Hilfen für die Lehrerinformation

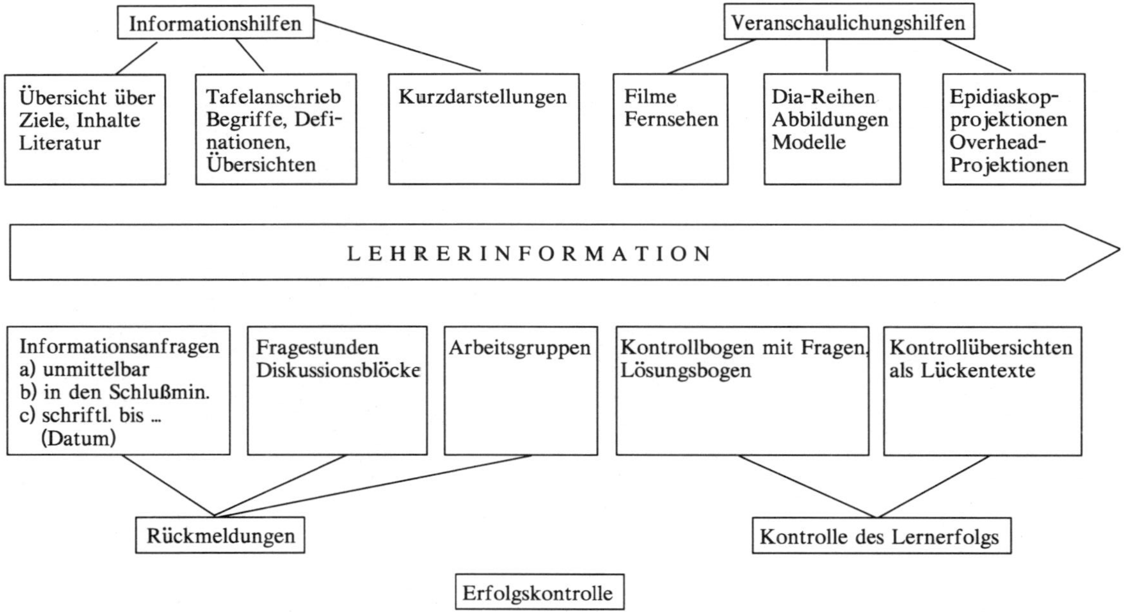

4.2.5 Das Strukturieren

Ausgang

Je mehr es einem Lehrer gelingt, offene Lehr-/Lernsituationen zu gestalten, um so wichtiger wird die Lehrtechnik des Strukturierens. Merkwürdigerweise findet man über sie kaum Ausführungen in der didaktischen Literatur. Das Strukturieren ist in Gesprächssituationen, aber auch in allen durch Schüler mit- und selbstbestimmten Lern- und Arbeitssituationen immer wieder wichtig, um zu prüfen, welche Aspekte einer Thematik man behandelt hat und welche nicht, wie der Stand der Bemühungen zwischenzeitlich ist (nachgehende Strukturierung). Das Strukturieren ist ebenfalls bedeutsam, wenn es darum geht, den roten Faden wieder zu finden, neu Orientierung zu gewinnen, Anliegen und zur Verfügung stehende Zeit zur Passung zu bringen (nach vorn wirkende Strukturierung). Gerade in einem offenen Unterricht kann das Strukturieren zu einer der wichtigsten Aufgaben für den Lehrer werden, um den Schülern bei ihren Aktivitäten verläßliche Orientierung zu geben, die Aktivitäten in Gang hält, Frustrationen vermeidet, Erreichtes markiert, Offenes deutlich macht.

Ein paar kleine Beispiele können den Sachverhalt klären helfen.

Strukturieren als geordnetes Sammeln

Eine 6. Klasse hat einen Unterrichtsgang zu einem Freizeitheim unternommen, um in Erfahrung zu bringen, welche Angebote dieses Freizeitheim für welche Gruppen macht. In einem ersten Gespräch werden die Beobachtungen und Notizen gesammelt. Die Schüler berichten in vielfältiger Weise. Der einzelne ist nicht in der Lage, alle Berichte zu behalten oder gar für sich zu ordnen. Die Hilfe des Lehrers ist, daß er an der Tafel nach Maßgabe und Reihenfolge der Berichte eine Stichwortübersicht erstellt, die zum Schluß eine geordnete Übersicht über Aufbau und Angebot des Freizeitheimes darstellt (nachgehende Strukturierung).

Strukturieren als Problemaufriß

Eine 4. Klasse befaßt sich mit dem Thema „Vögel im Winter“. Es geht zunächst darum, Fragen zu formulieren, um mit ihnen dann gezielt Informationssuche zu betreiben. Im Gespräch werden Fragen und Aspekte des Themas gesammelt, die der Lehrer oder ein Schüler an der Tafel mitnotiert. Der Lehrer wird wichtige Aspekte ergänzen. Zum Schluß steht ein Problemaufriß an der Tafel, der gleichzeitig Arbeitsprogramm wird (vorlaufende Strukturierung).

Strukturieren als Systematisieren

Eine 7. Klasse bearbeitet das Thema „Ausländische Mitbürger": In einer systematisierenden Übersicht wird zum Schluß festgehalten, welche Themenbereiche und welche Unterthemen innerhalb der Themenbereiche bearbeitet worden sind: Übersichten, Schemata, Verzweigungen, Begriffsnetze können Hilfen dafür sein.

Strukturieren als Ordnen

Eine 3. Klasse führt ein Unterrichtsgespräch zum Thema „Lügen". Vielerlei Beiträge werden eingebracht. Nach einer ersten offenen Phase des Gesprächs regt der Lehrer an, das Gesagte einzuordnen, Gesichtspunkte zu isolieren, Wesentliches vom Unwesentlichen zu unterscheiden, Beiträge in die richtige Beziehung zum Thema zu bringen. Gedanken, Beispiele, Argumente, Thesen, Begriffe werden geordnet. Am besten, obwohl nicht immer nötig, gelingt dies mit irgendeiner Art der Visualisierung (Tafel, Folie, Tapete oder dergl.).

Strukturieren als Ortsbestimmung

Eine 7. Klasse bearbeitet das Thema „Vorsorgeeinrichtungen unserer Stadt". Nach einer Strukturierungsphase arbeiten Gruppen an Teilthemen. Nach den ersten 4 Stunden der Gruppenarbeit schlägt der Lehrer eine „Ortsbestimmung" vor. Mit folgenden Fragen auf einem Arbeitsblatt bittet er die Schüler um Auskünfte:

Euer Thema ist:

In der Gruppe sind:

Habt Ihr bei Eurer Erkundung erreicht, was Ihr zu Eurem Thema erreichen wolltet?
Hättet Ihr mehr erreichen können?
Wie wollt Ihr an Eurem Thema weiterarbeiten?
Habt Ihr schon eine Vorstellung davon, was und wie Ihr der Klasse berichten wollt?

Jede Gruppe muß einmal auf der Metaebene über ihre bisherige Arbeit nachdenken, Einschätzungen vornehmen, überlegen, was man unbedingt noch machen müßte. Sie muß zurück- und dann vorausdenken.

Strukturieren als Planungsaufriß

Wenn offener Unterricht ernstgenommen wird, stellt sich aus der Sicht der Schüler immer wieder die Frage, in welcher Weise gesichert werden kann, daß man einen Überblick hat, daß man wirklich mitbestimmen und mitsteuern kann. Transparenz in der Planung scheint hier nach allen Erfahrungen eine gute Hilfe zu sein. Eine 8. Klasse will im Geschichtsunterricht das Thema „Industrielle Revolution" bearbeiten. Der Lehrer gibt zunächst einen Planungsaufriß:

I. Strukturierungsphase (2 Unterrichtsstunden)
   1. Ich stelle Informationsmaterial vor (Film, Texte, Bilder), damit Ihr einen Überblick über das Gesamtthema erhaltet.
   2. Ihr entscheidet Euch für einen Themenschwerpunkt, an dem Ihr gründlich weiterarbeiten wollt.

II. Arbeitsphase (6 Unterrichtsstunden)
   1. Ihr arbeitet in Gruppen an dem Themenschwerpunkt, den Ihr gewählt habt.
   2. Ihr habt 6 Unterrichtsstunden Zeit.
   3. Denkt daran, daß Ihr Euer Arbeitsergebnis der Klasse vorstellen sollt.

III. Vermittlungs- und Reflexionsphase (3 Unterrichtsstunden)
   1. Ihr stellt Eure Arbeitsergebnisse der Klasse vor. Wir diskutieren darüber.
   2. Wir sprechen darüber, ob unsere Arbeit ergiebig war, Spaß gemacht hat, was nicht so gut war, was wir beim nächsten Mal besser machen können.

Die Idee solch eines Planungsaufrisses ist, den Schülern Verlauf und Inhalt einer Unterrichtseinheit deutlich zu machen. Sie können sich dann mit ihren Aktivitäten in den Gesamtrahmen einpassen, die Zeit entsprechend nutzen.

Funktionen des Strukturierens

Die Beispiele können deutlich machen, welche Funktionen das Strukturieren für den Unterrichtsprozeß und für die Lernprozesse der Schüler haben kann.

Generell kann man sicher sagen, daß unstrukturierte Situationen schnell zur Belastung werden und aufgrund ihrer Undurchschaubarkeit demotivierend wirken können. Wenn eine Gruppe/Klasse vorankommen will, muß sie von Zeit zu Zeit wissen, wo sie steht, was sie vernachlässigt,

wo sie hin will. Dies gilt in größerem Rahmen für die Arbeit an einer Unterrichtseinheit, in einem Projekt, dies gilt in engerem Rahmen für ein Gespräch. Wenn man nicht recht weiß, was man besprechen will, was man noch klären muß, kann man sich kaum noch äußern. Wenn es um eine größere Arbeit geht, muß ebenfalls Transparenz der Vorgehensweise, der Verabredung, der Arbeitsteilung her. Das Strukturieren bringt also einmal den Unterrichtsprozeß voran, es klärt andererseits die Chancen des Einzelnen, sich einzubringen, sich zu beteiligen.
Der von mir an anderer Stelle erörterte Begriff des Meta-Lernens bekommt hier eine weitere Bedeutung: Mit Hilfe von Strukturierungsleistungen kommt Perspektive und Transparenz in die eigenen Aktivitäten und Schwierigkeiten. In dem Maße, wie das erreicht wird, werden auch Hilfen möglich.
Bei der Diskussion um den Weg von einer Vermittlungs- zu einer Planungs- und Moderationsdidaktik wird das Strukturieren in zunehmenden Maße wichtig. Natürlich muß auch die Informationsvermittlung strukturiert sein. Das ist eine alte und bekannte Aufgabe. Das Strukturieren in offenen Situationen des Gesprächs und des Arbeitens bekommt eine besondere Funktion, weil es die Arbeits- und Lernprozesse in entscheidender Weise befördert.

4.2.6 Das Üben und Wiederholen

Wenn Lernprozesse zu einem bleibenden Ergebnis (Wissen, Einsicht, Fertigkeit, Verhaltensweise, Einstellung) führen sollen, und das ist eigentlich immer der Sinn von geplanten, gesteuerten und überprüften Lernprozessen in der Schule, müssen sie einen Abschluß in Maßnahmen des Behaltens, des Speicherns, des Übens, des Anwendens und Praktizierens finden. Das ist eine alte didaktische Erkenntnis, die in der alltäglichen Unterrichtspraxis dennoch häufig nicht sehr intensiv beachtet wird. Einerseits gelten Üben und Wiederholen als langweilig, andererseits drängt man schnell weiter zu neuem „Stoff“. Die immer wieder beklagte Ineffektivität schulischen Lernens hat hier eine ihrer entscheidenden Ursachen.
Man kann heute kollektives und individuelles Üben und Wiederholen unterscheiden. Die folgenden Ausführungen folgen dieser Zweiteilung.

Kollektives Üben und Wiederholen

Unterricht ist in der Regel von der Vorstellung bestimmt, daß er in der Gestalt der Gruppeninstruktion oder -erarbeitung 20, 25 oder 30 individuelle Lernprozesse synchron initiiert, steuert und zu einem Lernergebnis führt. Dies ist wahrscheinlich einer der großen Irrtümer aller praktizierenden Lehrer, wo immer sie tätig sein mögen. Wenn man sich auf diese Vorstellung aber einläßt, kann man folgende Feststellungen treffen:

– Methode des Übens und Wiederholens

1. Entscheidende Vorarbeit für jede dauerhafte Erfolgssicherung leistet der erarbeitende, Neues einführende Unterricht. Wenn jemand etwas behalten soll, etwas können soll, muß eine klare Vorstellung vor dem zu Lernenden entstehen. Diese können wir mit dem Begriff der Struktur des zu Lernenden näher kennzeichnen. Sie zeigt sich konkret z.B. in einem Merksatz, in einem Basistext, wenn es um materiales Wissen geht, sie zeigt sich z.B. in einer Regel, in einem Logarithmus, wenn es um prozedurales Wissen geht, sie zeigt sich z.B. in der „guten Gestalt“ im guten Beispiel, wenn es um Fertigkeiten, Verhaltensweisen geht. Solange keine klare Vorstellung vom zu Lernenden besteht, kann nicht effektiv gelernt werden.

2. Prozesse des Übens und Wiederholens

   Einprägen kann man den Vorgang bezeichnen, der der Speicherung von Wissen, Kenntnissen, Einsichten dient. Einüben kann man den Vorgang nennen, der der Beherrschung von Fertigkeiten, der Ausführung von Verhaltensweisen dient. Für beide ist das Wiederholen der entscheidende Weg der Lernerfolgssicherung, da in der Regel mit einem einmaligen Kennenlernen bzw. Erarbeiten kaum etwas zum sicheren Lernbesitz wird. Bekanntlich werden verschiedene Arten der Wiederholung unterschieden: die unmittelbare, die periodische, die gelegentliche, die immanente Wiederholung.

3. Drei Qualitätsstufen

   Dabei kann man drei Qualitätsstufen unterscheiden. Auf einer ersten Qualitätsstufe geht es zunächst um die erste Speicherung von neu Gelerntem. Auf einer zweiten Qualitätsstufe soll das neu Gelernte verfügbar gemacht werden. Wiederholungen oder auch Anwendungen sind die beiden möglichen Wege. Auf der dritten Qualitätsstufe geht es um das Ausüben des Gelernten. Es soll jetzt fest und frei verfügbar und in Situationen des Bedarfs leicht abrufbar sein.

– Lernpsychologische Grundlagen

Um diese Grundstruktur des Übens und Wiederholens zu realisieren, bedarf es des lernpsychologischen Wissens über Häufigkeiten, zeitliche Verteilungen und Übungsmethoden, damit effektiv gelernt werden kann. Darauf kann hier nur hingewiesen werden.

Erste praktische Konsequenzen

Wenn eine bestimmte Menge Wissen abrufbereit gespeichert werden soll, da es zum unaufgebbaren Lernbesitz gehören soll – im anderen Fall würde es genügen, Quellen anzugeben, in denen man es nachlesen könnte –, muß man prüfen, wieviel Wiederholungen welcher Art ein Schüler braucht, um eine entsprechende Speicherleistung zu erbringen. Das mögen 2–3 mündliche Wiederholungen im Umfang von je 10–15 Minuten sein, das mag aber auch eine größere und häufigere Bemühung erfordern. Hier wäre dann die zeitliche Ansetzung der Wiederholungen, die Art der Speicher- und Abrufübungen wichtig (Abfragen, ein Test zur Selbstkontrolle, Anwendungsaufgaben, Aufgaben der Umsetzung u.a.m.).
Wenn eine bestimmte Menge sprachliches Material wörtlich beherrscht werden soll (z.B. Vokabeln in einer Fremdsprache, ein Gedicht u.a.m.), müssen Techniken des Auswendiglernens beherrscht werden. Darüber später noch etwas mehr. Wenn eine Fertigkeit, hier verstanden als eine Handlungssequenz mit bestimmter Abfolge (das Sägen, das Stricken u.a.m.) gelernt werden soll, ist die Frage, ob die Fertigkeit „ganzheitlich" gelernt werden soll – ihr voller Vollzug ist dann in einer bestimmten Übungsfolge immer wieder zu probieren, bis eine gewisse Beherrschung sich zeigt –, oder ob die Fertigkeit zerlegt wird in Teilfertigkeiten, die dann je für sich geübt werden und bei einem bestimmten Grad der Beherrschung dann zusammengesetzt werden. Auch hier wären Quantität und Qualität der Übungen auf den einzelnen Schüler abzustellen. Verhaltensweisen bauen sich wohl ohnehin in einem längeren Zeitraum auf. Sie sind kurzfristig und mit dem Mittel des Appells meistens nicht wirksam zu erlernen.
Nun kann man die Notwendigkeiten des Übens und Wiederholens nicht nur vom einzelnen „Lerngut" her bestimmen. Da Schüler täglich vielerlei „Stoffe", Lernaufgaben bewältigen müssen, wäre eine *Makrostruktur des Übens und Wiederholens* zu entwickeln, die im einzelnen Fach zunächst abklärt, wieviel Zeit dem Üben und Wiederholen und den Neuerarbeitungen in einem bestimmten Zeitraum (Viertel-, Halbjahr) reserviert werden und welche Gelegenheiten bei der curricularen Planung für die Wiederholung, Anwendung eingeplant werden. Ich habe bei anderer Gelegenheit von sog. gestalteten Wiederholungs-

Unterrichtseinheiten gesprochen und damit Unterrichtseinheiten gemeint, die im Lauf eines Schuljahres speziell für die einfallsreiche und weiterführende Wiederholung geplant und reserviert werden. Der andere Aspekt einer Makrostruktur liegt in überfachlichen Verabredungen. Ein für das Lernen ungünstiger Stundenplan kann ausgesprochen lernbehindernd wirken. Die aus der Lernpsychologie bekannten Phänomene der proaktiven und retroaktiven Hemmungen verweisen darauf, daß strukturähnliche Fächer (z.B. zwei Fremdsprachen), die hintereinander liegen, sich in ihrer Lerneffizienz behindern können. Die in Schulen immer wieder zu beobachtende Häufung von schriftlichen Arbeiten in einem bestimmten Zeitraum mit den damit verbundenen lernintensiven Phasen sind ein zweites Beispiel dafür, daß stundenplanmäßig auf das Lernen Rücksicht genommen werden sollte.

Das Lernen lehren: Anregungen für ein Eigenkonzept zum Lernen

Die Schule muß sich einer Aufgabe annehmen, die das Lernen zum Lehrinhalt hat. Lernen wird wie selbstverständlich dauernd verlangt, kaum ein Lehrer sagt Schülern einmal, wie sie lernen könnten. So kann es einem passieren, daß z.B. eine Schülerin im 3. Schuljahr, als ein Gedicht auswendig gelernt werden soll, fragt, wie soll ich das machen? Besonders für das Lernen zuhause (Hausaufgaben) scheint eine Lernberatung wichtig zu sein. Hinweise auf die Erprobung der für einen Schüler besten Lernzeiten, auf die Bedeutung von äußeren Bedingungen, auf den richtigen Wechsel von konzentriertem Lernen, Pausen, Spiel- und Erholungsphasen u.a.m. machen einen ersten Beratungskomplex aus. Ein zweiter umfaßt einen Kanon von Regeln für das Lernen. Man muß z.B. mit Schülern konkret eine Lernstrategie für das Auswendiglernen von Vokabeln entwickeln. Man muß einen Wiederholungsplan exemplarisch aufstellen, nach dem man sich für schriftliche Arbeiten vorbereiten kann. Man muß im Grunde einen Kanon von Lern- und Arbeitstechniken entwickeln, der dann Schülern zum Lernen zur Verfügung steht. Man muß den Schülern sagen, wie sie sich in einem Fach wie Geschichte das Wissen sichern können, das für wichtig gehalten wird (Arbeitsmappe, Auszüge, Kopien, Inhaltsverzeichnis, Bilder u.a.m.). Man muß mit den Schülern verabreden, wie sie sich zweckmäßigerweise Notizen in den Unterrichtsstunden machen können, um das Wichtige zu behalten und zu sichern. Hier liegt also ein curriculares Anliegen, das neben den inhaltlich bestimmten Lernaufgaben das Lernen des Lernens zum Inhalt hat.

Weitere praktische Konsequenzen

Wenn man auch hier wieder praktische Konsequenzen zieht, kann man sagen: erstens ist eine Reihe von Lernstrategien zu entwickeln und zu vermitteln. Einige Beispiele seien genannt.
- Auswendiglernen
- Lernen durch Lesen
- Lernen durch Zuhören
- Lernen in der Gruppe
- Planvoll üben und wiederholen
- Fehlerminimierung
- Lernen in eigene Regie nehmen

Zweitens sei an einem Beispiel dargestellt, wie solche Lernstrategien aussehen können:

Individuelle Lernstrategie „Planvoll üben und wiederholen"

Wichtig für das Lernen des Einzelnen ist, daß er auf Ziele, Anlässe hin planvoll lernt, d.h., daß er unter inhaltlichem und zeitlichem Aspekt den zu lernenden Stoff und die verfügbaren Kraft- und Zeitressourcen in eine Passung bringt. An der Vorbereitung auf eine schriftliche Arbeit soll dies exemplarisch deutlich gemacht werden. Wiederum wird eine Arbeitshilfe für Schüler entwickelt.
Nehmen wir an, am Mittwoch teilt der Erdkundelehrer mit, daß eine Woche später, also am Mittwoch darauf eine Arbeit geschrieben wird. Er gibt einigermaßen klar an, welche Inhalte und Anforderungen die Arbeit beinhalten wird. Im Unterrichtsalltag geschieht dies so häufig nicht, weil dann befürchtet wird, die Arbeit könnte zu gut ausfallen, sie würde zu leicht werden. Für eine sinnvolle und gründliche Vorbereitung ist es aber unerläßlich, daß man weiß, was man sich ansehen und was man üben muß. Es steht also eine Woche Zeit zur Verfügung, genauer: in der Woche bleiben die Alltagsbelastungen und -verpflichtungen bestehen. Man muß sehen, daß man Vorbereitungszeit neben diesen Belastungen und Verpflichtungen festlegt.

Zur Vorbereitung unter inhaltlichem Aspekt sind zunächst folgende Schritte zu gehen:

1. *Inventur*

Wenn der inhaltliche Komplex, der in der Arbeit „drankommen" wird, deutlich beschrieben worden ist, muß man sich folgende Fragen stellen und beantworten:

- Was weiß man einigermaßen sicher?
- Wo sind Lücken, wenn man ehrlich ist?
- Welche Unterlagen (Arbeitsbuch, Arbeitsmappe mit Aufzeichnungen, weitere Notizen, Atlas, Bücher, die man sich in einer Bücherei holen kann) hat man zur Vefügung?
- Wen kann man ansprechen, mit wem möchte man zusammenarbeiten?

Inventur heißt also hier, daß man alles klärt, was für die inhaltliche Vorbereitung wichtig ist.

2. *Sondierungen*

Eventuell ist es notwendig, doch noch genauer zu erkunden, was wichtig ist: was wird verlangt werden, welcher Art werden die Aufgaben sein? Fragen an den Lehrer sollte man ruhig wagen! Andere Schüler aus der Klasse, aus Parallelklassen, die auch bei dem Lehrer Unterricht haben, können ebenfalls befragt werden.

3. *Lernsoll und Lernplan*

Jetzt geht es um die Aufstellung eines Lernplans, in dem das inhaltliche Soll mit lernpsychologischen Gesichtspunkten und den zeitlichen Möglichkeiten zur „Passung“ gebracht werden müssen. Das inhaltliche Soll ist geklärt. Lernpsychologisch ist das Vorgehen mit der sog. Lernspirale zu beschreiben, die folgendermaßen auszuführen und von unten nach oben zu lesen ist:

Lernspirale (Übungsspirale)

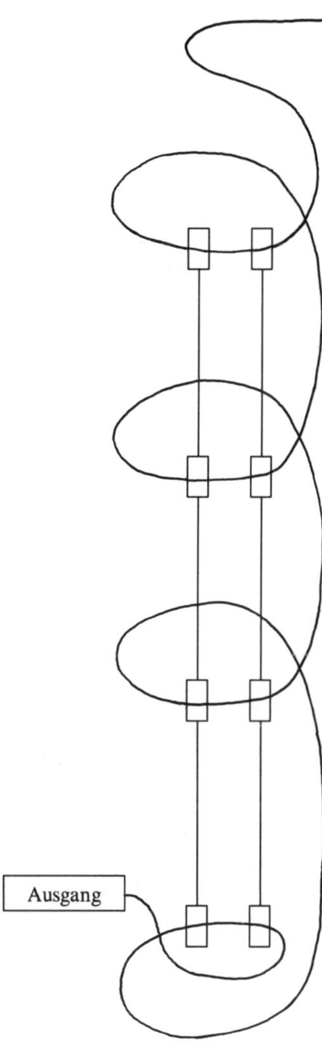

4. *Runde*

Locker wiederholen *(überlernen)*
- Überblick verschaffen
- Einzelnes abermals durchgehen
- „Heiß laufen"

u.a.m.

(Sicherheit ist nun zu gewinnen)

3. *Runde*

Intensiv üben
- Alles in strenger Folge durchgehen
- Still lernen
- sich abfragen lassen

u.a.m.

(jetzt geht es um Einzelheiten!)

2. *Runde*

Umgang mit dem „Stoff"
- Auszüge machen
- Regeln aufschreiben
- Aufgaben durchgehen

u.a.m.

(ich arbeite mich ein und komme ein zweitesmal mit allem in Berührung)

1. *Runde*

Ordnen des Stoffes und der Unterlagen
- Um was geht es?
- Welche Hilfen habe ich? (Bücher, Hefte, Notizen u.a.m.)
- Wie will ich üben?

(schon im Gewinnen des Überblicks ergeben sich erste Lerneffekte!)

Die Lernspirale führt den Lernenden viermal in die Auseinandersetzung mit dem zu lernenden Stoff und jeweils in unterschiedlicher Lernabsicht. Wenn es notwendig ist, kann man noch mehr Spiralen einbauen (z.B. mehrere Runden des Intensivübens). Dies hängt natürlich auch von der zur Verfügung stehenden Zeit ab.
Die Lernspirale ist dann in einen *Wochenplan* umzusetzen:

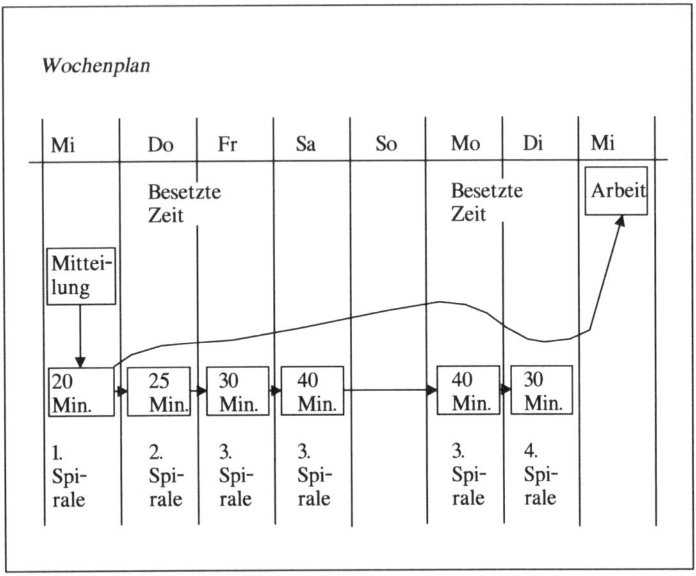

Das Beispiel eines Wochenplans geht davon aus, daß die Vorbereitungen sofort beginnen sollten. Ganz falsch wäre es, sie etwa erst am Montag zu beginnen. Also wird gleich am Mittwoch der Überblick erarbeitet. Dies kostet nicht soviel Zeit, schafft aber gleich ein positives Verhältnis zum zu Lernenden (ich weiß, womit ich mich befassen muß, was ich machen muß, was ich weiß und was ich nicht weiß). Am Donnerstag wird etwas mehr Zeit verwendet. Im konkreten Fall muß der jeweilige Lerner natürlich selbst wissen, wieviel Zeit er sich nimmt. Es handelt sich hier immer nur um einen Vorschlag, der aber konkret genug sein soll.
Freitag, Samstag, Montag liegen dann die Intensivphasen, in denen es um Genauigkeit und Details geht. Die Kurve zeigt die Steigerung an.

Der Sonntag bleibt frei, weil jeder sicher wenigstens einen Tag der Ruhe und Erholung braucht. Dort kann sich im übrigen der Lerneffekt des Lernplateaus ergeben: eine Sache ruht und kann sich „setzen“. Am Dienstag muß das zu Lernende in etwa „sitzen“. Nun wird nur noch überlernt. Mit dem Überlernen ist Sicherheit und Lockerheit zu gewinnen für den Mittwoch. Am Mittwoch ist die Arbeit dran!
Der Übungsplan ist zeitlich so konzipiert, daß an den Tagen der zur Verfügung stehenden Woche Zeit für andere Aufgaben (Hausaufgaben, Musikunterricht, Sportverpflichtungen u.a.m.) bleibt. Wichtig aber ist, das sei noch einmal gesagt, daß frühzeitig nach Bekanntwerden des Datums der Arbeit mit dem Üben und Wiederholen begonnen wird, daß häufige und nicht zu lange Übungen angesetzt werden, daß eine gewisse Dramaturgie in der Vorbereitung angelegt ist.

4. *Verfahrensstrategie während der schriftlichen Arbeit*

Wichtig sind auch ein paar Ausführungen für die Vorgehensweise während der schriftlichen Arbeit, weil durch Ungeschicklichkeiten häufig Chancen vergeben werden.

– *Überblick verschaffen*

Auch wenn die Zeit knapp bemessen sein mag und man sehr zügig arbeiten muß, sollte man sich zu Beginn einen Überblick über die Aufgaben verschaffen (welcher Art sind sie, welche sind leicht, welche schwer usw.?).

– *Leichte Aufgaben zuerst erledigen*

Wenn man einen Überblick gewonnen hat, kann man sich eine sinnvolle Reihenfolge für die Bearbeitung machen. Leichte Aufgaben werden zuerst erledigt, die schwereren später. Erstens sichert man mit dieser Vorgehensweise, daß man in der knappen Zeit auf alle Fälle einiges schafft, zweitens verschaffen gelöste Aufgaben ein Gefühl des Erfolges und der Beruhigung. Nervosität baut sich ab. Man kommt gut vorwärts. Schlecht wäre es, wenn man an einer schweren Aufgabe sehr lange hängenbleibt, zum Schluß auch die leichten aus Zeitmangel nicht schafft und die Arbeit dann ganz schlecht ausfällt. Außerdem hat man bei der vorgeschlagenen Verfahrensweise meistens mehr Zeit gerade für die Aufgaben, die viel Zeit beanspruchen.

– *Wenn man hängen bleibt, erst einmal weitergehen*

Geschickt ist es zusätzlich, schwere oder schwer verständliche Aufgaben ruhig erst einmal liegen zu lassen und später erneut anzugehen.

Das „Brett, das man manchmal vor dem Kopf hat", baut sich vielleicht zwischenzeitlich ab.

– *Zum Schluß noch einmal alles durchgehen*
Kurze Zeit sollte auf alle Fälle für eine letzte Kontrolle bestehen, um Flüchtigkeitsfehler zu eliminieren.

4.2.7 Das Metakommunizieren, erörtert am Beispiel wahldifferenzierten Unterrichts

Die „Meta-Diskussion" in Pädagogik und Psychologie

In der schulpädagogischen/didaktischen Diskussion wird seit den 70er Jahren unter dem Stichwort „Metakommunikation" eine Dimensionserweiterung des Unterrichts diskutiert. Interessant ist, daß sich zunehmend in der Psychologie ein Ansatz entwickelt, der unter dem Leitbegriff des „Meta-Lernens" ähnliche, aber doch zu unterscheidende Probleme diskutiert.
In der schulpädagogischen/didaktischen Diskussion geht es im Anschluß an die Diskussion um soziales Lernen, kommunikative Didaktik darum
- einmal den Beziehungsaspekt zu thematisieren:
  Unterricht hat nicht nur einen Inhaltsaspekt, von gleicher Bedeutung sind die Beziehungen (heimlicher Lehrplan), die Schülern Entfaltung, Lernchancen, Subjektbedeutung, Mitbestimmung gewähren oder das Gegenteil;
- zum anderen ist über der konkreten täglichen Lernarbeit eine Ebene intendiert, auf der die wechselseitigen Erwartungen, Bedürfnisse, Interessen, Zwänge, Intentionen besprechbar werden sollen (Metaebene).

Die verschiedenen Anliegen des Interaktionismus (G.H. Mead, E. Goffman, J. Habermas, K. Mollenhauer u.a.) regen zu einem anderen Verständnis der Lehrer-Schüler-Beziehung an, als sie im Alltag immer wieder Platz greift.
Unterricht und auch schon die Planung von Unterricht sind als Interaktionsgeschehen zu begreifen, in dem jede Seite sich einbringen können muß (Perspektiven, Erfahrungen, Interessen, Erwartungen), wenn sie auf Dauer soziale und individuelle Identität gewinnen soll. Wenn Schüler am Prozeß der Sinnfindung und der Gewinnung von Zugängen zu Inhalten beteiligt werden, könnte Unterricht eine andere Qualität gewinnen. Solange Lehrer immer stellvertretend für Schüler alles ent-

scheiden (die Auswahl der Inhalte, die Festlegung der Lernziele, die Vorgehensweise, der Einsatz von Medien), kann Unterricht im Prinzip von Schülern nur als fremdbestimmte Veranstaltung, der man sich aufgrund bestehender Zwänge eben unterziehen muß, verstanden werden.

Metakommunikation neben der ständigen Kommunikation über Lerninhalte bedeutet dann, über die gemeinsame Lernarbeit in planerischer, steuernder, korrigierender und reflektierender Absicht zu sprechen; vor, zwischen und nach den Prozessen der Bearbeitung von Lernaufgaben die Reflexion über diese zu stellen.

Gütekriterien eines auf solche Weise zu realisierenden Unterrichts habe ich in anderem Zusammenhang folgendermaßen beschrieben:

Für die Struktur der Beziehungen:

- *Gegenseitigkeit* meint die erkenntnis- und handlungsmäßige Einsicht in die wechsel- und gegenseitigen Abhängigkeitsbeziehungen von Individuen, die Aufgaben füreinander erfüllen. Eine Seite rechnet in ihrem Tun oder Nichttun mit der anderen (oder auch nicht), die selbst wiederum von dessen Handeln oder Nichthandeln betroffen ist und darauf reagiert.
- *Einfühlungsvermögen* (Empathie) bezeichnet das Ausmaß des Sichhineinversetzens in andere Personen oder Situationen zu dem Zweck, sie durch inneren Nachvollzug zu verstehen.
- *Einwirkungsfähigkeit* (Intervention) meint die Fähigkeit, sich auf konkrete Situationen (z.B. der Entscheidung für Themen und Kooperationspartner) einzulassen und aus eigener Verantwortung wirksam zu werden. Hier ist ein aktiver, der oben beschriebene, und ein reaktiver Aspekt zu unterscheiden. Der Einwirkungsfähigkeit entspricht eine Rückmeldungspromptheit, das heißt Eindrücke, Einstellungen, bessere Informationen gegenüber Vorgaben unmittelbar an die Beteiligten zurückzuvermitteln, um den Kommunikationsprozeß unmittelbar produktiv mitzutragen.
- *Anerkennungsbereitschaft* bezeichnet das Maß, in welchem die über Einwirkung und Rückmeldung durchgeführte Kommunikation zu Ergebnissen geführt wird, die von den Beteiligten in der Mehrheit als gültig und auch von der überstimmten oder schweigenden Minderheit als verbindlich akzeptiert werden.

Für die curriculare Struktur des zu entwickelnden Unterrichtskonzepts werden Transparenz, Nachvollziehbarkeit, Veränderbarkeit und Relevanz als Gütekriterien genannt und beschrieben:

- *Transparenz* (Durchschaubarkeit) bezeichnet das Ausmaß, in welchem das Konzept selbst und seine inhaltlichen Vorgaben im Rahmen einer Unterichtseinheit verständlich sind. Lernziele und -inhalte, die dahinter stehenden normativen Setzungen und die bestehenden Erwartungen müssen erkennbar sein.

- *Nachvollziehbarkeit* kennzeichnet den Grad, mit welchem durch Offenlegung und Einführung die Beteiligten in die Lage versetzt sind, Regeln, Verfahren, Techniken zu praktizieren. Das meint konkret zum Beispiel die Kenntnis und Beherrschung von Regeln, Verfahren und Techniken eines Faches oder Fachbereichs wie Gesellschaftslehre oder Physik.
- *Veränderbarkeit* meint die Möglichkeit der Revision vorgefundener Orientierungen in Problemstellung, Integration und Bearbeitung (also z.B. die Revision eng fachspezifischer Fragestellungen zugunsten fächerübergreifender u.a.m.).
- *Relevanz* bezeichnet allgemein die Bedeutsamkeit von Lernzielen und -inhalten. Ist sie im herkömmlichen Unterricht meistens vorgegeben dadurch, daß Lehrer sie feststellen, ist sie im offenen Unterricht so nicht zu gewinnen. Man kann für diesen zwischen kurzfristiger Bedeutsamkeit und Zielrelevanz unterscheiden. Situationsrelevanz bezeichnet das Ausmaß, mit welchem Lernziele und -inhalte das gegenwärtige subjektive Interesse der Beteiligten treffen, inwieweit sie den am Unterricht Teilnehmenden bedeutsam erscheinen. Diese Situationsrelevanz als kurzfristige Bedeutsamkeit beschränkt sich auf das subjektive Alltagsinteresse der Beteiligten und fragt nach Lerninhalten, die für den momentanen Lebens-(Spiel- und Arbeits-)prozeß als wichtig angesehen werden. Zielrelevanz kennzeichnet die Bedeutung von Lernzielen und -inhalten im Rahmen des angestrebten Schul-, Bildungs- und Ausbildungsziels.

In der aktuellen Diskussion innerhalb der Psychologie ist, wie Weinert und Kluwe feststellen, auch eine „Meta-Welle“ zu beobachten. Ausgangspunkt ist dort auch die Frage nach den selbstregulatorischen Aktivitäten des Menschen. Die Forschungsaktivitäten beziehen sich auf drei Fragen:

- Inwieweit kann sich ein Individuum über das Selbstkonzept der eigenen Tüchtigkeit, über eine entsprechende Steuerung des eigenen Handelns klarwerden und wieweit hilft ihm dies beim Lernen?
- Wieviel sollte ein Individuum von seinen Denkstrukturen, von seinen Lernmöglichkeiten wissen, um das Lernen in die eigene Hand zu nehmen?
- Drittens geht es um Fragen des Metagedächtnisses, um Fragen allgemeiner und individueller Regelhaftigkeiten des Gedächtnisses, um

Problemlösefähigkeit u.a.m. Lernen wird ständig abverlangt, wird eigentlich über das Lernen einmal nachgedacht und gesprochen? Diese Diskussion ist schulpädagogisch und fachdidaktisch insofern äußerst interessant, als sie thematisiert, was Schülern unter lernpsychologischen Gesichtspunkten dauernd zugemutet wird und ob dies überhaupt in der Summe zumutbar ist. Letztlich geht es auch um die Frage, ob Lernen dem Aufbau eines Selbstkonzepts dient, als selbstregulatorische Aktivität verstanden werden kann oder immer als Reaktion auf nicht hinterfragbare und Status zuschreibende Anforderungen von Lehrern.

Die Grundintention wahldifferenzierten Unterrichts und die Bedeutung der Metakommunikation

Im wahldifferenzierten Unterricht sollen Schüler nach dem gemeinsamen Einstieg in ein Thema zwischen unterschiedlichen Themenschwerpunkten wählen und in Kleingruppen den gewählten Schwerpunkt bearbeiten.
Die drei allgemeinen Ziele also sind

- begründetes Wählen in einer Situation, die entsprechend vorbereitet ist (thematische Alternativen, unterschiedliche Vorgehensweisen)
- selbständiges Lernen: der Arbeitsschwerpunkt muß selbständig festgelegt werden, die Vorgehensweise muß geplant werden, Materialien müssen ausgesucht werden u.a.m.
- kooperatives Arbeiten: da die Schüler möglichst in Kleingruppen zusammenarbeiten sollen (Einzelarbeit ist nicht grundsätzlich verboten!), sind vielfältige gemeinsame Aktivitäten und Interaktionen notwendig (sich besprechen, sich verabreden, zusammen planen, arbeitsteilig vorgehen, Ergebnisse zusammenfassen, ihre Vermittlung vorbereiten u.a.m.).

Das Modell wahldifferenzierten Unterrichts kann nur funktionieren, wenn ständig die Ebene der Metakommunikation in Anspruch genommen wird. An folgenden Punkten läßt sich das konkretisieren:

Die Erklärung des Modells

Vor Beginn wahldifferenzierten Unterrichts muß den beteiligten Schülern die „neue, andere Qualität" des Unterrichts deutlich gemacht werden, wenn sich für sie nicht einfach ein anderer Unterrichtsablauf ergeben soll (Ihr sollt jetzt ..., Ihr müßt jetzt ...). Unterricht in herkömmlicher Weise ist für Schüler ständig ein Erfüllen von vom Lehrer gestellten Aufgaben. Wird WDU in seiner anderen Qualtität nicht deutlich gemacht, wechseln u.U. nur die Aufgaben. Statt der Aufgabe „Bearbeitet jetzt dieses Arbeitsblatt" könnte die Aufgabe z.B. heißen „Ihr müßt jetzt aus diesen 4 Themenschwerpunkten auswählen". D.h., WDU könnte ablauforientiert organisiert werden. In seinen Grundintentionen aber will er verständigungsorientiert sein. Es muß also vorweg Verständigung darüber erzielt werden, wie der Ablauf der UE warum so und nicht anders gedacht ist, welche Funktion die Strukturierungsphase hat, daß dann Eigenentscheidungen getroffen werden sollten und wie diese möglich werden können, daß dann kooperativ über ein Thema gearbeitet werden sollte, daß dies möglicherweise schwierig sein könnte, daß frühzeitig daran gedacht werden muß, daß man und wie man den Anderen von der eigenen Arbeit berichten soll usw.

Sinn und Lernchancen von Materialien

In aller Regel werden in der Strukturierungsphase oder an deren Ende Materialien für die selbstbestimmte Arbeit angeboten. Struktur und Arbeitsmöglichkeiten müssen deutlich sein, wenn man tatsächlich wählen können soll. D.h., es ist notwendig, gemeinsam einen Überblick zu gewinnen, über die Lernchancen mit diesem und jenem Material zu sprechen, Vor- und Nachteile sind abzuklopfen, damit man überhaupt Stellung beziehen kann, wählen kann, sich mit Anderen besprechen kann. Dazu muß man die Lernmaterialien kennen, mindestens überflogen haben, eine Einschätzung vornehmen können.
Die Planungsüberlegungen der Lehrer müssen „wiedergefunden" werden können. Das ist wohl nur im Austausch, in der Metakommunikation möglich. Wenn die Lernmaterialien nicht insgesamt eine Repräsentation der Themenschwerpunkte darstellen, ist die Reflexionsphase am Ende der Strukturierungsphase noch wichtiger, denn dann muß miteinander geklärt werden, was möglich, was sinnvoll wäre usw.

Umrißplanung

Schulz nennt eine Planungsphase neben Perspektivgewinnung und Prozeßplanung Umrißplanung. Der Begriff ist für die Planungsphase in den Kleingruppen zu verwenden. Die Schüler sollten nicht gleich an Aufgaben und Arbeitspapiere herangehen und mit Arbeit beginnen. Gelegentlich war dies zu beobachten. Es müßte in der Kleingruppe erst einmal klarwerden, warum man sich in welchem Ausmaß welcher Aufgabe zuwenden will, wieviel Zeit das wahrscheinlich kosten wird, wie das Ergebnis aussehen könnte, das man der Klasse vorstellen wird. So waren z.B. die Lernmaterialien für die Unterrichtseinheit im

Geschichtsunterricht (Bauernkrieg) z.T. recht komplex angelegt: Vorschläge für Aufgaben und Aufgabenkombinationen waren mit den entsprechenden Materialien zu verbinden. Beides mußte man hinreichend genau kennen, um die Chancen und Probleme der Angebote einschätzen zu können. Wahrscheinlich wäre es vor den Wahlen und Entscheidungen hilfreich, sich über diese Fragen auszutauschen. Dabei kann unter Umständen auch deutlich werden, daß man für die eine oder andere Vorgehensweise noch Hilfen oder sogar einen kleinen „Kurs“ bräuchte. Wenn man z.B. wie in der Unterrichtseinheit „Ausländer“ Interviews durchführen möchte, muß man ungefähr das Interviewen kennen und können.
Metakommunikation heißt an dieser Stelle also, Angebote zu prüfen, einzuschätzen, Lernchancen und -schwierigkeiten zu antizipieren, Arbeitsstrategien zu entwickeln, sich Voraussetzungen für eine erfolgreiche Arbeit zu schaffen. Je schneller die Arbeit begonnen wird, um so größer ist die Gefahr, daß sie nicht selbstbestimmt und begründet erfolgt, sondern nur Ausführung von Vorgegebenem ist.

Verfahrensvergewisserung

Während der Arbeit in der Differenzierungsphase können Gruppen schnell in der Ausführung bestimmter Aufgaben „versacken“. Verfahrensvergewisserung heißt, sich in regelmäßigen Abständen darüber klarzuwerden, wo man steht, was man geschafft hat, wie man im Zeitplan liegt, ob Ergebnisse abzusehen sind, ob man sich in Richtungen „verrennt“, die nicht der Umrißplanung entsprechen. Wenn man in den Kleingruppen arbeitsteilig vorgeht, wird diese Aufgabe der Zwischenbesprechung noch wichtiger.
Verabredungen wie, am Ende jeder Stunde sprechen wir 5 Minuten über das, „was heute gelaufen ist“ oder „wir führen ein Tagebuch“ oder „wir schreiben an die Wandtapete mit Datum und Stichwort den Arbeitsablauf“ können institutionalisierte Hilfen sein, in kurzer Form, aber dennoch regelmäßig „auf die eigene Arbeit zu schauen“, nicht nur sie getan zu haben. Dies böte dann die Chance, sich zu helfen, Umwege abzukürzen, Abläufe zu „verschnellern“, neue Aspekte in die Überlegungen aufzunehmen u.a.m.
Der herkömmliche Unterricht ist aus der Schülersicht in der Regel ein Abarbeiten gestellter Aufgaben (Zuhören, Melden, Sichäußern, Arbeitsblätter bearbeiten u.a.m.). WDU will hier eine neue Dimension: die selbstbestimmte Arbeit im Sinn von begründeter und nach eigenem Plan gesteuerter Arbeit.

Reflexion der Vermittlung

Die dritte Phase einer WDU-Einheit ist die Vermittlungs- und Reflexionsphase. Die Vermittlung der Ergebnisse der Gruppenarbeit stellt große Anforderungen. Sie kann schnell zum „Ritual" verkommen („die nächste Gruppe ist dran"). Wenn die Vermittlung für das jeweilige Klassenplenum wirklich Gewinn bringen soll, muß immer wieder über das Anliegen, die Form, die Ergebnisse und die Bedeutung, die das alles für jeden Schüler der Klasse hat, gesprochen werden. D.h., es muß zum Schluß Zeit sein, über die Gruppenberichte nicht nur inhaltlich, sondern auf der Metaebene zu sprechen. Der längerfristige Effekt des WDU wird sich vor allem über diese Reflexion ergeben: wir haben 6 Stunden über ein Teilthema gearbeitet, was ist unser Ergebnis, wie schätzt ihr es ein? Und in der Gegenrichtung: Ihr habt 6 Stunden über Euer Teilthema gearbeitet, was Ihr dargestellt habt, ist schwer zu verstehen. Und: welche Bedeutung hat Euer Ergebnis nun eigentlich für unser gemeinsames Thema?
Beim Umgang mit solchen Fragen müßte im Lauf der Zeit ein höherer Bewußtseinsgrad im Sinne von „Sich selbst klar sein über das, was man will", und dies Anderen erklären und begründen können, entstehen können.

Paradigmenwechsel als langfristiges Ziel: Vom Stellvertreter-Modell zu einem interaktionistischen Modell der Unterrichtsplanung, -durchführung und -auswertung

Die grundsätzliche Bedeutung der Metakommunikation im WDU liegt in einem Paradigmawechsel für Unterricht generell. Im herkömmlichen Unterricht herrscht das Stellvertreter-Prinzip. Lehrer nehmen stellvertretend für Schüler über 9, 10 oder 13 Jahren hinweg alle wichtigen Aufgaben wahr: sie suchen Unterrichtsinhalte aus, sie bestimmen Art und Qualität der Bearbeitung dieser Inhalte, sie legen in der Form mündlicher wie schriftlicher Leistungskontrollen die Standards der Reproduktion und Beurteilung von Leistungen fest. Sie tun dies stellvertretend für gesellschaftliche Erwartungen und Forderungen, für Abnehmergruppen, für Eltern und sie tun dies stellvertretend für die Schüler, die man noch nicht in der Lage sieht, über ihr Lernen zu bestimmen. Die Stellvertreterrolle legitimiert sich über die professionelle Rolle des Erziehers (der über die Organisation von Lernprozessen die Mündigkeit von Schülern anstrebt) und des Fachmanns (der in bestimmten Fächern weiß, was für die Kompetenz von Schülern wichtig ist). Ein interaktionistisches Modell geht von der prinzipiell gegebenen Subjektrolle des Schülers aus und versucht, Prozesse der Sinnfindung, der Verständigung, des Austauschs dafür zu nutzen, Lernen möglichst frühzeitig zu sinnvollem Lernen zu machen. Sinnvolles Lernen heißt für Schüler, Anforderungen einsehen und in ihrer Begründung nachvollziehen zu können, selbst für sinnvoll gehaltene Lernanliegen zu artikulieren (Interessen- und Bedürfnisentwicklung) und verfolgen zu können. Dazu bedarf es der Angebote und Hilfen der Lehrer, dazu bedarf es eines metakommunikativen Niveaus des Unterrichts, das einem hilft, Selbstorganisierungen realisieren zu können. Im relativ engen Rahmen des WDU kann in der beschriebenen Weise mit kleinen Schritten in die angegebene Richtung gemeinsam gearbeitet werden. Vielleicht entsteht daraus auf Dauer eine andere Qualität des Unterrichts, der autonomes Lernen mit folgenden Merkmalen zu initiieren trachtet:

Merkmale autonomen Lernens

- Mitbestimmung von Lernzielen
- Bestimmung und Begründung eigener Ziele
- Einschätzung und Aktivierung eigener Lernfähigkeiten
- Verbindung der Lerninhalte mit subjektiven Bedeutungen (signifikantes Lernen)
- Relative Unabhängigkeit von äußeren Belohnungen
- Beherrschung von Lerntechniken
- Kooperatives Lernen in einem unterstützenden Lernklima

4.3 Gruppenarbeit

Terminologische Verabredungen

Der Begriff „Gruppe“ wird in der Didaktik-Diskussion, also in der Diskussion, die sich mit Fragen des Lehrers und Lernens befaßt, für quantitativ unterschiedliche Gruppierungen von Lernenden, Arbeitenden, Diskutierenden gebraucht. Komplizierend kommt hinzu, daß sich Gruppen zu durchaus unterschiedlichen Zwecken zusammenfinden können. Hier geht es darum, Gruppen nach ihrer Größe zu definieren,

didaktische Vorbereitungen für die Gruppenarbeit zu schildern und Möglichkeiten der Erfolgskontrolle für die Gruppenarbeit darzustellen.
Unter dem quantitativen Gesichtspunkt lassen sich Groß-, Mittel- und Kleingruppen unterscheiden. *Großgruppen* umfassen 100 oder mehr Teilnehmer und werden in der Regel zum Zweck der rationellen Informationsvermittlung z.B. in der Vorlesung gebildet. Mittelgruppen sind 15–80, mitunter 50 Teilnehmer stark. Die Schulklasse oder Gruppen in Seminaren und Übungen sind bekannte Beispiele für diese Gruppierungen.
Die *kleine Gruppe*. Diese umfaßt 3 bis höchstens 10 Mitglieder. Die zahlenmäßige Begrenzung sichert der Kleingruppe besondere Möglichkeiten des Lernens. Wenn wir im folgenden von Gruppenarbeit sprechen, wird ausschließlich von der Vorbereitung für die Arbeit in Kleingruppen die Rede sein.

Didaktische Vorbereitung

Bei der didaktischen Vorbereitung der Kleingruppenarbeit folgen wir wie bei der Vorbereitung des Vortrages vier Gesichtspunkten:
1. Klärung der Zweckfrage, Lernzieldefinition,
2. Adressatenanalyse,
3. Didaktik der Kommunikation, die auch Elemente der Didaktik der Informationsvermittlung berücksichtigen muß,
4. Erfolgskontrolle.

1. Die Fragen nach dem *Zweck der Gruppe* lauten:

Welches Lernziel soll durch die Gruppenarbeit erreicht und wie muß die Gruppenarbeit organisiert werden, damit dieses Lernziel erreicht wird? Das Lernziel gibt an, was der Lernende nach der Gruppenveranstaltung tun können soll.[1] Nach Festlegung der Lernziele wird man die Form der Gruppenarbeit, die zum Erreichen der Ziele besonders geeignet erscheint, bestimmen. Drei charakterische Organisationsformen der Gruppenarbeit sind die Lerngruppe, die Arbeits- oder Projektgruppe und die Diskussionsgruppe.
- In der Vorlesung wird konvergent-linear, vorwiegend passiv, gelernt. *Lerngruppen* können gebildet werden, um neben diesem konvergent-linearen Lernen im Austausch von Fragen und erklärenden Hilfen das „Besprechen" von Sachverhalten im ursprünglichen Sinne des Wortes mit einem Tutor zu ermöglichen. Der Erfahrungs- und Wissensvorsprung eines Tutors kann als Didaktikum eine ausgesprochen anregende Wirkung haben, das Lernen in der Gruppe läßt sich aber auch unter Lernenden allein organisieren.

- Man spricht von *Arbeits- oder Projektguppen,* wenn sich kleine Gruppen ein Forschungsvorhaben oder forschendes (entdeckendes) Lernen zum Ziel setzen. Diese Form der Gruppenarbeit entwickelt sich in der hochschuldidaktischen Diskussion der letzten Jahre zu einer Art „Königsweg" akademischen Lernens.[2]
  Gegenüber der bloßen Übernahme wie in der Vorlesung geht es beim forschenden Lernen um den Nachvollzug von Wissenschaft in Form eines dynamischen Prozesses: Suchen, Entdecken und Reflexion des Gefundenen, selbständige Wahl des Themas, selbständig zu entwickelnde Strategie für das Vorgehen mit allen Möglichkeiten des Irrens, der Umwege und der fruchtbaren Momente des Findens. Schöpferische Lernvorgänge treten an die Stelle bloßer Wissensaufnahme.
- Einen dritten Zweck verfolgt die *Diskussionsgruppe.* Sie wird von Mitgliedern gebildet, die sich aufgrund eines relativ einheitlichen Wissenstandes und Problembewußtseins zusammenfinden, um durch verbale Kommunikation in Form von Diskussion, Gespräch, Debatte oder Unterhaltung[3] bestimmte Inhalte, offene Fragen, Probleme zu diskutieren.
  In der Praxis werden sich die Anliegen häufig mischen. Die akzentuierende Einteilung in Lerngruppen, Arbeits- oder Projektgruppen und Diskussionsgruppen soll vor allem eine Hilfe bei der Planung der Gruppenarbeit sein.[4]

2. *Adressatenanalyse*

Die Adressatenanalyse ist für die Vorbereitung der Gruppenarbeit noch wichtiger als für die Vorbereitung einer Vorlesung. Jede Gruppenarbeit heißt Organisation intensiveren Lernens, erfordert daher eine starke *Berücksichtigung individueller* „Lernlagen" und Lerninteressen. Gruppenarbeit wird nur Sinn bekommen, wenn zunächst objektiv feststellbare Lernziele und subjektive Lernbedürfnisse abgeklärt und in Einklang gebracht werden. Das sollte in der Kleingruppe in der Regel in einem Gespräch erfolgen, in dem gleichzeitig die Beziehungen der Gruppenmitglieder zueinander erörtert werden, damit sie bei der späteren Arbeit berücksichtigt werden können.
Mit der Feststellung des Anspruchsniveaus, also der Kommunikationsebene, auf der sich Lehrende und Lernende treffen, beginnt die Klärung folgender Fragen:
Schließt sich die Kleingruppenarbeit an Informationsvermittlung z.B.

durch Vorlesung oder den Einsatz technischer Medien usw. an oder muß schon
die Informationsvermittlung als Aufgabe der Gruppe verstanden werden,
ist die Gruppe z.B. der Studenten in der Lage, selbständig zu arbeiten, oder muß sie von einem Tutor betreut oder trainiert werden,
beherrschen die Gruppenmitglieder bestimmte Arbeits- und Forschungstechniken oder
ist zunächst eine gewisse Grundschulung als Voraussetzung der Gruppenarbeit notwendig,
sind die Gruppenmitglieder gewöhnt, sich selbständig Wissen anzueigenen und vorzutragen,
ist es ihnen möglich, Fragen, Probleme zu artikulieren, in ein Gespräch einzugreifen, bisherige Vorstellungen infrage zu stellen, ohne dabei affektiv durchlässig zu werden, d.h. die Beherrschung zu verlieren?

3. *Didaktik der Kommunikation*

Nach der Klärung der Zweckfrage, der Lernzieldefinition und der Entscheidung für eine bestimmte Organisationsform der Gruppenarbeit und nach der Adressatenanalyse mit Erkundung der Kenntnisse, Fertigkeiten und Einstellungen der Lernenden ist der dritte Teil der didaktischen Vorbereitung die Didaktik der Kommunikation der Gruppenmitglieder untereinander. Bei der Organisation der Gruppenarbeit müssen 3 Fragenkomplexe beachtet werden.

– *Leitungsprobleme*
Entscheidend für die Funktion einer Gruppe ist die Frage, wie innerhalb der Gruppe das Problem der Führung oder Leitung gelöst wird. Benutzen wir als Beispiel eine Tutorengruppe. Der Tutor hat gegenüber den anderen Gruppenmitgliedern ein erfolgreich abgeschlossenes Examen voraus. Sein Erfolg hängt weitgehend davon ab, wie er diese „Vorsprünge“ in der Gruppenarbeit einbringt. Der Gruppenleiter, der sich streng oder gar ausschließlich an sachlichen Zielen orientiert und dabei von der Vorstellung ausgeht, daß Lernen in der Hochschule ausschließlich ein rationaler Lernprozeß sei, bei dem Gefühl nichts zu suchen hätte und sich jeder beherrschen müsse, engt nicht nur seinen Wahrnehmungsbereich, sondern auch seine Wirkung als Gruppenleiter entscheidend ein. Er erzielt bestenfalls eine scheinbare Homogenisierung eines heterogenen Teilnehmerfeldes. Die geringe Berücksichtigung emotionaler Zustände kann Aggressionsspannungen erzeugen, die sich entweder gegen den Leiter oder gegen Gruppenteilnehmer entladen könnnen.

Faktische Übernahme einer Führungsrolle in der Gruppe entsteht eher durch emotionale, moralische oder intellektuelle Kriterien als durch formale Zuweisung von außen.[5] In der Lern-, Diskussions- und Projektgruppe wird derjenige eine Leitungsrolle übernehmen können, der sog. „Funktionale Autorität" ausüben kann, der also besondere Kompetenzen für anstehende Aufgaben nachweisen kann.[6] Hat z.B. der Tutor oder ein anderer Gruppenleiter diese funktionale Autorität, so wird es ihm möglich werden, mit Gelassenheit und ohne Furcht vor einer Schwächung seiner Position auf Vorschläge, Anregungen oder Kritik eingehen zu können, um die Gruppenmitglieder an der Planung, Durchführung und auch an der Steuerung der gemeinsamen Arbeit optimal zu beteiligen.

– *Affektive Prozesse*

Es kann kein Zweifel darüber bestehen, daß die Arbeit in der Gruppe nicht nur rationale Lernvorgänge bewirkt. Diese sind mit dem jeweiligen emotionalen Zustand und dem Beziehungsgefüge der Gruppenmitglieder verschränkt. Die zu beobachtenden affektiven Prozesse signalisieren die Annahme oder den Widerstand gegen die zu lernenden Inhalte genauer als die Frage nach dem Verständnis der Inhalte.[7] Einerseits wird die Lernleistung der Mitglieder der Gruppe ganz wesentlich beeinflußt von der sachbestimmten Zentrierung der Gruppe um gemeinsam zu bewältigende Aufgaben. Andererseits muß der Gruppenleiter die sich ergebenden Prozesse der Spannung und Dominanz, des Rückzugs und der Abweisung gut beobachten und lenken, um ein Gleichgewicht in den affektiven Befindlichkeiten immer wieder neu zu gewinnen.

Brocher[8], ein Kenner gruppendynamischer Prozesse, behauptet, daß die Mitglieder einer Gruppe nicht ohne weiteres in der Lage wären zu lernen, bevor nicht ihre tatsächlichen Beziehungen, Beziehungserwartungen und -befürchtungen untereinander und dem Gruppenleiter gegenüber so weit geklärt seien, daß sie affektneutral dem gestellten Lernanspruch entsprechen können.

Entscheidend für den Lernerfolg in der Gruppe ist wohl, inwieweit die Gruppe die individuellen Bedürfnisse ihrer Mitglieder zu befriedigen vermag. Für das Individuum wird die Gruppe attraktiv, wenn in ihr eine Reihe elementarer Bedürfnisse wie z.B. Sicherheit, soziale Anerkennung, Zugehörigkeit, Respektiertheit und Ernstgenommenwerden befriedigt werden. Der Gruppenleiter sollte sein Augenmerk ständig darauf richten, in welcher Weise und in welchem Ausmaß solche Bedürfnisse offenbar und befriedigt werden und wo Störungen in dieser Hinsicht auftreten. Außenseiter in größerer Zahl, schwarze Schafe und permanent aggressive Gruppenmitglieder sind Hinweise darauf, daß die Gruppenarbeit durch die Nichtbefriedigung wesentlicher emotionaler Bedürnisse gefährdet ist.

- Die ersten beiden Fragenkomplexe der Didaktik der Kommunikation betrafen Leitungsprobleme und affektive Prozesse. Der dritte Fragenkomplex beschäftigt sich mit *Leistungsproblemen.* Lern-, Projekt- und auch Diskussionsgruppen streben in aller Regel bestimmte sachbezogene Ziele an. Von diesen her stellt sich die Frage nach der Effektivität der Arbeit in der Gruppe. Während für die Forschung die Bedeutung der Teamarbeit unter dem Gesichtspunkt der Leistung als ziemlich gesichert angesehen werden kann, muß die Frage nach der Effektivität der Gruppenarbeit für das lernende Individuum gestellt werden. Profitiert der Student wirklich von der Arbeit im Kollektiv?

Eine Vergleichsuntersuchung im schulischen Bereich – es wurden eine gruppenunterrichtlich geführte Versuchsgruppe und drei frontalunterrichtlich, also im üblichen Klassenunterricht geführte Versuchsgruppen beobachtet – ergab folgende Befunde:[9]

Die gruppenunterrichtlich geführte Klasse zeigt deutliche Überlegenheit im Hinblick auf soziale Verhaltensweisen und in der Beherrschung geistiger Arbeitstechniken. Beides wäre vom Charakter der Gruppenarbeit her ohne weiteres verständlich (Kooperation, Kontaktdichte, Selbständigkeit); aber die gruppenunterrichtlich geführte Klasse dominierte auch in der Reproduktion von Wissensbeständen.

Freilich muß man sich über die Voraussetzungen klar sein, die für solche Erfolge des Lernens in Gruppen gegeben sein müssen. Die Lernleistung wird

1. ganz wesentlich bestimmt vom Ausmaß der sachbestimmten Ausrichtung der Gruppe auf gemeinsame Aufgaben und
2. von der Qualität der den Prozeß der Auseinandersetzung begleitenden sozialen Verhaltensweisen.[10]

Dabei kommt es darauf an, Kooperation und Wettbewerb gleichermaßen zu pflegen. Hofstätter hat formuliert, daß der Leistungsvorteil einer Gruppe nur unter der Voraussetzung vorhanden ist, daß einerseits die Gruppenmitglieder zwar kooperieren, in Kommunikation miteinander stehen und die Beiträge einzelner zur Gruppenleistung auch akzeptieren, daß aber andererseits jedes Gruppenmitglied die Freiheit und die Pflicht zu einer von der Meinung der anderen unabhängigen, evtl. sogar gegensätzlichen geistigen Leistung habe.[11]

Was bedeuten nun sachbestimmte Ausrichtung und begleitende affektiv-soziale Verhaltensweisen für die Gruppe?

I. Es kommt in der Planungsphase darauf an,
   1. die gemeinsame Aufgabe deutlich zu erkennen und zu formulieren;
   2. muß das Vorgehen gemeinsam geplant und verabredet werden;
   3. ist zu klären, wer welche Teilaufgaben übernimmt.
   4. Die einzelnen Arbeitsschritte müssen terminiert werden.
   5. Zu einem bestimmten Zeitpunkt muß das Erreichte zusammengefaßt werden.

   Von den geschilderten Schritten der Vorbereitung einer Gruppenarbeit ist die Planungsphase vielleicht die wichtigste, da in ihr die Erfordernisse und die Arbeitsteilung transparent werden müssen und jeder einzelne seine Position für die Gesamtarbeit gewinnen muß. Nehmen Vorbehalte hier ihren Ausgang, ist einiges für die Gruppenarbeit zu befürchten.

II. In der Phase der *Durchführung* muß jeder produktiv an der zu lösenden Aufgabe mitarbeiten; Korrekturen, Vorschläge, gegenseitige Hilfen, Zwischenbilanz gehören unbedingt zum Arbeitsablauf in der Gruppe. Die Reflexion über die gemeinsame Arbeit ist dabei ebenso wichtig wie der Inhalt der Arbeit selbst.

III. Dieser Grundsatz gilt auch für die *Phase der Zusammenfassung* der Einzelergebnisse, wenn nicht nur die Ergebnisse, sondern auch die Bedingungen, unter denen sie erreicht worden sind, evtl. Einschränkungen, Vorläufigkeiten usw., unbefangen festgestellt werden sollen.

Der Leistungsvorteil der Gruppe kann sich nur zeigen, wenn der wechselseitige geistige Austausch und der ungehinderte Kommunikationsfluß zwischen allen Gruppenmitgliedern gepflegt, ermutigt und ständig verbessert wird. Das führt uns zurück zur Bedeutung und zur Berücksichtigung der sich in der Gruppe entwickelnden affektiv-sozialen Prozesse. Nach Wurzbacher gelten folgende Merkmale für eine Arbeitsgruppe mit Teamcharakter[12]: Gesichtspunkte der Leistung sollen und können im Vordergrund stehen, wenn gleichzeitig ein hohes Maß an personaler Eigenständigkeit und gegenseitigem Verstehen gewährleistet ist. Demokratisch-sozialintegrative Ordnungen der Kooperation bei gegenseitiger Kritik, Korrektur und Ergänzung sollten sich die Waage halten. Initiative und Verantwortung gegenüber der gemeinsam gestellten Aufgabe wie die Befriedigung elementarer affektiv-sozialer Bedürfnisse müssen in der Gruppenarbeit gleichermaßen zur Geltung kommen.

4. *Erfolgskontrollen für die Gruppenarbeit*

Für die Vorbereitung von Erfolgskontrollen muß zunächst die Frage beantwortet werden, ob das Ergebnis der Gruppe oder der Lernerfolg des einzelnen in der Gruppe gemessen werden soll.
Geht es um den individuellen Lernerfolg, so kann man auf die Erfolgskontrollen zurückgreifen, die in den Ausführungen über die Vorbereitung von Vorlesung und Vortrag dargestellt wurden.
Geht es um den kognitiven Erfolg von Lerngruppen, so wäre über den individuellen Lernerfolg auch der erarbeitete Wissensstand der Gruppe zu beurteilen. Vorher formulierte und mitgeteilte Lernziele würden dabei sowohl den Lernvorgang bestimmen als auch die Messung des Lernerfolgs fördern.[13]
Gruppen könnten auch in einer Art Gruppenprüfung ihre erreichte Leistung nachweisen. Die technischen Probleme, die dabei entstehen, haben ihre Ursache im wesentlichen darin, daß die Beiträge der einzelnen nicht exakt festgestellt werden können.
Für Projektgruppen kann der Erfolg am vorweisbaren Werk gemessen werden, am Ergebnis eines kleinen Forschungsvorhabens, an der Studie, die nach einem Prozeß des Nachforschens, Erkundens, Diskutierens und Strukturierens von der Gruppe vorgelegt wird.[14]
Aber auch Anwendung und Umsetzung vorgegebener wissenschaftlicher Aussagen wären Beispiele für das Ergebnis von Projekt- oder Arbeitsgruppen, die durch wertende Stellungnahmen von Experten beurteilt werden können.
Das Ergebnis einer Diskussionsgruppe wird am schwersten zu kontrollieren sein. In der Regel endet eine Diskussion aus Zeitgründen oder wenn kein Teilnehmer mehr Fragen, Probleme aufzuwerfen hat. Beurteilt werden könnte das Ergebnis einer Diskussion am ehesten über Diskussionsprotokolle nach den Kriterien der Breite und der Gründlichkeit, der Ziel- bzw. Sachorientierung der Diskussion.
Wer detaillierte Erfolgskontrollen für Gruppenarbeit als überflüssig erachtet oder den technischen Aufwand scheut, kann als Erfolgskriterium auf die Beantwortung der Frage zurückgreifen, ob das jeweils gesteckte Ziel erreicht wurde oder sich gegebenenfalls mit Schätzungen der Teilnehmer oder einer Umfrage zufriedengeben.

Zusammenfassende Bemerkungen

Nach der Festlegung der Gruppengröße für Kleingruppen von 3 bis max. 10 Teilnehmer wurde als Unterrichtsvorbereitung für die Arbeit mit Gruppen dieser Größe die Klärung der Zweckfrage, der Adressatenanalyse, die didaktische Kommunikation und die Vorbereitung von Erfolgskontrollen für Gruppenarbeit geschildert. Im Unterschied zum Vortrag und zur Vorlesung erhalten für die Gruppenarbeit neben der Sachplanung affektiv-soziale Prozesse und Gruppenleiterprobleme besondere Bedeutung und müssen bei der Vorbereitung der Gruppenarbeit berücksichtigt werden.

4.4 Differenzierende Verfahren schulischen Unterrichtens

Das Problemfeld

Die Differenzierung des Unterrichts wird dort zum Problem, wo einerseits nicht jeder Lernende einen Lehrer für sich haben kann (Hauslehrerprinzip) und wo andererseits die Unterrichtung einer Gruppe nicht der schlichten Prämisse folgt, daß eine Anzahl Gleichaltriger z.B. mit gleichen Lernmöglichkeiten versehen ist. Während der Lehrer eines einzelnen Schülers nur das didaktisch-methodische Problem der *Passung* zu lösen hätte (Lernanforderungen mit den Lernmöglichkeiten in ein lernanregendes Verhältnis zu bringen), muß der Lehrer einer Gruppe von Schülern, also von Klassen, zusätzlich zum Problem der Passung das Problem der *Differenzierung* lösen, da die Lerninteressen wie die Leistungsmöglichkeiten wie die sozialen Beziehungen vor dem Hintergrund recht unterschiedlicher außerschulischer Lebensbedingungen ein vielsichtiges Gefüge schaffen, auf das mit pauschal konzipiertem Unterricht nicht so reagiert werden kann, daß für jeden Lernenden optimale Lernchancen gegeben sind. Differenzierung ist also eine Notwendigkeit bei jeder Art von Klassenunterricht!

Definition: Differenzierung, -skriterien, -sebenen

Unter Differenzierung ist ein Bündel von Maßnahmen zu verstehen, daß die Organisation von Lernprozessen so zu bestimmen sucht, daß jedem Lernenden optimale Chancen eröffnet werden und gleichzeitig die Ansprüche und Standards in fachlicher, institutioneller und gesellschaftlicher Hinsicht gewahrt werden können.

Differenzierungskriterien lassen sich in unterschiedlicher Absicht bestimmen. Auf der Seite der Lernenden kann theoretisch nach Leistung, Begabung, Interesse, Alter, Geschlecht und Religionszugehörigkeit unterschieden werden. Auf der Seite der Institution „Schule" kann nach Anforderungsniveau, Lehrperson, Methodenkonzept und Medieneinsatz differenziert werden. Die Inanspruchnahme eines Kriteriums oder mehrerer von der einen oder anderen Seite hat im konkreten Fall gewichtige Konsequenzen für die Gestaltung des Unterrichts. Wenn man sich beispielsweise nur einmal vergegenwärtigt, welche Anforderungen entstünden, wollte man Lehrer mit unterschiedlichen Lehrstilen Schülern zur Wahl stellen. Die Kategorie „Leistung", im Schulwesen der Bundesrepublik Deutschland sicher eines der wichtigsten Differenzierungskriterien, ist im Grunde genommen bisher immer nur recht pauschal zur Anwendung gekommen (was leistet ein Schüler in einem Fach?). Würden hier Differenzierungen vorgenommen werden (z.B. in der Fremdsprache nach Übersetzungs-, Lese-, Sprech-, Vokabelbeherrschungskompetenzen), würde Unterricht sehr viel schwieriger zu realisieren sein. Es liegt die Vermutung nahe, daß die Praktikabilität im Alltag der größte Hemmschuh für Differenzierungsmaßnahmen ist.

Im allgemeinen unterscheidet man die *drei Ebenen der Schulsystemdifferenzierung, der Schuldifferenzierung und der Unterrichtsdifferenzierung*. Die vier Schularten Hauptschule, Realschule, Gymnasium und Sonderschule stellen z.B. für die Sekundarstufe I eine Schulsystemdifferenzierung dar. Als Alternative zu ihr wird seit Ende der 60er Jahre die integrierte Gesamtschule erprobt. Die Varianten des Gymnasiums (altsprachlich, neusprachlich, wirtschaftswissenschaftlich, technisch, musisch usw.) können als Beispiel für Schuldifferenzierung gelten. Unterrichtsdifferenzierung beginnt bei Maßnahmen der Schuldifferenzierung (verschiedene Zweige eines Gymnasiums z.B.), meint im engeren Sinn aber die Maßnahmen, die nach Vorabklärung der Differenzierungskriterien den Unterricht in einem Fach/in einer Fächergruppe betreffen (z.B. Sport nach Geschlechtern getrennt, Religionsunterricht nach Konfessionen getrennt).

Ein verbreitetes Gliederungsschema für die Unterrichtsdifferenzierung kann die Vielfalt der Möglichkeiten deutlich machen:

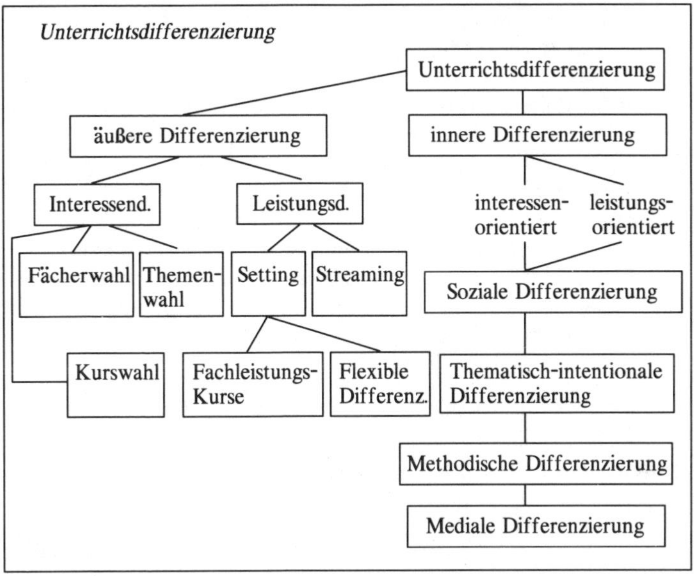

Der Terminus *„Äußere Differenzierung"* meint Maßnahmen, die lernübergreifend (klassenübergreifend) Unterricht differenzieren. Der Terminus „Innere Differenzierung" meint Maßnahmen, mit denen innerhalb einer Lerngruppe (Klasse) zeitweise Untergruppierungen (Gruppen-, Partner-, Einzelarbeit = soziale Differenzierung), methodische Varianzen (das Maß der Erläuterungen variiert in Umfang und Qualität z.B.), mediale Hilfen (Programm, Arbeitsbogen, bildhafte Darstellungen u.a.m.), Anspruch und Umgang in Intention und Inhalt differenziert realisiert und angeboten werden. Dies kann primär der Erfüllung von Leistungsansprüchen dienen, kann aber auch primär interessenorientiert erfolgen.
Um in der gebotenen Kürze das Problemfeld angemessen zur Darstellung zu bringen, werden im folgenden die Leistungsdifferenzierung, die Interessendifferenzierung und die *Binnendifferenzierung* (= innere Differenzierung) gesondert dargestellt. Mit diesen drei Zugriffen auf ein außerordentlich facettenreiches Thema werden die wichtigsten Aspekte und Probleme beschrieben werden können.

Leistungsdifferenzierung

Leistung kann als allgemeine Schulleistung oder als fachspezifische Leistung verstanden werden. Mit ihr sind gemeint die Art und Weise

und das Ergebnis der Bemühungen von Schülern, auf die schulischen Forderungen zu reagieren.
Leistungsdifferenzierung erfolgt nach vorgegebenen Standards durch Richtlinien, Rahmenrichtlinien, Lehrpläne oder Lehrerabsprachen. Mit *„streaming"* wird eine Leistungsdifferenzierung bezeichnet, die Schüler hinsichtlich ihrer zu erwartenden Leistung in einer ganzen Reihe von Fächern gruppiert (dies wäre z.B. der Fall, wenn in der schulartunabhängigen Orientierungsstufe Gymnasialkurse, Realschulkurse und Hauptschulkurse als generelle Gruppierungsformen eingerichtet würden). *„Setting"* ist eine fachbezogene Leistungsdifferenzierung. Ebenfalls bekanntgeworden ist die sog. *flexible Differenzierung,* die feste Lerngruppen wie das Setting vermeidet und nach jeweils aktuellen Lernmöglichkeiten bzw. -schwierigkeiten neu gruppiert.

1. *Das Streaming* (fachübergreifende Leistungsdifferenzierung)

Um die Jahrhundertwende hatte Sickinger in Volksschulen die sog. Mannheimer Leistungsklassen eingerichtet: Hauptklassen für die normal leistungsfähigen Schüler, Förderklassen für normal schwache Schüler, Hilfsklassen für die abnorm schwachen Schüler. Dies war ein Vorläufermodell für die später in englischen Comprehensive Schools praktizierte Gruppierung nach allgemeiner Lesitungsfähigkeit. In der Bundesrepublik Deutschland hat das streaming-Modell kaum eine Rolle gespielt, nur in den frühen hessischen Fächerstufenversuchen. Dort wurden Schüler in den traditionellen Hauptfächern Englisch und Mathematik, teilweise auch in Deutsch, zu streams gruppiert, in den anderen Fächern blieben sie in heterogenen Leistungsgruppen.

2. *Das Setting* (fachspezifische Leistungsdifferenzierung)

Am bekanntesten sind hier das sog. FEGA- und das ABC-Modell. Die charakteristischen Merkmale sind: nach einer ersten Phase der gemeinsamen Unterrichtung werden die Schüler auf 3 oder 4 Niveaus verteilt, um die Lerngruppen zu homogenisieren. Die Kurszuweisungen erfolgen in der Regel halbjährlich. Während in den unteren Niveaus das für den Abschluß notwendige Fundamentum angeboten wird, werden den Schülern in den oberen Niveaus mehr oder weniger umfängliche Addita (Zusatzstoffe) angeboten. In den unteren Niveaus werden meist die Schülerzahlen kleiner gehalten oder größere Stundenzahlen zur Verfügung gestellt.
Die wichtigsten Probleme dieser Differenzierung sind:
Niveaukurse führen schnell zu einer Reproduktion des herkömmlichen Schulsystems, das zu überwinden Orientierungsstufe und Gesamt-

schule gerade anstreben. Sie führen zu einer Desintegration der Schüler mit der Gefahr der Reproduktion sozialer Schichten, die zu überwinden dem Schulsystem mit der Leitidee der sozialen Integration aufgetragen ist. Die Annahme des Vorteils homogener Gruppen ist umstritten; Homogenität geht schnell wieder verloren, der Leistungsvorteil homogener gegenüber heterogener Gruppen kann nicht als gesichert gelten. Die erhoffte Durchlässigkeit zwischen den Niveaus kann faktisch meist nicht gesichert werden. Schließlich ist auf die Gefahr der selffullfilling-prophecy hinzuweisen: die Kurseinteilung kann das Selbstbild der Schüler und ihre Leistungsentwicklung bestimmen.

3. *Die flexible Differenzierung* (fachspezifische Leistungsdifferenzierung)

Als Alternative zu den Leistungskurssystemen ist die sog. flexible Differenzierung entwickelt worden. In einer ersten Phase der heterogenen Gruppierung werden der jeweiligen Grundgesamtheit der Schüler die Grundlernstoffe vermittelt. Nach einem für alle Schüler gleichen Diagnosetest werden Lernlücken ermittelt. Danach können die, die die Grundlernziele erreicht haben, Zusatzstoffe erarbeiten; die Schüler, die wenige Lücken haben, nehmen an einem auf die Lücken abgestellten Wiederholkurs teil; die Schüler, die zunächst kein Grundlernziel erreicht hatten, nehmen an einem Gesamtwiederholungskurs teil. Danach folgt wieder eine Phase heterogener Gruppierung.
Vorteile des Modells sind gezielte Föderung nach genauer Diagnose, Verwirklichung zielerreichenden Lernens, wenig Auslese, kurze Kurszugehörigkeit. Nachteile sind ständiger Wechsel, wenig dauerhafte soziale Beziehungen, hoher Arbeitsaufwand für Lehrer, hoher Organisationsaufwand für die Schule.

4. Auf gezielte Individualisierungsstrategien (z.B. das schwedische IMU-Projekt) und soziales Lernen favorisierende Modelle (z.B. Team-Kleingruppenmodell) kann nur hingewiesen werden.

Interessendifferenzierung

Wenn man will, daß der heranwachsende Mensch sich selbst eigenständig finden und definieren lernen soll, daß sich ein Selbstkonzept als Komplex von Bedeutungssystemen, Sach- und Handlungskompetenzen entwickeln soll, kann man Interesse als Such- und Ortungstendenz verstehen, mit der sich ein Mensch intentional und reflexiv auf je gegebene Wirklichkeiten einläßt. Es sind dann planmäßig Möglichkeiten zu eröffnen, Interessen entwickeln zu lernen.

Unter Interessendifferenzierung werden die Arrangements verstanden, die Lernenden die Chance geben, sich in freier Entscheidung auf Inhalte und Handlungen einzulassen, um ein latentes oder manifestes Interesse zu identifizieren, zu entwickeln oder zu verstärken. In der Literatur wird auch häufig von Wahldifferenzierung oder Neigungsdifferenzierung gesprochen, um dem Bündel unterschiedlicher Intentionen besser gerecht zu werden (Zufall, Neigung, Interesse, Reaktion auf anregende Umwelten). Bei der folgenden kurzen Beschreibung von Möglichkeiten der Interessendifferenzierung wird von großrahmigen zu kleinrahmigen fortgeschritten.

1. *Angebot eines wahlfreien Bereichs*

Neben dem Pflichtbereich kann ein Wahlbereich ergänzend oder erweiternd zum ersteren Angebote machen, aus denen quantitativ begrenzt oder unbegrenzt für eine bestimmte Zeit gewählt werden kann, aber auch darauf verzichtet werden kann. Die Formen können variieren: im Sinne extra-curricularer Aktivitäten könnten Arbeitsgemeinschaften, Wochenendseminare, Clubs u.a.m. angeboten werden, im Rahmen sog. freier Spiel- und Arbeitszeiten könnte das Angebot in einer lernanregenden personen-, material- und ideenreichen Umwelt (Bücher, Spiele, Geräte, Materialien u.a.m.) bestehen.

2. *Angebote in einem Wahlpflichtbereich*

Neben dem Pflicht- und einem evtl. Wahlbereich kann es einen Wahlpflichtbereich geben, innerhalb dessen nach bestimmten Vorgaben gewählt werden muß. So können Fächer oder Fachkurse oder Schwerpunktbildungen innerhalb einer Fächergruppe (Wahl von Grundkursen/Intensivkursen) zur Wahl gestellt werden. Dies kann Wahl und Abwahl von Fächern mit erheblichen Konsequenzen bedeuten (siehe reformierte Oberstufe).

3. *Angebote im Pflichtbereich*

Wenn die Förderung von Interessen ein wirklich ernsthaftes Anliegen ist, muß man auch im Pflichtbereich Wahlmöglichkeiten entwickeln. Dabei kann man unterscheiden zwischen alternativen Angeboten innerhalb eines gemeinsamen Rahmenthemas (z.B. Rahmenthema „Die dritte Welt“, Alternativangebote: das sog. Nord-Südgefälle, Länder in Afrika, Industrialisierungsprobleme Indiens, Entwicklungshilfepolitik u.a.m.) und der Bearbeitung verschiedener Themen (z.B. im Deutschunterricht: die Kurzgeschichte in der deutschen Literatur nach 1945, zeitgenössische Lyrik, Literatur in der DDR, das Werk von Günther Grass u.a.m.). Der organisatorische Rahmen kann bestehen im Angebot

3–4 verschiedener Lehrer, er kann enger gezogen sein (Schwerpunkte im Rahmen einer Unterrichtseinheit, realisiert als sog. wahldifferenzierter Unterricht).
Die Probleme der Interessendifferenzierung sind im wesentlichen: das Pflichtcurriculum ist in aller Regel so umfangreich, daß für die Interessendifferenzierung nur „kleine Spielwiesen" bleiben; verbreitet ist die Auffassung, daß man es Lernenden nicht überlassen kann, nach ihren Interessen zu lernen; Lernen wird in der Regel zu stark produktorientiert betrachtet: das Ergebnis ist entscheidend, nicht so sehr Prozesse des Sich-informierens, Wählens, Entscheidens, Verwerfens, Forschens; freies Lernen im Sinne selbstbestimmten Lernens wird eher als Freizeittätigkeit betrachtet, ihm fehlt der „Ernst der Leistung". Und so ist die Allgemeine Didaktik bis heute auch mehr eine Vermittlungs- als eine Anregungs- und Beratungsdidaktik.

Binnendifferenzierung (= innere Differenzierung)

Die bisherigen Ausführungen haben überwiegend auf Differenzierungsmöglichkeiten abgehoben, die über die Arbeit des einzelnen Lehrers und seiner Klasse hinausgehen. Im Alltag aber wird es darauf ankommen, daß das lernende Individuum in bezug auf sein Lerntempo, seine Arbeitskapazität, seine Arbeitsweisen, seine Bedürfnisse optimal angesprochen wird (das Problem der Passung), um für sich und mit Anderen produktiv lernen zu können. Das fordert geradezu binnendifferenzierende Maßnahmen heraus. Die zentralen Probleme für den einzelnen Lehrer bestehen darin, ca. 30 Schüler hinsichtlich ihrer Lern möglichkeiten und -schwierigkeiten richtig zu diagnostizieren, dann mit Hilfe differenzierender Materialien (Arbeitsblätter, Arbeitshefte, Bücher u.a.m.) die jeweils „passenden" Aufgaben zu stellen und insgesamt mit einer „curricularen Buchführung" genau zu verfolgen, wo der einzelne Schüler in bezug auf die Erfordernisse des Lehrplans steht oder zu stehen hätte. Dies ist ein Aufgabenkomplex, der häufig die Kraft des einzelnen Lehrers übersteigt. Und so bleibt es oft bei einer pauschalen Unterrichtung von Lerngruppen (Klassen), deren Mitglieder als gleich lernfähig betrachtet werden. Modellvorstellungen zur Binnendifferenzierung gibt es genug! Die konsequenteste stellt wohl der *programmierte Unterricht* dar. Mit einer strengen, aber doch auch variierten Folge immer wiederkehrender Schritte (Information-Frage-Antwort-Kontrolle der Antwort – ggf. weitere Hilfen) kann der Lehrgang dem Lerngang des Individuums weitgehend angepaßt werden. Dieser stark steuernden Form der Binnendifferenzierung kann man als sehr offene Variante den *Dalton-Plan* gegenüberstellen: Helen Parkhurst löste die Kollektivunterrichtung auf, verwandelte die für den Frontalunterricht eingerichteten Räume in Laboratorien und Fachräume (subject-rooms), gab schriftlich Lernanleitungen. Der Schüler ging einen sog. Arbeitsvertrag ein (contract job) und war dann innerhalb des gesetzten Rahmens frei in der Zeiteinteilung, in der Wahl der Unterrichtsgegenstände und in der Nutzung der Räume. Dazwischen finden wir Mischformen, die das eine oder andere Systemelement mehr in den Vordergrund stellen. Kade und Jeziorsky haben über Arbeitsmittel viel differenziert, im Jenaplan waren die Sozialformen der Partner- und Gruppenarbeit favorisiert, von der englischen „open education" wird berichtet, daß die lernanregende Umwelt eine große Rolle spielt. Die Probleme für den Lehrer sind schon dargestellt worden. Für den Lernenden würde Schule sicher eine andere Qualtität bekommen, wenn er mehr nach eigenem Plan, mehr an den individuellen Bedürfnissen und Schwierigkeiten orientiert, mehr auf Erfolg hin gepolt lernen könnte. Dies wäre über binnendifferenzierende Maßnahmen eher zu erreichen als über die pauschale Unterrichtung von Lerngruppen (Klassen). Wenn dabei Konzepte wie die des zielerreichenden Lernens (mastery learning) oder des adaptiven Unterrichts verwendet werden könnten, bekäme das Lernangebot eine Qualität, die im herkömmlichen Unterricht nicht annähernd realisiert werden kann. Das erste folgt der Idee, daß mindestens in den grundlegenden Bereichen zielerreichendes Lernen möglich ist, wenn nur genügend individuelle Lernhilfen und -zeiten gewählt werden. Das andere adaptiert Lernumgebung, Methoden und Lernhilfen an die je individuellen Lernmöglichkeiten mit einem System individualisierender Materialien. Hier liegen große Entwicklungschancen für den Unterricht in den Schulen.

4.5 Funktionen und Formen individualisierender Lernmaterialien

Lehr-, Lern-, Arbeitsmittel, Unterrichtsmedien oder Lernmaterialien?

Der traditionsreiche Streit um Begriffe (Lehrmittel, Lernmittel, Arbeitsmittel, Unterrichtsmedien, Bildungsmittel, Selbstbildungsmittel, Selbstunterrichtsmittel, Übungsmittel, Unterrichtsmittel, Schulhilfsmittel, Erarbeitungsmittel) wird hier nicht wieder aufgenommen[1]. Auch eine Geschichte der „Pädagogik der Arbeitsmittel" wird ausgelassen.[2]

Es ist von Lernmaterialien die Rede und gemeint sind Träger von Informationen und Aufträgen durchaus unterschiedlicher Art und Funktion. Ihr im voraus festgelegter Auftrag der Individualisierung ist so zu verstehen, daß erfolgreiches Lernen in der Schule nicht nur bei einer gelungenen Synchronisierung 35 individueller Lernprozesse (bei 35 Schülern in der Klasse) möglich sein darf; die Organisation des Unterrichts als Veranstaltung, die bei Schülern Lernen bewirken soll, muß den Bedürfnissen, Interessen, Lernweisen der Schüler entsprechend differenzieren und Lernen als Einzellernen oder verabredetes Gruppenlernen ermöglichen. Das wird ein Lehrer durch seine direkten Aktivitäten[3] nicht realisieren können, er muß Lernmaterialien verwenden. Es dürfte damit auch schon deutlich werden, daß Ausführungen zu Funktionen und Formen individualisierender Lernmaterialien neben der Beschreibung von Materialien das Interdependenzverhältnis zwischen organisiertem Lernen und Aussagen, Aufforderungen, Präsentationsmodi der Lernmaterialien im Hinblick auf den von Fall zu Fall sinnvollen Einsatz von Lernmaterialien (Funktionen) deutlich machen müssen.

Objektivierung oder Manipulation des Lernens durch Lernmaterialien?

Da von dem grundsätzlichen Verständnis, das man vom Unterricht hat, wesentlich sowohl die Konstruktion als auch der Einsatz von Lernmaterialien abhängen, sei vorweg die Ausgangsposition skizziert: Unterricht als die planmäßige Organisation von Lernprozessen muß gegenüber den Adressaten, den Schülern also, mindestens transparent sein, in der argumentativen Begründung unter den Beteiligten, also den Lehrenden und Lernenden, beschlossen und geplant werden. Er kann sich dem Schüler nicht als unreflektierter und nicht zu hinterfragender Lernzwang darstellen. Das bedeutet für den Einsatz von Lernmaterialien, daß sie ausschließlich Dienstfunktionen gegenüber Lernanliegen haben können. Die immer wieder naheliegende Gefahr der Manipulation durch sich anbietende Lernmaterialien kann von solch einer Auffassung her gesehen keine Gefahr mehr sein, da Aussagen und sich verselbständigende Medieneffekte von vornherein einer kritischen Sonde unterliegen und der zufällige Einsatz eines Films z.B. (weil er sich halt gerade in der Schule befindet) nur eine Persiflage sein kann. Im Zusammenhang mit dem programmierten Unterricht ist gelegentlich von einer Objektivierung des Unterrichts gesprochen worden. Dies könnte nur eine scheinbare sein. Unterricht, gesteuert durch Lernmaterialien, kann genauso wie Unterricht, geplant und durchgeführt von Lehrern, nicht objektiv sein. Konstatiert man im Gegensatz dazu die Notwendigkeit einer kritischen Subjektivität als Ausgang menschlichen Lernens, können Lernmaterialien keine andere als Dienstfunktion gegenüber planmäßigem Lernen haben. Diese aber wird zu differenzieren sein.

4.5.1 Formen

Auf der skizzierten Basis kann man zunächst einmal versuchen, einen Überblick über Formen von Lernmaterialien zu gewinnen, und dann nach möglichen Funktionen in unterschiedlichen Lernprozessen und -phasen zu fragen.
Um einen Überblick über Formen von Lernmaterialien zu gewinnen, kann man von der Unterscheidung zwischen Aussageträgern, Präsentationsmodi und Aussagen Hilfe erwarten.
Aussageträger sind Blätter, Hefte, Bücher, Bilder (gedruckt, gezeichnet, fotografiert), Filme, Tonbänder, Fernsehbänder, Modelle. Im einzelnen könnte man jeden der genannten Träger in sich voneinander unterscheidenden Varianten aufführen (hardware).
Präsentationsmodi sind didaktisch aufbereitete Darstellungsweisen von Sprache und Bild, ebenfalls differenziert in mannigfache Varianten. Der Lückentext macht auf Sachverhalte in einer anderen Weise aufmerksam als die ausformulierte Regel. Die sprachliche Aussage kann nach Sprachstil, Intention der Sprechenden und Kombination mit anderen Aussageträgern denselben Sachverhalt adäquat, verkürzend, verzerrend, verkleidet, verfremdend, redundant darstellen. Der Präsentationsmodus „lineares Programm“ macht Aussagen und stellt Lernanforderungen anders als der Präsentationsmodus „verzweigtes Programm“. Schulfunksendungen „verpacken“ aus dramaturgischen Gesichtspunkten eine Aussage manchmal so, daß diese gar nicht mehr als zentrale Aussage erkannt wird. Es ist bekannt, daß Kommentare zu Filmdarstellungen das vom Betrachter visuell Aufgenommene in gewollter oder ungewollter Weise beeinflussen können.[4]

Aussagen selbst, und damit sind hier sowohl Dokumentation, Informationen, Stellungnahmen wie auch Arbeitsaufgaben/Lernanregungen gemeint, sind dann die „Inhalte" von Filmen, Zeichnungen, Büchern, Texten, Programmen, Diagrammen, Features u.a.m. (software).

Übersicht: Lernmaterialien

Aussageträger	Präsentationsmodi	Aussagen
Arbeitsblätter	Sprache	Information
Hefte	Bild	Stellungnahme
Bücher	Modell	Lernanregung
Bilder	Protokoll	Dokumentation
Filme	Schulfunksendung	
Tonbänder	Lernprogramm	
Fernsehbänder	Tabelle	
Modell	Zeichnung	
Transparent	Feature	
Schallplatte	Fernsehspiel	
	Lückentext	
	Zeitlupentaufnahme	
	u.a.m.	

Diese grobe Übersicht könnte im einzelnen umfassend ausgegliedert werden. Eine Schulfernsehdidaktik wird z.B. alle dramaturgischen Möglichkeiten der Bild-Ton-Darstellung übernehmen können, um Sendungen zu produzieren[5]. Das schlichte Mittel der Zeichnung hat zahlreiche Varianten (perspektivische Zeichnung, Umriß, Grundriß, Querschnitt, Längsschnitt, Schema, Diagramm, Tabelle, Schaubild, Bilderreihe) und Gestaltungsformen (entwickelnde, fertige, vereinfachende, auslassende, vergrößernde, verkleinernde, betonende, absichtlich falsche Zeichnung), die bei entsprechender Nutzung Lernprozessen in verschiedenen Funktionen dienen können.[6]
Das Lernprogramm kann als ein Beispiel dafür angesehen werden, wie Informationsvermittlung und Lehrintention eine derart enge Bindung eingehen, daß bis in den kleinsten Lernschritt hinein der Präsentationsmodus bestimmt ist. Varianten des Unterrichtsfilms können unterschieden werden nach Einzeldokument, filmischer Dokumentation, Informationsfilm, Lehrfilm, Spielfilm, Motivationsfilm und stellen damit unterschiedliche Kombinationen von Aussageträger, Aussage und Präsentationsmodus dar. Das souveräne Spiel der Technik und

Dramaturgie von Lernmaterialien kann den Manipulationseffekt intensiv werden lassen und über den Multiplikationseffekt potenzieren. Es kann aber auch Lernen anregend und abwechslungsreich gestalten. Wenden wir uns daher der Frage nach den Funktionen von Lernmaterialien zu.

Erwähnt werden aber sollte wenigstens, daß neben den auf obenstehende Weise beschriebenen Lernmaterialien die Gruppe von *Lerngeräten* steht, die nicht minder wichtig ist für schülerorientiertes Lernen. Um Auszüge machen zu können, Texte selbt zu schreiben und zu vervielfältigen, Bilder zu produzieren, Prozesse aufzuzeichnen, Interviews machen zu können, Übersichten anzufertigen, sind Lerngeräte unerläßlich: Schreibmaschinen, Vervielfältigungsapparat, Steckflächen, Farbstifte, Wandtafeln, Tonbandgerät, Telefon, Videorecorder, Fotoapparate, Overheadprojektor, Papier, Matrizen, Zeichengerät, Filmprojektor, Dia-Projektor, Epidiaskop, Kartenstempel, Vordrucke u.a.m. Wissenschaftliches Arbeiten benötigt diese Lerngeräte wie darüber hinaus Bibliothek und Mediothek. Lernaufgaben aus den Bereichen des Transfer, der Umsetzung werden operatives Lernen initiieren und die Umsetzung von Gesprochenem ins Geschriebene, von Gesehenem ins Gezeichnete, von Gehörtem ins Gezeichnete, von Besprochenem ins Fotografierte ständig notwendig machen. Handlungsorientiertes Lernen benötigt Lernmaterialien und Lerngeräte, um sich artikulieren zu können.

4.5.2 Funktionen

4.5.2.1 Allgemeine Funktionen

„Sehr allgemein lassen sich zwei Aufgaben unterrichtlicher Hilfsmittel unterscheiden: Sie bieten einem Lernenden Informationen, oder sie geben dem Lernenden die Möglichkeit, Antworten zu produzieren.“[7] Das ist in der Tat eine sehr allgemeine, zu globale Aufgabenbeschreibung. Döring unterscheidet zwischen übergreifenden und spezifischen lernrelevanten Funktionen von Lehr- und Lernmitteln.[8]

Zu den übergreifenden Funktionen zählt er: mit materialen Hilfsmitteln sei eine Vorausplanung von Unterricht möglich, bei einer Validierung der Hilfsmittel eine Objektivierung und Effektuierung des Unterrichts. Mit Hilfe von Lehr- und Lernmitteln könne Unterricht unendlich in nahezu identischer Weise reproduziert werden. Der Einsatz eines breiten Spektrums an Lehr- und Lernmitteln mache Unterricht lernintensiver, erlaube eine befriedigende sozialpsychologische wie lernpsychologische Fundierung. Die Schaffung günstiger Lernverhältnisse mit Hilfe von Unterrichtsmitteln könne ganz allgemein einen Beitrag für eine angemessene Realitätsbewältigung durch den Heranwachsenden leisten!

Präzisere Aussagen kann man vielleicht bei der Beantwortung der Frage nach spezifischen lernrelevanten Funktionen von Lernmaterialien erwarten. Stellen wir die Ausführungen Dörings und Gagnés nebeneinander.[9]

Döring

- Steuerung kognitiver Lernleistungen
- Motivation des Schülers für sinnvolles Lernen
- Hilfen beim Üben und Wiederholen
- Förderung der Transfer-(Mitübungs-)leistungen der Lernenden
- Förderung der Eigenaktivität und des produktiven Denkens

Gagnè

- Reiz-Darbietung (Information)
- Lenkung der Aufmerksamkeit und anderer Tätigkeiten
- Modell der erwarteten Leistung bereitstellen
- Äußere Hilfen geben (Arbeitsanweisungen, Arbeitshilfen)
- Denken steuern
- Transfer veranlassen
- Ergebnisse prüfen
- Rückmeldung vermitteln

Die aufgeführten Funktionen decken fast den gesamten Bereich unterrichtlicher Aufgaben, die ein Lehrer hat, ab. D.h. zunächst einmal, daß der „Aktionsradius“ von Lernmaterialien sehr weit gesteckt sein kann, läßt auf der anderen Stelle noch offen, welcher Art Lernmaterialien konkret sein müßten, um die eine oder andere Funktion wahrnehmen zu können. Sucht man nach Beispielen, kann man in einem ersten Überblick sagen: wenn unter Steuerung kognitiver Lernleistungen z.B. die Aufnahme von Informationen und ihre Speicherung zum Zwecke jederzeitiger Reproduzierbarkeit gemeint ist, könnte ein lineares Lernprogramm die Steuerungsfunktion übernehmen. Reiz-Darbietung wird über optische Darstellungen (Bild, Film) z.B. möglich sein. Sollen Schüler über Lernmaterialien zum Lernen motiviert werden, müssen über Reiz-Darbietungen hinaus Problematisierungen, Fragen, Zweifel, Widersprüchliches, Überraschendes als didaktische Qualitäten das Lernmaterial auszeichnen. Hilfen beim Üben und Wiederholen werden des Elementes von Lernerfolgskontrollen nicht entbehren können. Lernmaterialien, die in bevorzugter Weise Transferleistungen provozieren wollen, werden neben einer Vielzahl von Beispielen eine Stu-

fung unterschiedlich komplexer Beispiele präsentieren müssen, wenn z.B. Begriffe und Prinzipien identifiziert und angewendet werden sollen. Die Gestaltung von Lernmaterialien für die Förderung selbständiger Aktivitäten (Suchen, Forschen, Experimentieren) müssen im Gegensatz etwa zu Programmen in einer differenzierten Weise Anregungen, Aspekte, Perspektiven, Materialien anbieten, um selbständige Studien, Erkundungen, Forschungen initiieren zu können.
Wenn man unter den leitenden Gesichtspunkten der Einheit und Vielfalt ein differenziertes Lernsystem aufbaut, kann es zu folgenden auf den ersten Blick recht interessanten Aufstellungen kommen.[10]

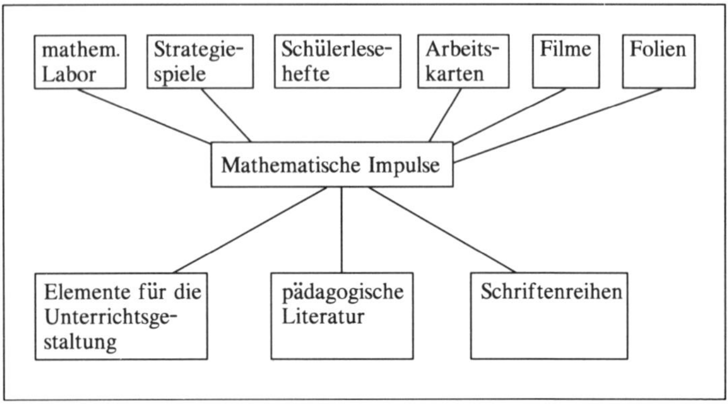

Eine ganze Reihe von Lernmaterialien soll hier zum Einsatz kommen. Offen bleibt zunächst, welche spezifischen Funktionen sie wann übernehmen können. Da das Unterrichtswerk „Mathematische Impulse“ auch noch einmal unterteilt ist in

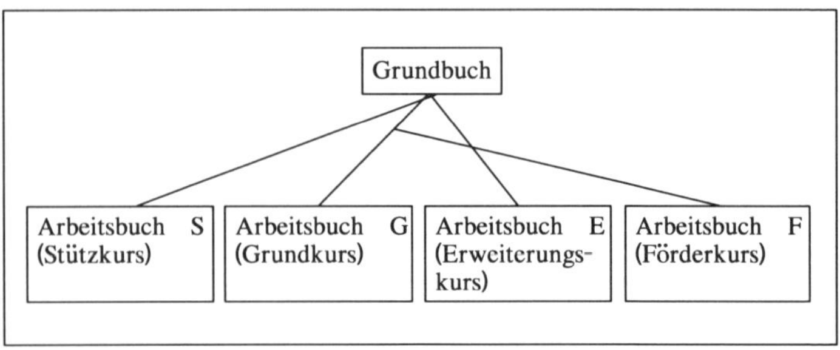

und der Unterschied von Grundbuch und Arbeitsbüchern so beschrieben wird, daß das Grundbuch die notwendigen Einsichten und Begriffe durch eine Reihe entwickelnder Aufgaben in gestraffter Form vermittelt und die Arbeitsbücher mit unterschiedlichem Schwierigkeitsgrad und wiederholenden, klärenden und vertiefenden Lernschritten die Lernziele erreichen helfen, differenziert sich das Lernsystem weiter aus. Dies wird den gewünschten Erfolg bei den Schülern nur haben, wenn in sehr gezielter und flexibel steuerbarer Weise Lernmaterialien dann zum Einsatz kommen, wenn sie motivieren, methodisch variieren, Verstehens-, Merkhilfen geben, Lernerfolg kontrollieren und Lernschwierigkeiten diagnostizieren können.

4.5.2.2 Spezielle Funktionen

Will man zu befriedigender Beschreibung des funktionalen Einsatzes von Lernmaterialien kommen, muß man den Beschreibungsrahmen weiter einengen. Im folgenden werden mit Hilfe sachstruktureller Überlegungen, lernpsychologisch bestimmter Medienstrukturen und der Skizzierung unterschiedlich angelegter Unterrichtsstrukturen solche Beschreibungsrahmen verwendet.

Sachstrukturelle Überlegungen für die Konstruktion von Lernmaterialien

In Unterrichtsfächern, die durch einen systematischen Aufbau ihrer Inhalte gekennzeichnet sind, werden unter sachstrukturellen Gesichtspunkten Lehrgänge aufgebaut werden. Nehmen wir noch einmal das Beispiel der „Mathematischen Impulse".
Für das 5. Schuljahr ist folgender Aufbau angegeben:

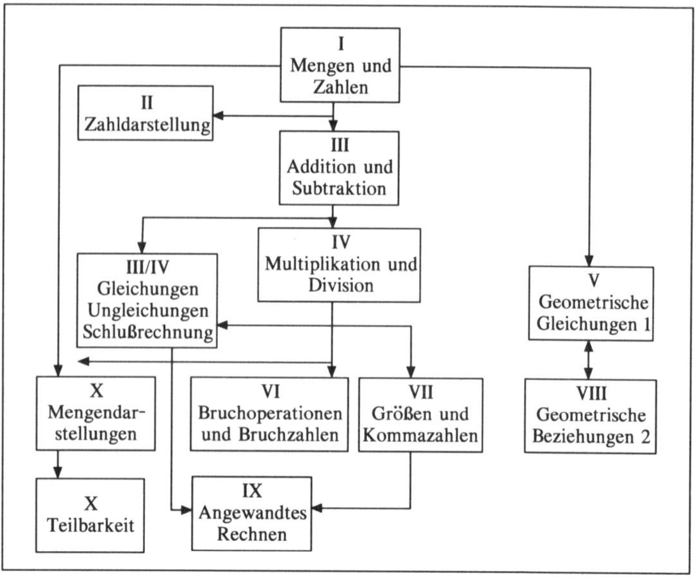

Das Feld der Unterrichtsthemen wird mit Hilfe eines durchgehenden Hauptastes (I, III, IV, VI, IX) und beiderseitigen Verzweigungen strukturiert. Seitliche Ergänzungen, Variabilität in der Verfolgung des Hauptastes, Verknüpfungen an bestimmten Stellen sind angezeigt. Je nach den Entscheidungen über die didaktischen Intentionen wird es nach solchen sachstrukturellen Überlegungen möglich, Schüler an der Planung der Lernwege zu beteiligen.
Für die einzelnen Themenbereiche müssen dann aber eben Lernmaterialien zur Verfügung stehen, die die Eignungsvoraussetzungen für eine sinnvolle Arbeit mit ihnen angeben und dann Lernanweisungen, Aufgaben, Erklärungen geben, damit Lernen möglich wird. Oder die didaktischen Entscheidungen deklarieren den Überblick als Stoffplan für den Lehrer, der auf Lernmaterialien nur gelegentlich zurückgreift.

Lernpsychologisch bestimmte Medienstrukturen

Programmierter Unterricht auf der Basis von verhaltenspsychologischen Grundaussagen kann als Prototyp für lernpsychologisch bestimmte Medienstrukturen angesehen werden. Programmierter Unterricht wird der Unterricht genannt, in dem Lernprogramme zu dem Zwecke der Initiierung, Steuerung und Kontrolle von Lernprozessen eingesetzt werden. Lernprogramme sind Lernmaterialien, die den Lernstoff in kleine Einheiten (frames) aufgliedern, die in dem Viererschritt „Information – Frage – Antwort – Kontrolle der Antwort" aufgebaut sind. Dies geschieht aufgrund folgender Thesen:

- Ein Individuum lernt oder ändert sein Verhalten durch Konsequenzen, die sein Verhalten hervorruft.
- Folgen, die die Wiederholung eines Verhaltens wahrscheinlich machen, werden als Verstärkung bezeichnet (Lob, Bestätigung der richtigen Antwort).
- Je rascher die Verstärkung erfolgt, desto wahrscheinlicher wird es, daß der Lernende das Verhalten wiederholt.
- Verstärkung macht nicht nur die Wiederholung einer Handlung wahrscheinlich, sondern sie erhöht auch die Aktivität, vergrößert das Lerntempo und verstärkt das Lerninteresse.[11]

Demzufolge bestehen die Lernschritte immer aus den obengenannten vier Bauelementen. Die Programmierungstechnik ist im Laufe der Zeit weiterentwickelt worden. So gibt es heute unterschiedliche Programmtypen (verzweigte Programme mit Varianten wie z.B. das Rückführungsprogramm, das weiterführende Programm, das komplexe Rückführungsprogramm), die in differenzierter Weise Fehler gewichten und entsprechende Hilfen (Rückführungen, vereinfachte Beispiele, auf die Ausmerzung bestimmter Fehler speziell gerichtete Lernwege u.a.m.) geben. Man kann in verzweigten Programmen also sehr feine diagnostische und helfende Lernsteuerungen finden, so daß das Lernmaterial „Programm" ähnlich den Filmen, die als „Selbstläufer" bezeichnet werden, selbständig und lehrerunabhängig Lernprozesse steuern kann.[12]

Unterrichtsstruktur „Zielerreichendes Lernen"

Mit der Erörterung von Programmen sind wir bei einer Unterrichtsstruktur, die zielerreichendes Lernen für alle erreichen möchte. Es gilt im folgenden, diese etwas allgemeiner zu zeichnen. Die psychologische oder allgemeine anthropologische Grundannahme ist, daß etwa 90% aller Schüler die gesteckten Lernziele erreichen würden, wenn Unterricht nur entsprechend anregend, variabel und einfallsreich gestaltet sein würde.[13]

Wenn daraus Konsequenzen für eine entsprechende Unterrichtsgestaltung gezogen werden, kann man für die Pflichtbereiche, die von allen Schülern „durchlaufen" werden müssen, folgende Übersicht skizzieren:

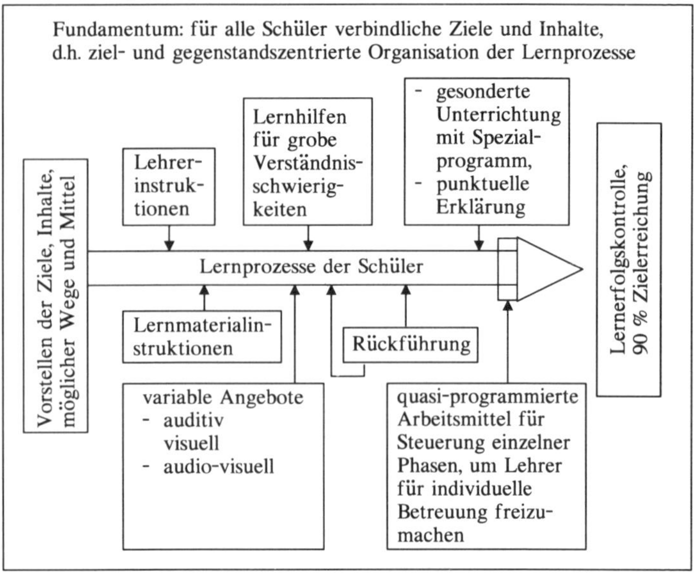

Es ist zu erkennen, wie in einem Kontext, fixiert als von allen erfolgreich zu erlernendem Fundamentum neben den Lehreraktivitäten instruierender und helfender Art Lernmaterialien unterschiedliche Funktionen wahrnehmen: sie instruieren ebenfalls, und zwar auf vom Lehrer abweichende Art (ungeachtet dessen kann der Lehrer für seine Instruktion natürlich ebenfalls noch Demonstrationsmittel benutzen), sie geben Lernhilfen im Sinne der Erklärung, vereinfachenden Erläuterung, sie führen zu einer früheren Lernphase zurück, um Verständnisschwierigkeiten durch Wiederholung zu beseitigen, sie übernehmen die Unterrichtung für spezielle Fälle ganz, sie übernehmen die Steuerung des Unterrichts, um den Lehrer für individuelle Beratung freizumachen, sie übernehmen die Lernerfolgskontrolle.
Preibusch hat beispielhaft entwickelt, wie bei solch einer Unterrichtsstruktur auch auf Schüler reagiert werden könnte, die an einer speziellen Leistungsinsuffizienz leiden:[14] wenn sich bei der Durcharbeitung einer Unterrichtseinheit zeigt, daß eine Gruppe von Schülern an einem Punkt nicht weiterkommt, die Schwierigkeit aber überwinden müßte, soll sie nicht zu einer Quelle sich kumulierender Mißerfolge werden,

müßte der Lehrer auf ein standardisiertes Verfahren zurückgreifen können, um dieser Schülergruppe die Überwindung der Problemstelle möglich zu machen.
Preibuschs Beispiel: innerhalb einer Unterrichtseinheit, innerhalb der die aktive Verwendung von „to get“ und „to become“ gelernt werden soll, haben Schüler Schwierigkeiten, da bei ihnen eine große Affinität von „to become“ zu dem deutschen Wort „bekommen“ zutage tritt.
Mit einem Sondierungstest, der diese Schüler auffindig macht und einem materialisierten Lehrgang, der eine mehrdimensionale Anpassung an Lernbedingungen und -möglichkeiten der Schüler erlaubt, wird die Lernschwierigkeit auszuräumen versucht.

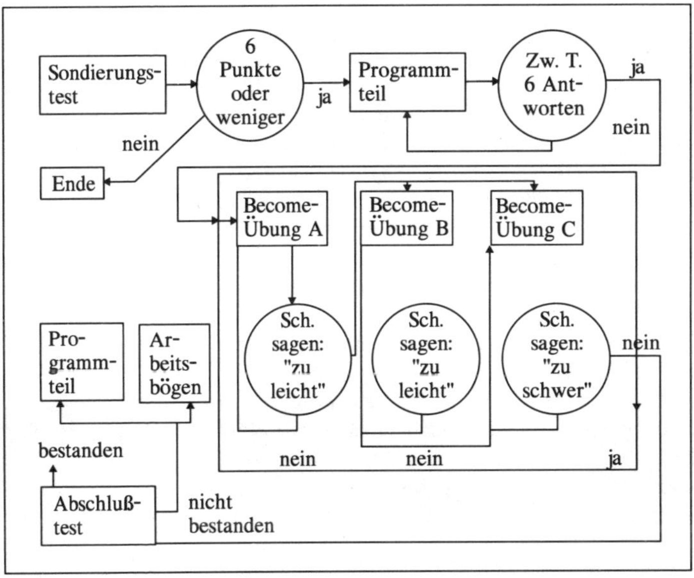

Die Übersicht, nach dem Entwurf von Preibusch erstellt[15], aber doch leicht verändert, soll zeigen, in welcher Weise Lernmaterialien konstruiert sein können, um spezifische Schwierigkeiten beheben zu helfen: der Sondierungstest hilft, den Kreis von Schülern genauer zu bestimmen, den der Lehrer hinsichtlich eines Lernprogramms aufgrund von Vermutungen und Beobachtungen ungefähr im Blick hat. Ein Programmteil erlaubt die erneute Instruktion über den Sachverhalt bei

gleichzeitiger Abkopplung der Gruppe vom Unterricht der Groß- und Mittelgruppe. Eine Lernerfolgskontrolle wird zeigen, ob man weitergehen kann oder nochmals wiederholen muß. „Become"-Übungen unterschiedlicher Schwierigkeit werden dann angeboten. Übung A machen alle, dann wird man sehen, ob man sie wiederholt, zu B übergeht oder gleich C versucht. Hat man sich verschätzt, korrigiert man die Wahl des Übungsangebotes.
Der Abschlußtest soll die Behebung der Leistungsinsuffizienz nachweisen. Tut er es noch nicht, lassen sich abermals Programmteile, Arbeitsbögen einsetzen, die methodisch variiert bzw. elementarisch im Vergleich zu den vorausgegangenen Übungen, auf eine andere Weise das Lernziel ansteuern helfen.

Unterrichtsstruktur „Selbstorganisation des Lernens mit Hilfe eines Medienverbundes"

Die Bereitstellung von Lernmaterialien zur Organisation längerfristiger und problemorientierter Lernprozesse im vorgegebenen inhaltlichen Rahmen durch Schüler hat in Deutschland noch keine lange Tradition. Das Funkkolleg Erziehungswissenschaft kann als Beispiel solch einer Unterrichtsstruktur genommen werden.[16] Folgende Phasen und Lernmaterialien stellen die Konstruktionselemente dar:
1. Phase: Vor-orientierende Arbeit mit Hilfe eines *Studienbegleitbriefes:* Vorbereitung auf das Abhören der Hörfunksendung: Überblick über Ziele und Inhalte, Einlesen in zu erwartende Probleme und Fachausdrücke. Individuelles Lernen.
2. Phase: Abhören der *Hörfunksendung:* Vermittlung grundlegender Informationen, deren Gedankengang mit Hilfe der Gliederung der Sendung, die im Studien-Begleitbrief abgedruckt ist, überschaut werden kann. Individuelles Lernen.
3. Phase: Arbeit mit dem *Studien-Begleitbrief.* Die im Studien-Begleitbrief gegebenen Informationen werden zusammen mit den Informationen der Hörfunksendung gründlich verarbeitet. Individuelles Lernen.
4. Phase: Arbeit im *Studien-Begleitzirkel.* In regional zusammengestellten Kleingruppen werden die erarbeiteten Informationen diskutiert, kritisch besprochen. Rückfragen, Klärungen, Stellungnahmen sind im Kontakt mit anderen Lernern und einem Leiter unmittelbar vorzunehmen. Das Kommunikations- und Kontaktbedürfnis der Lernenden kann befriedigt werden. Sozialphase des Lernens.
5. und 6. Phase: Hausarbeiten und *Zertifikatsprüfungen.* Hinweise für das Lesen bestimmter Bücher, weiterführende Texte wie Aufgaben

zum Selbsttesten in den *Studien-Begleitbriefen* ermöglichen Hausarbeiten. Individuelles Lernen. Objektivierte schriftliche Massenprüfungen (Klausuren) bilden den letzten Schritt zur Erlangung der die erfolgreiche Teilnahme bescheinigenden Zertifikate. Das Lernmaterial „Studien-Begleitbrief" nimmt eine zentrale Stellung ein. Es ist daher interessant, nach seinen Konstruktionsmerkmalen zu fragen:

- Gliederung der Hörfunksendung
- Information, dargestellt in übersichtlich angeordneten Texten, Bildern und Grafiken
- Hilfen zum Selbststudium durch Lösungshinweise für Aufgaben, Erläuterungen zum Verständnis der Tabellen
- Marginalien an dem besonders breiten Rand, die dem Leser den Stellenwert einer Textstelle innerhalb des Gesamtzusammenhanges deutlich machen, zum Beispiel „Ausgangslage", „Zusammenfassung"
- Aufgaben zur Selbstkontrolle mit kommentierten Lösungen im Anhang
- ein Glossar im Anhang zum Nachschlagen wichtiger Begriffe
- bibliographische Hinweise über grundlegende und weiterführende Literatur
- Anregungen für die Arbeit in den Studien-Begleitzirkeln.

Diese Konstruktionselemente sollen in dem Studien-Begleitbrief folgende Funktionen möglich machen:
als gedrucktes Massenmedium mit Texten und Bildern bietet er visuell ein inhaltlich und typografisch hochorganisiertes Lehrmaterial mit Hilfen und Kontrollen zum Selbststudium dar; er ist Hauptträger des individuellen Lernens; er soll auf ein besseres Verstehen der Hörfunksendungen vorbereiten, die Nacharbeit erleichtern, Wiederholungsmöglichkeiten schaffen; eine Studienmöglichkeit in beliebiger zeitlicher Verfügbarkeit bieten; vom Mitschreiben während der Hörfunksendung entlasten; zur Diskussion in den Studien-Begleitzirkeln anregen und zum selbständigen Weiterstudium verhelfen.[17]
Was das Lernmaterial „Studien-Begleitbrief" anbelangt, so stellt es sich als ein Beispiel für multifunktionale Lernmaterialien dar. Die Funktionshäufung kann die Verwendung durch das lernende Individuum erschweren, wenn nicht eine klar durchschaubare didaktische Struktur und typografisch einfallsreiche Gestaltung den Einsatz für bestimmte Lernzwecke erleichtern. Was den Medienverbund als Angebot für selbstorganisiertes Lernen anbetrifft, so kann man folgendes sagen:

- Die Voraussetzungen für einen erfolgreichen Umgang mit ihm sind

erheblich: Motivation, Ausdauer und Techniken für individuelles Lernen müssen gegeben sein, wenn nicht schnelle Resignation auftreten soll.
- Phasen des sozialen Lernens, der Kommunikation und Kooperation mit anderen also, sind selten, was die Voraussetzungen noch dringlicher macht,
- auf der anderen Seite ist trotz eines vorgegebenen und vom Lernenden nicht veränderbaren Programms der Spielraum für den einzelnen für Schwerpunktsetzungen, weiterführende Lektüre, Umgang mit den Kontrollmöglichkeiten, Arbeit mit der Hörfunksendung, wenn sie auf Tonband übernommen wird, erheblich. Er ermöglicht eine individuelle Gestaltung des Lernens hinsichtlich des Lerntempos, der Materialienverwendung und der endgültigen Zielsetzung. Bei verstärktem Einbau von Kleingruppenarbeit ließe sich der *kritische* Umgang mit den Lernmaterialien sicher forcieren.

Unterrichtsstruktur „Autonomisierung des Lernens"

Unter Autonomisierung des Lernens wird eine Strategie verstanden, die planmäßig, stetig und über verschiedene Stufen hin – die Planung, Durchführung und Überprüfung von Lernprozessen in die Kompetenz der Lernenden selbst gibt[18] (mit der Beantwortung aller damit verbundenen Fragen wie Zielerörterung, -auswahl und -entscheidung, Prozeßplanung, Medienverwendung usw.). Ohne näher auf die Begründung solch einer Autonomisierung des Lernens hier einzugehen, sei die Unterrichtsstruktur entwickelt, die sich ergibt, um anschließend die Funktionen von Lernmaterialien aufzuzeigen.[19] Folgt man den Rauschenbergerschen Ausführungen, käme es in einer ersten sog. *diagnostischen Phase* auf die Bereitstellung von Motivansätzen und Entwicklung heuristischer Lernmotive an. Schüler müssen verschiedene Themen (innerhalb eines abgesteckten Rahmens) und Lernmaterialien vorgestellt bekommen. Das „Aggregat von Lernanregungen" wird wesentlich aus Lernmaterialien bestehen, die u.a. folgende Bedingungen erfüllen sollen:
- sie sollen zu Lern- und Spielaktivitäten anregen (Weckung von „Lernneugier"),
- Themen und Bearbeitungsmethoden sollen breit gestreut sein,
- Aufgabenstellung und Handhabung sollen klar und unmißverständlich sein
- Schülerblätter, Informationsmaterial wie Bücher, Lexika, Arbeitshefte, Arbeitsmaterial wie Schreibmaschine, Vervielfältigungsap-

parat, Kassettenrecorder, u.U. Experimentiergeräte sollten zu den Lernmaterialien gehören.

Aus dem informierenden oder experimentierenden Umgang mit den Materialien sollen heuristische Lernmotive entstehen; sie sind sozusagen Lernmotive auf Probe.[20]

In kleineren Gruppen müßten für die folgende *Phase autonomen Lernens* die Schüler dann in der Lage sein, sich für bestimmte Arbeitsprojekte zu entscheiden. Lernmaterialien müssen dafür dreierlei bereitstellen:

- eine erste Gruppe von Lernmaterialien (Texte auf Blättern oder in Arbeitsheften, besser fiktive Gespräche, auf Band gesprochen) muß die Gruppe in Überlegungen hineinziehen, die das zu bearbeitende Problem präzisieren, es analysieren, zur Hypothesenbildung verhelfen und das Vorgehen abklären (Methoden):
- eine zweite Gruppe von Lernmaterialien muß dann Informationen bereitstellen (Texte, Übersichten, Quellen, Mediendarstellungen usw.). Wenn in Schulen erst Mediotheken mit einem katalogisierten Angebot vielfältiger Informationsquellen vorhanden sind, wird die Suche und Bereitstellung von Material zu forschendem Lernen wie selbstverständlich dazugehören können. Vorläufig aber wird es gut sein, für in Betracht kommende Arbeitsprojekte die Informationsmaterialien bereitzustellen. Diese brauchen nicht immer besonders konstruiert zu sein, man kann auf das Angebot von Verlagen zurückgreifen.
- eine dritte Gruppe von Arbeitshilfen ist mit dem Begriff „Lerngeräte" zu klassifizieren (Papier, Schreibmaschine, Zeichengerät, Vervielfältigungsapparat (Fotokopierapparat und/oder Abziehgerät) Kassettenrecorder, Fotoapparat, Videorecorder usw.).

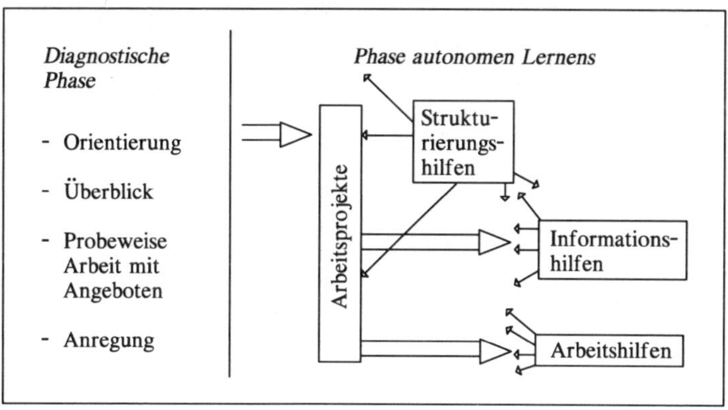

4.5.3 Zusammenfassende Bemerkungen

Rückblickend wird deutlich geworden sein, daß es hier nicht um Lehrhilfen im althergebrachten Sinn ging: Mittel, die Vermitteltes illustrieren, die Lehrtätigkeit des Lehrers unterstützen, Schülern Aufgaben stellen. Die Perspektive war von vornherein, Materialien in Form und Funktion darzustellen, die Lernen initiieren, steuern und kontrollieren helfen können (instrumentelle Funktion), die bei entsprechender Konstruktion Hilfe bei kritischem, schülergesteuertem Lernen sein können (kommunikative Funktion). Entwicklungsarbeit muß für beide Aufgabenbereiche noch viel leisten.[21]

5. Das Rollenspiel – Spiel oder Lernmethode?

Annäherungen

Das Spiel, das kindliche Spiel, in seiner ursprünglichen Art hat keinen Zweck außer sich selbst, sein Sinn (Zweck) ist ihm immanent, es ist „sich selbst genug". Neben der Arbeit, dem Schaffen, auch dem Lernen ist das Spiel immer wieder als eine der Grundformen menschlicher Existenz bezeichnet worden. Der Mensch beginnt zu spielen, sobald er vom Druck der Existenzerhaltung und der Problembewältigung befreit ist, nur das tun kann, was ihm Spaß macht, spontan und ohne Plan, sich im Spiel verlierend, die Zeit vergessend, dann aber ebenso plötzlich aufhörend.[1]

Allerdings ist die Verwendung des Begriffs *Spiel* so vieldeutig und so weitreichend, daß Unterscheidungen bzw. Eingrenzungen sinnvoll erscheinen. Die englische Sprache unterscheidet zwischen „play", der spontanen und vielfältigen Spieltätigkeit, insbesondere der kleinen Kinder und der Tiere, und formalen, durch Regeln bestimmten „games", denen dann auch die Glücks- und Planungsspiele zugerechnet werden.[2]

Mit dem Hinweis auf die Formalisierung von Spielen durch Regeln ist ein intentionales Moment des Spiels gewonnen worden. Mit dem Hinweis auf die Ergebnisse vergleichender kulturanthropologischer Forschungen, daß nämlich die Spiele eines Kulturkreises von regionalen Traditionen, Gewohnheiten und Lebensbedingungen, Rechtsbräuchen und Überlieferungen, von den darin enthaltenden Auffassungen über Rolle, Glück, Zufall, Wettbewerb und Leistung abhängen, ist ein zweites einengendes Moment gewonnen.[3]

Die Tatsache, daß Spielen ein weithin soziales Phänomen ist, läßt ein drittes gewinnen. Die *spontane Spieltätigkeit* (play) wird von einem bestimmten Alter an als Sozialereignis veranstaltet, noch mehr sind die *ausgeformten Spiele* (games), die eine bestimmte Regel oder einen festgelegten Verlauf haben, zum größten Teil auf den Spielpartner angewiesen. Spielen wird zum größten Teil als soziales Ereignis gewünscht und durchgeführt.[4]. „Mensch-ärgere-dich-nicht" spiele ich, weil ich mit anderen etwas zusammen tun möchte oder andere mit

mir spielen möchten. Eine Ambivalenz zeigt sich darin, daß die durch Freude bestimmte Intention umschlagen kann in Ärger und Spannung, wenn sich freudvolle Einstellungen durch den Spielverlauf nicht allen Beteiligten erhalten lassen und einzelne die Rolle des Verlierers und auch des angenehmen Gewinners nicht besonders gut spielen können.
Wir können bis hierher festhalten: Spontaneität, Freude, soziale Orientierung in mehrfacher Hinsicht kennzeichnen das Phänomen „Spiel" in ganz allgemeiner Weise.

Das Rollenspiel

Das Rollenspiel kann als spezifische Ausprägung des Spiels verstanden werden. Es ist ein Sozialspiel von vornherein, d.h. Kinder oder Erwachsene übernehmen im Zusammenspiel bestimmte Rollen. Sie „sind" oder spielen andere Personen und benutzen dabei die Kenntnisse, die sie von deren Handlungs- und Sprechweise haben. Das Rollenspiel ist auf eigentümliche Weise gemischt einerseits aus Kenntnis und Imitation der Wirklichkeit: das imitierend-realistische Moment zeigt sich darin, daß so genau wie möglich nachzuahmende Personen in Handlung und Sprache „gespielt" werden; phantasievolle Umgestaltungen, Ergänzungen werden andererseits aber auch das Rollenspiel bestimmen: ein Tisch wird zum Ladentisch; Steine zu Spielgeld, auch Handlungsvoraussetzungen werden fiktiv in der Übereinkunft mit den anderen Spielern gesetzt, um spielen zu können.[5]
Im Rollenspiel werden also soziale Situationen „gespielt" (z.B. ein Lehrer bestraft eine Klasse, weil sie zu laut war; man spielt, wie der Vater sich verhält am Abend, wenn man als Kind mit ihm etwas machen möchte), es werden Rollen dargestellt (die Rollen der Mutter, des Verkäufers, des Polizisten). Realität wird wiedergegeben, simuliert. Der Sinn mag zunächst nur darin liegen, daß man in der handlungsorientierten Darstellung ein Verhalten besser wiedergeben kann als in der verbalen Beschreibung. Er mag auch schon darin liegen, daß man im Spiel Verhalten zeigen darf, das man für falsch hält, Schüler-Verhalten bei einer Aufgabenstellung, die Schüler-Schüler-Interaktion bei einem Streit, die Vorgesetzten-Untergebenen-Situation bei der Arbeitsverteilung, -erledigung und -bewältigung.[7]
Der sozialwissenschaftliche Hintergrund ist von der Rollentheorie her erklärbar. Man hat für die Art und Weise, wie sich das Leben des Menschen in verschiedenen sozialen Bereichen (also Familie, Beruf, Urlaub u.a.m.) abspielt, die Metapher der „Rolle" gebraucht und den

Menschen im Gefüge der verschiedenen Sozialsysteme, in denen er zu „agieren" hat, als einen Rollenspieler oder Rollenträger bezeichnet. Diese Vorstellung setzt voraus, daß es hinter diesen Rollen einen eigentlichen Menschen gibt, der das Spiel beenden und als er selber wieder zum Vorschein kommen kann, wobei die große Frage ist, ob dies zutrifft oder ob der Mensch nichts anderes als die Summe seiner sozialen Funktionen und damit nur Rollenträger sein kann.[8]

Unter didaktischen Gesichtspunkten ist sofort hinzuzufügen, daß das Rollenspiel zum tatsächlichen Rollenverhalten wohl in einem bestimmten Verhältnis stehen muß. Geht es um die Darstellung und/oder Bewältigung von Realität, so ist die Frage nach der Art der Realität entscheidend: Die Realität der Herrschenden ist eine andere als die der Beherrschten, die der Erwachsenen eine andere als die der Kinder. Soll das Rollenspiel Hilfe bei der Anpassung an vorgegebene Verhaltensmuster einer vorwegdefinierten Realität sein (Anpassungsfunktion)[9] oder besteht die Chance zu einer abweichenden Einschätzung der Realität und damit auch zu einer karikierenden, übertreibenden, über die Realität verfügenden Darstellung von Rollen? Das Rollenspiel könnte also die Intention verfolgen wollen, starres und konventionelles Rollenverhalten aufzubrechen, soziale Realität zu verändern (Emanzipationsfunktion)[10]. Dann ginge es darum, bekannte Realität verändert und verbessert darzustellen.

Wir haben festzuhalten, daß das Rollenspiel zwei Realitätsebenen hat: die Ebene der Realität, die im Spiel simuliert werden soll, und die Ebene des Rollenspiels, die entweder Projektion der zuerst genannten oder Korrektur dieser Realität anstrebt.

In diesem Fall ist das Rollenspiel als Lernspiel angelegt auf Spielerfahrungen als Darstellung und/oder Bewältigung von Realitätssituationen. Spielhandeln ist als Probehandeln zu verstehen, das die Belehrung ersetzen bzw. ergänzen soll, aber auch die unter Umständen schmerzlichen Folgen, die wirkliche Lebenserfahrungen haben können, ausschaltet.[11] Die Hilfen der Vorbereitung, der gesprächsweisen Aufarbeitung, des korrigierten Zweitspiels ermöglichen die wiederholte, übende, verbesserte Bewältigung sozialer Realität und stellen damit wesentliche Lernelemente dar.

Wir können hier auch schon einmal bestimmte *methodische Elemente* festhalten. Unabhängig von den gleich noch genauer zu bestimmenden Spielsituationen wird es immer darum gehen müssen, in der Motivations- und Planungsphase

- Ausgangssituationen, Anlässe zu problematisierenden Verhaltensweisen oder einfach Kommunikationsaufgaben zu beschreiben,
- die Gruppe für das geplante Rollenspiel zu erwärmen (warming up) durch eine Besprechung des möglichen Handlungsverlaufs und möglicher Verhaltensalternativen,
- die Teilnehmer am Spiel auszusuchen, die Rollen zu verteilen,
- einen evtl. sinnvollen Szenenaufbau zu planen und zu realisieren,
- die Zuschauer auf ihre Rolle als teilnehmende Beobachter einzustellen;

in der Aktionsphase

- das Rollenspiel durchzuführen;

in der Reflexionsphase

- die Durchführung des Spiels zu diskutieren, zu bewerten,
- evtl. weitere Spielversuche unter bestimmten Auflagen durchzuführen (revidierte Rollen, Ausspielen vorgeschlagener weiterer Schritte, Explorieren neuer Alternativen),
- erneut über die Spieldurchführung zu diskutieren, Bewertungen vorzunehmen.

Das Rollenspiel als Lernspiel

Es erscheint mir zweckmäßig, eine weitere Eingrenzung vorzunehmen. Im weiteren wird das Rollenspiel als Lernspiel verstanden, nicht als (spontanes) Kinderspiel und als Laienspiel (Laien stellen etwas dar, sie übernehmen die Rolle des Schauspielers).[6] Für das Rollenspiel als Lernspiel, als didaktisch-methodische Veranstaltung, ist zu fragen:

1. Welches sind die charakteristischen Merkmale des Rollenspiels als Lernspiel, als pädagogische Methode?
2. Welchen Zielen kann es dienen?
3. Welche Bedingungen und Voraussetzungen muß man beim Einsatz der Rollenspiel-Methode beachten?
4. In welcher Weise setzt sich das Rollenspiel von anderen Spielmethoden und lernaktiven Methoden ab?

In der Beantwortung der Fragen kann das gestellte Thema seine weitere Behandlung erfahren.

– Charakteristische Merkmale des Rollenspiels als Lernspiel

Unter fiktiven Umständen (Spielsituation, Sprechhandlung) wird im Rollenspiel Realität simuliert, genauer soziale Realität. Es geht nicht um die Produktion von Waren, um das Erlernen von Faktenwissen, um die Erforschung neuen Wissens über Planetensysteme, es geht um die Darstellung sozialen Verhaltens, um die Projektion subjektiver Befindlichkeiten in sozialen Situationen, um die verbesserte Bewältigung sozialer Situationen. Spielinhalt wird immer ein Realitätsausschnitt sein: eine bestimmte Interaktion zwischen Rolleninhabern wie Mutter-Kind-Verhalten bei der Hausaufgabenerledigung, das Lehrerverhalten bei einem Konflikt.[12]

– Welchen Zielen kann das Rollenspiel dienen?

Das bloße Imitationsspiel (Nachmachen) wird im folgenden ausgeklammert. Eine erste sinnvolle Zielsetzung ergibt sich in der szenischen oder jedenfalls versprachlichten Darstellung von Rollenhandeln und dessen Normen- bzw. Sanktionsrahmen für praktizierte Kommunikation. Gelingt das Rollenspiel, verbindet sich mit ihm die Hoffnung, daß besser als in der verbalen Beschreibung in der Rollendarstellung Art und Weise der Kommunikation (symmetrische oder komplementäre, verbale oder averbale), die Rollenausübung als Meister und als Lehrling z.B., die dahinterstehenden Rollerwartungen (der Meister darf sich mehr erlauben als der Lehrling, für den Widerspruch und Schimpfen so gut wie ausgeschlossen sind) und die bei Abweichungen auftretenden Sanktionen (man spricht nicht mehr mit dem Lehrling, er wird geschnitten u.a.m.) verdeutlicht werden können. Die Darstellung als Objektivierungsprozeß (es wird etwas dargestellt, hingestellt) verfolgt einmal die Teilintention, Realität bewußtzumachen und über ihre Darstellung einen Prozeß des Infragestellens einzuleiten (ist das gezeigte Verhalten eigentlich so selbstverständlich und richtig?), sie verfolgt zum anderen die Teilintention, durch den Spielraum, den jeder Rollenspieler in der Darstellung seiner Rolle hat, persönliche Rolleninterpretationen zu provozieren, die unreflektiert als Projektion eigener Wünsche und Bedürfnisse (jetzt darf ich mal den Meister spielen), auch als Verarbeitung eigener Ängste, Spannungen, Aggressionen auftreten könnten, die reflektiert als karikierende Kritik und/oder sogar als Veränderung zugelassener Rollenausübung praktiziert werden könnten. Rollenerwartungen werden bewußt gemacht. Rollenstereotype werden aufgebrochen.[13] In jedem Fall gehört zu dieser Variante des Rollenspiels (Rollenspiel als Darstellung von Rollen und Kommunikationsmodi mit Projektions-, Hinterfragungs- und Veränderungstendenzen) die anschließende gesprächsweise Aufarbeitung des Spiels selbst.

Eine zweite zentrale Zielsetzung für die Durchführung von Rollenspielen liegt in der Erziehung zu einem aufgeklärten Rollenverhalten und zu demokratischen Kommunikations-, Kooperations- und Konfliktlösungspraktiken (Rollenspiel als Verhaltenstraining). Dafür ist eine

kurze Skizzierung der Prämissen notwendig. Wer funktionible, anpassungsfähige, wenig Reibungen verursachende Mitarbeiter braucht, wird Verhaltensweisen einüben, für deren Erreichung das Rollenspiel als Anpassungsinstrument verwendet wird. Gelegentlich hat man den Verdacht, daß in der Wirtschaft und ihren Ausbildungsinstitutionen die Prämissen so beschrieben werden können. Wer mehr von gesellschaftskritischen Positionen her denkt und überlegt, welche Qualifikationen ein Individuum in einer demokratischen, offenen, auf Selbst- und Mitbestimmung in allen relevanten Bereichen angelegten Gesellschaft benötigt, wird folgende Intentionen favorisieren:
Soziale Interaktion wird nicht dadurch gesichert, daß Individuen als Rollenträger vorgegebene Rollen erlernen, es geht vielmehr darum, Kompetenzen zu erwerben,[14] die Unklarheit und Widersprüchlichkeit vieler Rollen in unserer Gesellschaft aufzugreifen und diese zusammen mit den jeweiligen Partnern (im Betrieb, im Verein, in der Partei, in der Kirche, in der Familie, in der Schule) im Sinne beiderseits bestehender Intentionen und im Rahmen der je besonderen Gegebenheiten auszufüllen.[15] „Wer dabei seine persönliche Eigenart bewahren kann, ohne sich durch Isolierung aus der Kommunikation und Interaktion mit anderen ausschließen zu lassen, und wer zugleich den sozialen Erwartungen nachkommen kann, ohne seine subjektiven Bedürfnisse zu unterdrücken, besitzt jene Fähigkeit, die mit dem Begriff der Ich-Identität oder Identitäts-Balance bezeichnet wird und die als Grundqualifikation für flexibles Rollenverhalten anzusehen ist.“[16] Von dieser Position aus ergeben sich entsprechende Ziele für ein Verhaltenstraining, das einmal mehr auf individuelle Verhaltensbereitschaften, zum anderen mehr auf Kommunikationstechniken ausgerichtet ist:
Individuelle Verhaltensbereitschaften zeigen sich in

- Rollendistanz als der Fähigkeit, übernommene Rollen in Frage stellen zu können, sie von der veränderten Situation her zu prüfen und evtl. neu zu bestimmen;
- Empathie als der Fähigkeit, sich in den Interaktionspartner zu versetzen, dessen Erwartungen zu erschließen und auf sie einzugehen;
- Ambiguitätstoleranz als der Fähigkeit, mehrdeutige Situationen zu ertragen, d.h. auch dann eine Beziehung zum Partner einzugehen, wenn abzusehen ist, daß sehr verschiedene Interessen und Anschauungen aufeinanderprallen werden und die eigenen Bedürfnisse vielleicht nur in geringem Maße befriedigt werden können.[17]

Kommunikationstechniken sind Konkretionen kommunikativer Kompetenz[18], die ich in folgender Weise ausdifferenzieren möchte[19]:

Kommunikationskompetenz		
Umgangskompetenz	Diskurskompetenz (Diskurs bedeutet die vorübergehende Distanz von Handlungszwängen; herrschaftsfreie Kommunikation)	Handlungskompetenz
– mit anderen sprechen können – Aufgeschlossen für die Auffassungen des anderen sein – die Autonomie des anderen achten – auch bei sehr verschiedenen Denk- und Sprachmustern Umgang pflegen können – gemeinsam etwas unternehmen können – das eigene Verhalten mit dem anderer koordinieren können – miteinander spielen können – miteinander Feste feiern können u.a.m.	– die eigenen Interessen ehrlich offenlegen können – Widersprüche, die man sieht, aussprechen und erläutern können – emotionale Befindlichkeiten verbalisieren können – Rollen und Normen problematisieren können – Probleme, unterschiedliche Auffassungen ausdiskutieren können – Kompromisse finden und formulieren können, Konflikte rational definieren können u.a.m.	– Aktionen verabreden und durchführen können – im Handeln flexibel sein – solidarisch Handeln können – Vereinigungen bilden können – Satzungen und Geschäftsordnungen handhaben können – demonstrieren können – Leitungsfunktionen verteilen bzw. gemeinsam tragen können, – Sanktionen ertragen können – Kompromisse realisieren können u.a.m.

Für die konkrete Planung von Rollenspielen wäre nun jeweils zu entscheiden, um welche Ziele es vorrangig oder ausschließlich gehen soll. Danach lassen sich die notwendigen Bedingungen und Voraussetzungen abschätzen und entsprechende Vorbereitungen treffen.

Welche Bedingungen und Voraussetzungen sind zu beachten?
Aus den gewonnenen Erkenntnissen über das Rollenspiel lassen sich nun für den jeweiligen konkreten Fall die zu bedenkenden Bedingungen

und Voraussetzungen für den Einsatz eines Rollenspiels folgern. Zunächst aber einige allgemeiner gehaltene Hinweise.
Die erste Phase, die Motivationsphase, entscheidet in besonderer Weise über den Spielverlauf. Wie bei jeder Unterrichtsplanung muß man sehr genau überlegen, wie der Adressatenkreis einzuschätzen ist (ist er spielgewohnt, wird er große Darstellungshemmungen haben?), wie umfangreich und aufwendig mit der Spielsituation vertraut gemacht werden muß (einfache Situationsschilderung, warming up als Entwicklung eines Befürfnisses, sich mit der gegebenen Situation auseinandersetzen, besondere Hilfen zur Rollenübernahme), wieviel an methodischen Vorhilfen gegeben werden soll (Kontaktspiele vorweg, dramatisierende Darstellung der Spielsituation, die an einem Punkt abbricht, um ein spontanes Rollenspiel anzuschließen, Verabredungen für ein geschlossenes Rollenspiel, das auf ein vorher festgelegtes Ende hin gespielt wird).
Da das Spiel nicht Selbstzweck ist, sondern Darstellung wie Reflexion bewirken soll, müssen neben den Situationselementen vor allem die allgemeinen Intentionen des Spiels deutlich gemacht werden bzw. verabredet werden und auch das Rollenverhalten bzw. die anzunehmenden interpersonellen Taktiken vorbesprochen werden, muß zur gezielten Beobachtung und zur anschließenden Reflexion gezielt angeleitet werden. Generelle Beobachtungs- und Auswertungskriterien können sein:

- Realitätsbezug der Darstellung
  Könnte sich die Situation so im wirklichen Leben abspielen? Ist die Darstellung der Spieler glaubwürdig? Könnten sich die dargestellten Personen tatsächlich so verhalten? An welchen Stellen sind übertriebene, realitätsferne Verhaltensweisen praktiziert worden?

- Rollenausübung
  Verhalten sich die Spieler rollenkonform? Welche Verhaltenselemente verwendeten sie? Geschah etwas Ungewöhnliches? Inwiefern waren Rollenabweichungen zu beobachten? Aus welchen Gründen sind sie wohl realisiert worden?

- Erreichte bzw. nicht erreichte Ergebnisse/Lösungen
  Wurde eine akzeptable Lösung eines Problems, einer Situation angeboten? Ist sie für alle Beteiligten akzeptabel? Würde die aufgezeigte Lösung auch im Leben einen Erfolg bedeuten? Verstößt die Lösung gegen die Interessen bestimmter Gruppen oder Gruppenmitglieder?[20]

- Freude am Spiel/Überwindung von Barrieren/Hemmungen
  Schließlich sollte auch gefragt und beobachtet werden, ob Barrieren/Hemmungen zu Beginn da waren, schließlich überwunden werden konnten oder ob sie etwa durch das Spiel aufgebaut worden sind und damit das Rollenspiel als weiterhin einzusetzende Lernmethode Schwierigkeiten bereiten würde.

Die Reflexionsphase kann durch eine Spielerbefragung eingeleitet werden, um beobachtete Verhaltensweisen, Gefühle, Empfindungen auf ihren Hintergrund hin aufzuklären. Die Zuschauer können ihre Notizen heranziehen. Wenn man die Spieler als Rollenträger, also mit ihren Rollennamen anspricht, läßt sich Kritik besser aussprechen und vortragen. Hat man das Rollenspiel auf Tonband oder Videoband aufgezeichnet, wird es möglich, Phasen des Spiels, herausragende Verhaltensweisen, dramaturgische Höhepunkte wiederholt vorzuspielen, sie im Detail zu analysieren und damit den Lerneffekt des Rollenspiels für Spieler und Zuschauer zu erhöhen. Zur allgemeinen Klärung der Voraussetzungen gehört auch, daß man sich über die anzustrebenden Kommunikationsstufen verständigt:

- Die Grundstufe ist immer die Durchführung des Spiels (ein Spielinhalt wird in Szene umgesetzt zum Zweck der Verfolgung einer bestimmten Intention),
- eine 1. Metastufe ist dadurch gegeben, daß das Rollenspiel als Lernspiel Mittel zum Zweck ist und z.B. die Art und Weise der Darstellung von Konflikten oder die Praktizierung von Kommunikationstechniken im Spiel oder beim Ansehen des Spiels immer gleich mitreflektiert werden sollten (Verhältnis von Realität und Spieldarstellung),
- eine 2. Metastufe ergibt sich durch die Kommunikation über das dargestellte Konfliktverhalten bzw. über die gezeigte kommunikative Kompetenz, also im Gespräch über das Spiel (Verhältnis von Spielintention und -darstellung),
- eine 3. Metastufe kann im Gespräch über die verwendeten bzw. nicht verwendeten Darstellungs- und Aktionsmodi der Spieler erreicht werden (Frage nach den schauspielerischen Qualifikationen als methodische Möglichkeiten der Vermittlung kommunikativer Kompetenz)[21].

  Neben didaktisch-methodischen Überlegungen zur Vorbereitung, Durchführung und Auswertung von Rollenspielen wäre also vorweg zu klären, welche Stufen der Aktion und Reflexion von allen Teilnehmern in den Blick genommen werden sollten, um die Effektivität des Rollenspiels zu sichern. Man könnte hier durchaus eine Assoziation zur Unterrichtstheorie von HEIMANN/OTTO/SCHULZ stiften, bei der es in einer ersten Reflexionsstufe um die Planung, Durchführung, und Analyse von Unterricht unter Berücksichtigung der sechs Strukturelemente geht: anthropogene und soziokulturelle Bedingungen, Intention und Thematik, Methoden und Medien, in der sog. zweiten Reflexionsstufe der Begründungszusammenhang und das Anspruchsniveau hinterfragt bzw. festgestellt werden sollen.[22]

- In welcher Weise setzt sich das Rollenspiel von anderen Spielmethoden und lernaktiven Methoden ab?

  Die Beantwortung der vierten Frage kann auch auf dem Weg des eingrenzenden Verfahrens gewonnen werden. Zweifellos gehört die Rollenspiel-Methode zu den lernaktiven Methoden. Lernpassive Methoden finden wir vor allem da, wo Unterricht als Vermittlungsprozeß aufgefaßt wird, das Vortragen, Vormachen und Vorführen die dominanten Lehrformen sind und die didaktische Situation folgendermaßen zu skizzieren ist:

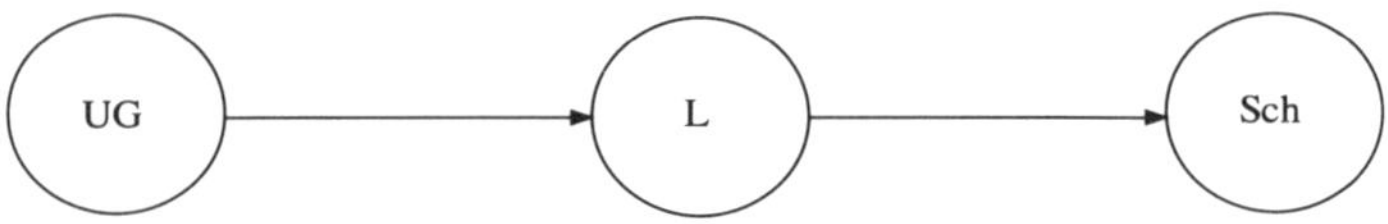

Unterrichtsgegenstände kommen nur über Aktivitäten eines Lehrenden an Schüler, an Lernende heran. Der Vortrag, die Vorlesung, die Demonstration sind „klassische" Lehrformen.[23]
Die Erkundung, das Praktikum, problemorientierter Unterricht, forschendes Lernen und eben auch das Rollenspiel sind lernaktive Methoden, mit denen der Lernende aus der rezeptiven Lernhaltung herausgeholt wird und zu Aktivität, Selbstbetätigung, experimenteller Haltung, praxisorientiertem Lernen angeregt wird.[24] Für den speziellen Fall des Rollenspiels kann man zuspitzend sagen, daß es dann eine größere Bedeutung haben kann, wenn es nicht um Informationsvermittlung und die Schulung von Fertigkeiten geht, sondern um die Behandlung von Wertungsproblemen, Verhaltensweisen, Kommunikationsweisen, also um Lernanlässe, die von vornherein auf die Aktivität von Lernenden abzielen müssen und den Lehrenden mehr in der Rolle des Beraters sehen sollten.[25]
Eine weitere Einengung führt dann dazu, das Rollenspiel in den Komplex der Simulationsmethoden einzuordnen. Zu ihrer näheren Bestimmung kann man zunächst einmal die Wirklichkeit als ein äußerst

komplexes Modell interpretieren, das nach bestimmten, zum Teil bekannten, zum Teil unbekannten Regeln funktioniert.[26] In der Simulation werden „Modellwirklichkeiten" geschaffen, wird Wirklichkeit nachgeahmt, gespielt. Wirklichkeitsausschnitte, Prozesse, Situationen können simuliert werden, bestimmte Aspekte werden betont, andere vernachlässigt. Die Spielwirklichkeit bleibt methodisch im Griff, sie kann andererseits dem Lernenden den Eindruck verschaffen, er reagiere und handele „wie in Wirklichkeit". Das macht dann auch den aktivierenden Effekt aus. Die Wirklichkeit des Spiels aktiviert ihn, diese wird durch die Aktivität des Teilnehmers dann ihrerseits konkretisiert, mitgeschaffen. Die Ambivalenz von Schein und Ernst gehört zum Wesen der Simulation. Bei dem derzeitigen Stand der Diskussion kann man wohl drei Simulationsmethoden unterscheiden:

Da ist das Planspiel als erstes zu nennen, in dem eine rationale Entscheidungsfindung in simulierender Rollenverteilung durchgespielt wird, in dem es nicht primär um die persönliche Identifikation mit einem Interesse, einem Standpunkt, einer Aufgabe geht.[27] Ein Unternehmungsspiel z.B. soll die Interdependenzen zwischen Fertigung, Finanzierung und Absatz eines Produkts deutlich machen.[28] In zum Teil außerordentlich komplexer Weise werden dafür Ausgangslagen, Aktions- und Reaktionsbereiche skizziert, werden Spielmaterialien entworfen, erfolgt über einen Schiedsrichter ein feed-back, das Erfolg oder Mißerfolg bestätigt, werden „Einlagen" ins Spiel gegeben, um durch unerwartete Ergebnisse, Hindernisse u.a.m. den Spielcharakter „ernsthafter" zu machen. Das Vorwissen der Teilnehmer muß häufig sehr groß sein.[29] Im Bereich wirtschaftlicher Planspiele werden Unterscheidungen nach Interaktions- und isolierten Spielmodellen, nach General Management Games und Functional Games, nach willkürfreien und nicht willkürfreien Unternehmensspielen getroffen. Darauf kann hier nur verwiesen werden.

Die Fallmethode kann als zweite Simulationsmethode genannt werden. Ein Fall, ein Problem, ein Sachverhalt wird vorgestellt, er/es ist durchzuarbeiten, zu diskutieren, häufig muß man sich zur vollen Aufklärung weitere Informationen beschaffen, ehe eine Lösung oder Lösungsalternativen gefunden werden können. Wie das Planspiel ist die Fallmethode stärker sach- und problembezogen und weniger personenorientiert. Varianten gibt es auch hier: Die sog. Case-Study-Method gibt der Gruppe alle nötigen Informationen über einen Fall (z.B. die Entlassung einer Mitarbeiterin, weil sie zu häufig fehlt), der dann analysiert und auf entsprechende und realistische Lösungsalternativen hin durchdacht werden muß. Bei der sog. Incident Method (Vorfall-Methode) wird ein Vorfall vorgestellt (eine wichtige Maschine fällt plötzlich aus). Häufig sind dann zunächst erst einmal Informationen durch Untersuchung und Befragung zu beschaffen, ehe Lösungen erarbeitet werden können.[30]

Das Rollenspiel, und damit kehren wir zu ihm zurück, ist die dritte Simulationsmethode. Es kann in diesem engeren Kontext jetzt als stärker personenbezogen und auf Kommunikation hin orientiert bezeichnet werden: Sachentscheidungen spielen eine geringere Rolle, Verhaltensentscheidungen und -praktiken eine größere. Simulation bleibt es aber selbstverständlich auch, ja es wird immer wieder eine seiner Schwächen sein, auf bestimmte Elemente der Wirklichkeit verzichten zu müssen. Ein täglich belastender Vorgesetzter ist ein anderes Ärgernis als der in einem kurzen Spiel gespielte. NICKEL hat in einem Aufsatz *acht verschiedene Typen des Rollenspiels* unterschieden:

- Rollenspiel als Spieltraining (Diskrepanzen einer Spielaufgabe und dem Sprechvermögen des Spielers sind der Anlaß),
- Rollenspiel als Planspiel und Umweltspiel (Diskrepanzen zwischen der Spielsituation und der Situationserfahrung sind der Anlaß, wobei von NICKEL das Planspiel anders als vorstehend skizziert verstanden wird),
- das antizipierende (futurologische) Rollenspiel (Diskrepanzen zwischen Situationserfahrung und Auswirkungsbewußtsein sind der Anlaß),
- das gruppendynamische Rollenspiel (Diskrepanzen in der Gruppenwahrnehmung sind der Anlaß),
- Rollenspiel als Psychodrama (Diskrepanzen in der Situationserkenntnis, innerpsychische Konflikte sind der Anlaß),
- Rollenspiel als Soziodrama (Diskrepanzen in der Situationsbewertung, Intragruppenkonflikte sind der Anlaß),
- Rollenspiel als Politodrama (Diskrepanz in der Situationserkenntnis, Intergruppenkonflikte sind der Anlaß),
- Rollenspiel als mediales Rollenspiel (Diskrepanzen in der Interaktion Spieler – Zuschauer sind der Anlaß).[31]

Es handelt sich dabei um den Versuch, von den Anlässen her eine gewisse Systematisierung zu gewinnen.[32] Dies ist hier nicht mehr ausführlich zu verfolgen. Der Hinweis muß genügen. Auf jeden Fall kann man bei näheren Zusehen Simulationsmethoden heute schon in einer beachtlichen Zahl von Varianten differenzieren.

Zusammenfassende Bemerkungen

Nach ausführlichen Bemerkungen zur Methodisierung des Rollenspiels ist der Schluß der Ausführungen am besten zu gewinnen mit dem Hinweis darauf, daß der Lernzweck den Spielcharakter auf keinen Fall so weit überlagern sollte, daß das Rollenspiel nicht mehr als Spiel empfunden werden kann. Die andere Gefahr, daß nämlich die Zwecklosigkeit des Spiels so weit geht, daß sie dem Lernzweck faktisch keinen oder doch nur einen unbedeutenden Raum läßt, wird die geringere sein.[33] Genau in der Mitte aber zwischen Spielcharakter und zu verfolgendem Lernzweck sollte die Realisierung von Rollenspielen möglichst liegen, um bei allen Lernbemühungen ein bißchen Spaß und Freude zu sichern, die man beim Lernen so oft vermissen muß![34]

6. Alternative Unterrichtsmethoden

6.1 Projektlernen, z.B. in der Grundschule

Annäherung

Das *Projektlernen* (projektorientiertes Lernen) ist in der Schulpädagogik inzwischen ein gängiger Begriff. Er steht etwa dem Begriff des Lehrgangs (lehrgangsorientiertes Lernen) gegenüber. Während der Lehrgang für den Unterrichtsalltag in verschiedener Hinsicht bestimmend ist, ist die Durchführung von Projekten alles in allem eine seltene Form der gemeinsamen schulischen Arbeit von Lehrern und Schülern. Sie begegnet Vorbehalten etwa der Art, daß man nicht so recht an die Lerneffekte im Projektlernen glaubt. Das wirklich wichtige Lernen sieht man in den Lehrgängen und vergleichbarem Unterricht realisiert. Projekte sind organisatorisch schwieriger zu realisieren, sie passen nicht so recht in die Unterrichtsorganisation des Alltags, sie haben eine Art Orchideencharakter und geraten deshalb oft in Phasen des Schuljahres hinein, in denen das „Eigentliche" und für die Zeugnisse Relevante gelaufen ist. Verfechter des Projektlernens sehen in ihm eine qualitativ ganz neue Chance, Lernen mit Sinn zu erfüllen, Lernzusammenhänge zu konstituieren, das reine Kopflernen durch die alte Trias des Lernens mit Kopf, Herz und Hand zu ersetzen. Es lohnt sich deshalb, das Projektlernen näher zu bestimmen, um seine Chancen und Grenzen genauer zu kennen. Ich beschränke mich im folgenden auf die systematische Erörterung und lasse die Historie des Projektlernens, des Projektunterrichts aus. Sie wäre einer eigenen Erörterung wert.

Definitorische Festlegungen

Die Literatur zum Thema ist beachtlich und hinsichtlich ihrer Bestimmungsbemühungen durchaus heterogen.

– *Einkreisende Umschreibung (Gudjons)*

In einem Zeitschriftenaufsatz hat Gudjons (Gudjons, 1984) folgende Bestimmungsmerkmale genannt:

- Situationsbezug
- Orientierung an den Interessen der Beteiligten
- Selbstorganisation und Selbstverantwortung
- Gesellschaftliche Praxisrelevanz
- Zielgerichtete Projektplanung
- Einbeziehung vieler Sinne
- Soziales Lernen
- Interdisziplinarität

Mit diesen Merkmalen werden sicher wichtige Aussagen gemacht. Wenn man sie unmittelbar praktisch nutzen will, gerät man in Schwierigkeiten. Einzelne Merkmale treten auch in anderen Unterrichtsformen auf wie etwa soziales Lernen generell, Interdisziplinarität sicher häufig im Sachunterricht.

– *Idealisierter Projektablauf (Frey)*

Frey hat in seinem viel benutzten Buch eine Art „idealisierten Projektablauf" dargestellt (Frey, 1982):

- Projektinitiative
- Auseinandersetzung mit der Projektinitiative (Projektskizze)
- Gemeinsame Entwicklung des Betätigungsgebietes (Projektplan)
- Projektdurchführung
- Beendigung des Projektes
- Fixpunkte
- Metainteraktionen

Zur Klärung der Vorstellungen hilft diese Auflistung vielleicht weiter. Es tauchen die klassischen Ablaufmerkmale auf: am Anfang muß eine Initiative, ein Anlaß, ein Anliegen stehen, die/das Lehrer und Schüler gleichermaßen bewegt. Dann muß man sich damit auseinandersetzen. Anliegen, Chancen, Grenzen, mögliche Ziele/Produkte, zu erwartende Schwierigkeiten müssen vorbedacht werden. Bleibt man positiv gestimmt, muß dann ein Projektplan ausgearbeitet werden. Nach diesem erfolgt die Projektdurchführung, die mit einem Ergebnis, einem Produkt endet. Die Fixpunkte sind die organisatorischen Schaltstellen eines Produktes. An ihnen wird mit der Projektdurchführung innegehalten, um sich gegenseitig über die letzten Tätigkeiten, den Stand der Arbeit zu informieren, um Notizen über die letzte Phase und Anregungen für die nächste zu notieren, um die nächsten Schritte zu organisieren. Mit dem Begriff „Metainteraktionen" bezeichnet Frey das Sprechen über das Projekt. Wenn man an den Fixpunkten einhält, vergegenwärtigt man sich den Stand der Dinge, erinnert sich an die

Planung, kritisiert und verbessert man die gemeinsame Arbeit, prüft, wie und ob man in der verabredeten Zeit zum beabsichtigten Ergebnis kommen kann. Ich habe in anderem Zusammenhang vom Meta-Lernen gesprochen, das Vergewisserung, Sinn, Reflektion, Distanz und neue Impulse sichern soll (Bönsch, 1986). Für die methodische Gestaltung der Projekte sind die Ausführungen Freys sehr hilfreich. In der Literatur wird kritisiert, daß er das Projektlernen auf methodische Aspekte, also auf das Wie verkürzt (Hänsel, 1986). In Anlehnung an Dewey definiert Dagmar Hänsel inhaltlich den Projektunterricht als Unterricht, in dem Lehrer und Schüler ein echtes Problem in gemeinsamer Anstrengung und in handelnder Auseinandersetzung mit der Wirklichkeit zu lösen suchen, und zwar besser, als dies in Schule und Gesellschaft üblicherweise geschieht. Methodisch bestimmt sie Projektunterricht als pädagogisches Experiment mit der Wirklichkeit, das von Lehrern und Schülern in Form von Unterricht unternommen wird und das zugleich die Grenzen von Unterricht überschreitet, indem es Schule und Gesellschaft durch praktisches pädagogisches Handeln erziehlich zu gestalten sucht (Hänsel, 1986, S. 33).
Unter methodischem Aspekt liefert die folgende Übersicht eine Folie, mit der man weiterarbeiten kann. Gleichzeitig macht sie kritische Stellen deutlich. Auf inhaltliche Aspekte muß noch genauer eingegangen werden.

Idealtypischer Verlauf von Projektunterricht und seine kritischen Stellen

Idealtypischer Verlauf	*kritische Stellen*
1. Thema, eine Aufgabe, ein Anliegen finden (Projektinitiative)	1. Kann sich eine ganze Klasse an einem Vorhaben erwärmen? Stellvertretende Themenfixierung durch Lehrer
2. Die Arbeit strukturieren – Fragen stellen – einen Arbeitsplan erstellen – Gebrauchswert identifizieren (Projektplan)	2. – Fehlende Kompetenzen („Zwischen-Lehrgänge“) – Fehlendes Wissen (Lehrer-Überlegenheit) – Zeitmangel (Lehrplan)
3. Die Arbeit durchführen – Informationen gewinnen – Produkt herstellen – Aufführung üben (Projektdurchführung)	3. – Gruppenprobleme (Kooperation – Arbeitsteilung – Stimmung – langer Atem) – Stundenplan hemmt

4. Erfahrungen, Ergebnisse darstellen: – Ausstellung – Vortrag – Demonstration – Durchführung und kritisch reflektieren. (Projektergebnis)	4. – Didaktische Kompetenzen des Darstellens, Erklärens fehlen – Produkte gelingen nicht so ganz – Resonanz ist begrenzt!

Zentrale Grundlagen didaktischer und lernpsychologischer Art

Stichwortartig seien im folgenden einige bisher nicht explizierte Grundlagen beschrieben. Dabei sind der zugrundeliegende Handlungs-, Lern- und Bildungsbegriff besonders wichtig:

1. Definition „Handlung“

Die *Handlung* ist eine sinnbestimmte, für die Beteiligten relevante Bearbeitung einer Thematik, die in Idee, Planung, Durchführung Ergebnis und Auswertung von einer Gruppe getragen wird, die immer kognitive Elemente (Überlegen, Erörtern, Planen, Steuerung der Durchführung, Bewertung der Ergebnisse) enthält, mit der man sich identifiziert (es ist „unsere Sache“), die Gebrauchswert hat (damit fangen wir etwas an) und die häufig praktische Tätigkeiten (Herstellen, Bauen, Zeichnen, Durchführen) und Ergebnisse (Bilder, Modelle, Ausstellungen, Schul-/Sportfeste, Bücher, Filme u.a.m.) beinhaltet.

2. Der zugrundeliegende Lernbegriff

Der zugrundeliegende Lernbegriff läßt sich folgendermaßen beschreiben:

- *Ganzheitliches Lernen* ist erwünscht
  (mit der ganzen Person dabei sein, nicht nur Papier-Bleistift-Verfahren, nicht nur Ausführen, mehr Verantwortung)
- *Sinnvolles Lernen* ist intendiert
  (man ist an etwas beteiligt, was man für wichtig hält, man ist in der Planung wie in der Durchführung wie in der Auswertung dabei – ein Sinn-Zusammenhang entsteht)
- *Orientierung an der Interiosationstheorie Galperins und an der Entwicklungspsychologie Piagets*
  (Weltaneignung ist sinnlich – praktische Aneignung: von der mate-

rialisierten Handlung zur geistigen Operation durch Versprachlichung und Bewußtmachung)

- *Lebensnahes Lernen* ist beabsichtigt
  (Handlungsorientierter Unterricht gewinnt wenigstens zeitweise den Zusammenhang von Leben und Lernen zurück: man verfolgt komplexe Anliegen, man muß aus der Schule hinaus, man braucht außerschulische Kompetenz in der Schule)

3. Die zugrundeliegende Bildungsidee

Die Grundfrage für den täglichen Unterricht ist: Wie verhelfe ich Schülern zu Wissen, Einsichten, handlungsrelevanten Einstellungen?

- Oft wird Wissen „fertig abgepackt" vermittelt. Es bleibt häufig sinnlos im ursprünglichen Sinn des Wortes.
- Muß man Sachverhalte erforschen, in Erfahrung bringen, recherchieren, ergibt sich ein anderer Zugriff mit Chancen (das haben wir herausbekommen) und Risiken (Bruchstückhaftes, Vorläufiges).
- Braucht man Wissen, um etwas zu besorgen, zu bewegen, herzustellen, zu verändern, wird das Verhältnis zu diesem Wissen ganz anders. Es ist ein Sinnzusammenhang vorhanden, der uns motiviert, bewegt im ursprünglichen Sinn des Wortes.

Die Hoffnung ist, daß sich im Verhältnis zum Wissen, zu Kompetenzen etwas Grundsätzliches ändert: ich empfehle es als nützlich, vielleicht sogar wichtig für mich, für uns, für Andere.

Praktische Konsequenzen

- *Planen* wird zur Lernaufgabe für Schüler und Lehrer
- Der Zeitrahmen muß sich ändern (weg von der 45-Min.-Einheit)
- Lehren wird *komplexer* und schwerer
- (Beraten, Helfen, Kompetenzen kurzfristig vermitteln, vielfältige Aktivitäten beobachten und zum Ergebnis führen)
- Lernen wird komplexer und *verantwortungsvoller*
  (man muß mehr und Unterschiedliches tun, man ist für sein Ergebnis – ob gut oder schlecht – verantwortlich)
- *Handlungsaufgaben* und *Materialien* sind gefordert.
- *Außerschulische Experten* sind erwünscht
  (Eltern und Wissensträger).
- Der *„Gebrauchswert"* wird unterschiedlich zu dimensionieren sein

(er mag in der Mitteilung an andere Schüler bestehen, sich in einer Ausstellung dokumentieren, aber auch außerhalb der Schule liegen (Zeitungsberichte, Anfragen an die Stadt, konkrete Maßnahmen: Besuch von alten Menschen z.B.).

Inhaltliche Aspekte

Die Frage, welche Inhalte Projekte haben könnten, war schon angesprochen worden, die Definition von Dagmar Hänsel stellt einen hohen Anspruch. Nach ihr würde Projektunterricht immer Anliegen, Probleme der Lebenswirklichkeit angehen, wobei Schule und Unterricht in der Regel dieser Wirklichkeit gegenübergestellt werden. Es täte der Projektidee gut, wenn man auch Schule und Unterricht als Wirklichkeit versteht und in diesen Projekten sucht. Die Praxis des Projektunterrichts tut dies übrigens sehr häufig. Grundsätzlich geht es beim Projektlernen um die Chance, als wichtig oder bedeutsam erkannte Aufgaben, Probleme in einem Arbeitszusammenhang kooperativ zu bearbeiten und dabei ein Arbeitsergebnis mit Gebrauchswert zu erreichen. Das „Curriculum" des Projektunterrichts kann nicht verordnet sein. Die Lebenswirklichkeit von Lehrern und Schülern in ihrer Totalität kann Ausgang von Projekten sein. Das mag der Bau eines Spielplatzes im Ort oder Ortsteil sein, die Planung, Durchführung und Auswertung eines Klassenausflugs, Arbeiten und Wohnen wie die Steinzeitmenschen, Aktionswoche „Dritte Welt", Wie sauber ist die Eilenriede?, Wir stellen Spielzeug aus Müll her, Recycling-Aktionen in unserem Ort / Stadtteil, Gesunde und behinderte Schüler lernen sich kennen, Gewalt in unserer Schule und Änderungsmöglichkeiten, Umgestaltung des Schulhofes, Bilderbücher für Vorschulkinder, Wir gestalten diesmal das Schulfest, Wir stellen einen Obstsalat her, Fremde Länder in unserer Klasse u.a.m.. Die Beispiele belegen eine ziemliche Breite, die der eine oder andere für seine vermeintlichen oder tatsächlichen Möglichkeiten vielleicht schnell einengen wird. Mir erscheint es wichtig, daß jeder Lehrer die Dimensionen dessen, was er sich positiv zutraut, auch wirklich gut abklärt. Er kann im Laufe der Zeit dann immer seinen Handlungsrahmen ausweiten. Ich möchte einen Vorschlag zur Dimensionierung von Projekten machen, der erlauben könnte, eine „Verortung" der Projekte vorzunehmen, die man mit seinen Schülern für durchführbar hält:

Didaktische Dimensionen von Projekten

1. *Projekte unter gesellschaftlich-politischem Aspekt*
   Projekte, mit denen wir außerhalb der Schule etwas bewirken wollen
   Beispiele: Wir machen eine Umfrage bei den Bürgern unseres Orts/Stadtteils über ihre Meinung zu den Freizeitangeboten.
   – Wir bemühen uns bei der Verwaltung um die Errichtung einer Ampelanlage an einer gefährlichen Stelle.
2. *Projekte unter sozialem Aspekt*
   Projekte, mit denen wir etwas für Andere unternehmen
   Beispiele: Wir machen einen Spielnachmittag im Altenheim.
   – Wir sammeln Geld für in Not geratene Menschen.
3. *Projekte unter innerschulischem Aspekt*
   Projekte, mit denen wir in der Schule etwas verändern, verschönern, bewegen wollen.
   Beispiele: Wir gestalten ein Faschingsfest. – Wir verschönern unsere Flure. – Wir gestalten unseren Schulhof neu.
4. *Projekte unter innergruppalem Aspekt*
   Projekte, die uns in unserer Klasse/Gruppe Spaß machen.
   Beispiele: Wir basteln uns etwas. – Wir kochen uns etwas. – Wir ziehen uns lustig an.
5. *Projekte unter lerndidaktischem Aspekt*
   Projekte, die uns den Unterricht interessanter machen.
   Beispiele: Wir richten eine Druckerei ein. – Wir richten uns einen Schulgarten ein. – Wir leben wie die Steinzeitmenschen, wir reden nicht nur über sie. – Wir produzieren selbst ein Schulbuch.

Die Dimensionierung ist durchaus vorläufig. Aber sie regt sicher sofort dazu an, Konsequenzen in der einen oder anderen Dimension zu bedenken. Sie liegen ganz unterschiedlich weit: Anliegen, Realisierungschancen, Voraussetzungen, Arbeitsumfang, Kompetenzen, Zeitressourcen u.a.m. stellen sich jeweils sehr unterschiedlich dar.

Alternativer Unterricht

Mit dem Begriff „Alternativer Unterricht" soll eine weit verbreitete Praxis der Durchführung von Projektwochen vom Projektunterricht i.e.S. abgegrenzt werden. Wenn ich es richtig sehe, werden Projektwochen häufig von Kolleginnen/Kollegen, so geplant, daß jeder überlegt, welche seiner Hobbies und andere außerunterrichtliche Kompetenzen er einmal anbieten könnte. Und so kommt dann ein buntes Kaleidoskop von Angeboten zusammen, aus dem die Schüler wählen können –

meist unter der Bedingung, daß die Gruppen ungefähr gleich besetzt werden: Briefmarken sammeln, Volleyball, Mofas reparieren, Kunst aus Ytongsteinen, gesundes Frühstück, „Aus alt mach neu" – Kleidung modernisieren, Spielzeug herstellen, Orientierungslauf u.a.m.. Solche alternativen Angebote für eine Woche haben zweifellos ihren großen Wert. In Findung und Ablauf aber haben sie häufig mit Projektarbeit wenig zu tun, sie laufen in einer Art Lehrgang/Kurs ab. Zur Präzisierung der schulpädagogischen Terminologie würde ich deshalb in solchen Fällen nicht von Projektwochen sprechen. Genauer sind dies wohl Wochen mit alternativem Unterricht. Wie gesagt: damit ist nichts gegen solche Unternehmungen und ihrem Inhalt gesagt. Es ist sicher sogar gut, wenn Lehrer über ihre Fächer hinaus einmal etwas von dem vermitteln, was sie noch können, was sie treiben, was ihr Leben sonst noch ausmacht.

Anfang, Planung und Ergebnis von Projekten – Planungsdidaktik

Nach den bisherigen Überlegungen ist Projektlernen dadurch gekennzeichnet, daß die Findung und Planung von Projekten ein gemeinsames Anliegen von Lehrern und Schülern ist. Lehrer müssen sich daher auf eine neue Aufgabe einlassen, die folgendermaßen skizzierbar ist:

- Ein Projekt beginnt, indem jemand eine Idee, eine Anregung, eine Aufgabe, eine besondere Stimmung, ein Problem, ein bemerkenswertes Ergebnis, einen Betätigungswunsch oder einen Gegenstand einbringt (Frey, 1982). Die *Offenheit der Ausgangssituation* ist wichtig. Sie verlangt Mut und Geduld. Stimulierende Hinweise des Lehrers, Projektvorschläge aus kleinen Gruppen, ein Ideenwettbewerb, ein gemeinsames Brainstorming können Ausgangsimpulse schaffen, Montagmorgengespräche oder andere institutionalisierte Gesprächsmöglichkeiten sind der Ort dieser Anfänge.
- Aus diesem Anfang wird eine *Liste möglicher Projektthemen* entstehen. Zu ihr muß man langsam ein Verhältnis gewinnen. Man hängt sie aus, man muß dann darüber miteinander sprechen. Dabei werden Chancen und Grenzen von Themen deutlich werden. Einige werden gestrichen, andere bleiben stehen.
- Die *Wahl eines Projektthemas* in einer Gruppe oder von einzelnen kann danach begründet und überlegt erfolgen. Das ist wohl wichtig. Wenn sich eine Gruppe von Lehrer und Schülern für ein Thema entschieden hat, beginnt die *Planung* für einen zeitlich in der Regel vorgegebenen Rahmen.
- Die Planung soll als Ergebnis eine *Projektskizze* haben. Auch für

deren Erarbeitung sollte der zur Verfügung stehende Zeitrahmen bekannt sein. In der Projektskizze (vielleicht an einer Wandtapete zu entwickeln) sollten das Anliegen, die Arbeitsschritte, die Materialien, die Arbeitsverabredungen (wer macht was?), der Zeitplan, das beabsichtigte Produkt, die Fixpunkte enthalten sein. Im günstigen Fall stellt sie auch eine Art Vertrag dar: dies wollen wir gemeinsam in der Weise und in der Zeit versuchen zu erreichen. Jeder ist für den Verlauf und das Gelingen/Nichtgelingen mitverantwortlich.

- *Regeln* des Miteinanderarbeitens und -umgehens sind sicher besonders am Anfang wichtig. Solche Regeln können sein:
  - Die Ideen von jedem Gruppenmitglied sind wichtig.
  - Jeder muß aktiv am Projekt mitarbeiten.
  - Jeder muß seine Argumente von den Anderen prüfen lassen.
  - Die Ablehnung eines Vorschlags darf keine Bestrafung sein. Sie muß begründet sein und den Vorschlagenden nicht „wegtreiben".
  - Es wird gut sein, sich in regelmäßigen Abständen Vergewisserung darüber zu schaffen, was man erreicht hat, was nicht, wo Korrekturen, mehr Tempo o.a. notwendig sind.
  - Jeder in der Gruppe muß sinnvoll mitarbeiten können.
- Das Projektprodukt in Gestalt eines tatsächlichen Gegenstandes oder in Gestalt einer Aktivität wird sich zum Ende der Projektarbeit ergeben und in einer Abschlußbesprechung gemeinsam gewürdigt werden.

Reduktionen inhaltlicher, verfahrensmäßiger und zeitlicher Art

Für die Praxis des Projektunterrichts erscheint es wichtig, Reduktionen gegenüber dem Idealfall bewußt zu kalkulieren und zu bejahen. Sowohl in der Dimensionierung von Projektthemen wie auch in der Ablaufgestaltung sollte man jeweils sich und den Schülern das zumuten, was realisierbar erscheint. Das Projektanliegen muß im Rahmen der Realisierungsmöglichkeiten liegen, der Auswahl- und Entscheidungsprozeß wird die Komplexität haben können, die der Projektgruppe möglich ist, der Zeitumfang ist danach zu bemessen, daß er einerseits die Durchführung des Projekts sichert und andererseits Ausdauer und Interesse der Schüler nicht überfordert. Das heißt in bezug auf Projekttage und -wochen, daß man in der Entwicklung der Projektarbeit anfangs vielleicht mit einem Vormittag auskommt, später 2–3 Tage braucht und schließlich auch eine Projektwoche konzipiert. Mit den Zeitressourcen sollte man jedenfalls flexibel umgehen. Die gemeinsame Steuerung des Projekts, an sich konstituierendes Moment, erfordert anfangs vielleicht auch ein größeres Engagement des Lehrers/der Lehrerin, als dies nach mehrfacher Projektarbeit noch nötig ist. Die Metainteraktion, die ständig den Stand der Arbeit, die positiven oder weniger positiven Erfahrungen und den Weitergang der Arbeit reflektieren helfen soll, muß sicher auch erst gelernt werden. Das Produkt schließlich wird immer wieder einmal durchaus vorläufigen Charakter haben. Dies ist zu akzeptieren und immer nur Anlaß, es beim nächstenmal besser zu machen. Projektarbeit müssen Lehrer/-innen und Schüler zusammen lernen. Das bedarf der Geduld, Ausdauer und des jeweils richtigen Anspruchsniveaus. Man muß sich immer wieder klarmachen, daß Projektlernen, Lernen in Projekten komplexer und damit schwerer ist als normaler Unterricht.

Zwei Beispiele und ihre Charakterisierung

In der vorläufig letzten Publikation zum Projektunterricht, die auch speziell für die Grundschule geschrieben worden ist, wird über folgende Projekte berichtet: Klassenkorrespondenz (Freinet-Pädagogik), Feiern an der Grundschule „Mülheimer Freiheit", das Indianerprojekt, Kinder in anderen Ländern, Körper-Ernährung, Gesundheit, Hitchcock in der Grundschule, Körpererfahrung, Klassenfahrt auf einen Bauernhof, Umgestaltung eines Klassenraumes (Hänsel, 1986). Ich wähle zwei Beispiele, stelle sie kurz dar und analysiere sie dann unter den entwickelten Gesichtspunkten. Ausdrücklich sei betont, daß es nicht darum geht, projektartige Aktivitäten etwa schlecht zu machen. Es geht vielmehr um Beispiel und Lernen durch Analyse.

1. Projekt eines Lehrers mit interessierten Kindern:
Umgestaltung eines Klassenraumes

Skizzierung

- Ein Lehrer will den nüchternen Klassenraum seinen didaktischen Intentionen und seinem Raumempfinden entsprechend für ein 2. Schuljahr umgestalten.
- Schulleiter und Elternratsvorsitzende sind positiv zu stimmen.
- Die Klasse lernt in einer Doppelstunde freie Arbeit (Schreiben, Rechnen, Lesen, Basteln, Spielen) kennen.
- In der dritten Stunde wird über die neu kennengelernte freie Arbeit gesprochen. Die Kinder sind begeistert, problematisieren aber die Raumfrage nicht. Sie müssen auf dieses Thema erst gestoßen werden. Danach erinnern sie sich an die Raumgestaltung des Kindergartens.

- Danach geht das Planen los: Aufstellen einer Wunschliste, Einrichtungsvorschlag.
- Die Eltern werden von den Lehrern informiert. Die Eltern organisieren all die Einrichtungsgegenstände, die auf dem Wunschzettel der Kinder stehen.
- Mit den Kindern wird umgeräumt.
- Das Projekt dauert rund 10 Stunden.

Analyse

- Im Ergebnis ist es zu einem differenziert eingerichteten Klassenraum gekommen (Leseecke mit Teppich, Matratzen und Regalen, Stillarbeitstische mit Bücherbrett und Schreibmaschine, Platz für Stuhlkreis, vorhandene Tische und Stühle).
- Ausgang des Projekts waren nicht die Bedürfnisse der Kinder. Ihnen mußte der Impuls zu Veränderungsüberlegungen erst gegeben werden.
- Die Kinder planen und entwerfen Veränderungsmöglichkeiten.
- Die Eltern besorgen alles.
- Kinder, Eltern und Lehrer richten gemeinsam ein.
  Metainteraktion fand wenig statt. Das Projekt war von den „Ablaufzwängen" bestimmt.
  Wichtige Elemente der Projektidee waren nicht gegeben, andere Elemente waren vorhanden.
- Die Findung des gemeinsamen Anliegens, die Verlaufsplanung und ihre gemeinsame Steuerung, Projektteile wie die Beschaffung von Einrichtungsgegenständen fehlten in diesem Projekt.

2. Projekt „Klassenfahrt auf einen Bauernhof"

Das zweite Projekt ist mit einem dritten Schuljahr durchgeführt worden.

Verlaufsbeschreibung

- Die Idee zu einem Aufenthalt auf einem Bauernhof alter Prägung mit vorwiegender Selbstversorgung hatte die Lehrerin.
- Die Kinder ließen sich von der Idee begeistern.
- Die Eltern stimmen auf einem Elternabend zu.
- Als Vorbereitung erstellten die Schüler Kofferlisten, Spiele, Bücherlisten, Verhaltensregeln zu Hygiene, zum Verhalten im Zimmer, im Umgang mit den Tieren. Aus vorhandenem Projekt- und Bildmaterial erarbeiteten sie Informationen über den Bauernhof und seine

Umgebung. Es wurde von den Schülern selbständig ein Teilangebot an Aktivitäten für den Tagesablauf zusammengestellt, das durch Anregungen von Lehrerseite ergänzt wurde.

- Der Ablauf.

– 1. Tag: Anfahrt, erste Besichtigung des Bauernhofes mit dem Bauer, Zimmerverteilung, Verteilung von Pflegeaufgaben (Pferde striegeln, Hund ausführen, Katzen versorgen u.a.m.), erstes gemeinsames Essen, Erkundung der Umgebung, abends Beginn des Baus von Musikinstrumenten, zum Schluß wie jeden Abend „Blitzlichtrunde" (jeder erzählt, wie er sich fühlt und was ihm besonders wichtig war).

– 2. Tag: Vormittag freie Verfügung über die Zeit. Der Bauer stellt die für den Tag geplanten Aktivitäten vor. Die Kinder planen die Vormittage selbständig (Füttern und Pflege von Tieren, Erprobung der Belastbarkeit von Bäumen, Brief- und Kartenschreiben). Nachmittags gemeinsamer Ausflug zu den Sandbergen, pflanzenkundliche Exkursion, Zuschauen bei Arbeiten des Bauern (Kühe von der Weide hereinholen, Blasen des gedroschenen Korns auf den Speicher). Abends „Blitzlichtrunde" (Problem Heimweh).

– 3. Tag: Unterschiedliche Tätigkeiten auf dem Bauernhof am Vormittag, am Nachmittag Fahrt zum Moor mit Trecker und Anhänger, abends Grillabend und Blitzlichtrunde.

– 4. Tag: Spielen auf dem Bauernhof bei Regen. Spielerische Erprobung der gebauten Musikinstrumente. Nachmittags Reiten auf gemieteten Ponies und Gang durch den Bauerngarten. Möglichkeiten, Kühe zu melken. Abends „Blitzlichtrunde".

– 5. Tag: Packen, Abschiednehmen, Blumen pflücken, Rückfahrt mit dem Bus.

Analyse

- Auch hier wieder kommt die Idee von der Lehrerin, was gar nicht schlecht ist.
- Die Kinder machen die Idee zu der ihren.
- Verschiedene planerische Aktivitäten finden statt.
- Der Ablauf ist von den Lern- und Erlebnischancen auf dem Bauernhof und seiner Umgebung bestimmt. Das Projekt ist quasi ein „Selbstläufer". Von den Lehrern sind ergänzend geplant und realisiert worden: Musikinstrumentenbau und -erprobung, Ausflüge, Abendveranstaltungen.
- Erfahrungsorientiertes und soziales Lernen werden von der Situation provoziert.

- Von einer auswertenden Nacharbeit wird nicht berichtet, auch nicht von einem Berichtsnachmittag für andere Klassen oder für die Eltern.
- So fehlen auch hier einige Projektelemente, die besonders auf planerische und reflektierende Momente bezogen sein könnten: warum fahren wir, was wollen wir erfahren, wem wollen wir berichten.
- Die Situation, Angebote von Seiten des Bauern und der Lehrer bestimmen den Ablauf (Selbstläufer).
- Die Frage ist, ob bei diesem „Projekt“ die Inflationierung des Projektbegriffs schon beginnt: sind alle Unternehmungen Projekte?

Zusammenfassende Bemerkungen: Dimensionierung von Ernstsituationen

Da das Projektlernen Ernstsituationen des Lebens, Lernens und Arbeitens schaffen soll – Unterricht ist normalerweise ein von der Lebenswelt/Alltagswirklichkeit abgehobenes Lernangebot –, ist eine wichtige Frage, wie konsequent Ernstsituationen handlungsorientiertes Lernen bestimmen sollen und können. Antworten darauf werden entscheiden, ob es sich konsequent um Projekte oder eher um projektorientiertes Lernen (Unterricht mit projektartigen Elementen) handelt.
Ein Thema wie „Leben, Arbeiten, Wohnen wie die Steinzeitmenschen“ z.B. kann konventionell als Unterrichtseinheit wie jeder andere Geschichtsunterricht behandelt werden mit mündlichen Informationen, Arbeitsmaterialien, Bildern, Gegenständen und Texten. Es kann zum außerordentlichen Projekt werden, wenn man sich vornehmen wollte, etwa 1 Woche draußen in der Natur unter annähernd den Lebensbedingungen zu leben, unter denen die Steinzeitmenschen lebten. Da wären dann die Fragen nach Unterkunft, Nahrung, Kleidung, Wasser, Feuer u.a.m. zu klären im Sinne von selbständig lösen. Eine unerhörte Reihe von Herausforderungen und Folgefragen (rechtliche, gesundheitliche u.a.) entstünden. Mittlere Ausprägungen wären gegeben, wenn man sich einzelnen Problemen im Unterricht zuwendet (Kleidung der Steinzeitmenschen herstellen, Feuer machen, die Kunst der Steinzeitmenschen, eine Nacht im Steinbruch verbringen, Werkzeuge herstellen und gebrauchen, wir essen wie die Steinzeitmenschen). Jedes dieser Probleme kann zu einem Kleinprojekt führen. Insgesamt hätte man eine Unterrichtseinheit mit projektartigem Charakter. Und das mag im konkreten Fall genug Herausforderung sein!

6.2 Handlungsorientierter Unterricht

Vorbemerkungen

Das Thema „Handlungsorientierter Unterricht“ ist zur Zeit so etwas wie eine klingende Münze in der Diskussion im Hochschulbereich und in der Schule, eine klingende Münze, die so neu nicht ist. Aber es geht uns von Zeit zu Zeit so, daß wir bestimmte Themen, bestimmte Vokabeln, bestimmte Begriffe eine Zeitlang favorisieren, von ihnen Neues, Verbesserndes, Weitergehendes erhoffen, ehe wir dann solche Münzen in das Portemonnaie stecken, wo schon eine Reihe anderer, älterer, sind. Bevor dies aber geschieht, möchte ich versuchen, Bestimmungsmomente und Dimensionen handlungsorientierten Unterrichts zu skizzieren.

Wenn man sich fragt, warum handlungsorientierter Unterricht diese von mir beschriebene klingende Münze zur Zeit in der didaktischen Diskussion ist, dann kann man zunächst einmal vermuten, daß sich eine alte Sehnsucht von praktizierenden Pädagogen vielleicht mit handlungsorientiertem Unterricht erfüllt werden könnte. Es ist die alte Sehnsucht, die Andreas Flitner in der „Zeit“ vom 15. November 1985 formuliert hat. Er ging aus von der Frage: „Wie lernen denn die Kinder von sich aus, wie kommen die unerhörten Lernleistungen der frühen Kindheit zustande, das Sprechen und Denken, das Laufen und Klettern, das Rollschuhfahren und die tausend weiteren Dinge, die ein Kind vor und neben der Schule lernt? Da sind offenbar starke Motoren tätig. Neugier, Erfahrungshunger, Reize aus der Welt und eine schier grenzenlose Bereitschaft der Kinder, sich mit allem auseinanderzusetzen. Sie wollen eigene Erfahrungen machen, sie sind begierig, etwas zu wissen und zu können im Umgang mit der Welt. Der Körper ist dabei ständig mit im Spiel, die Sinne sind hellwach und zu jeder Wahrnehmung bereit. Die Lust, auf die Umgebung einzuwirken, und dabei sich selber als ein aktives und wirksames Wesen zu erfahren, scheint keine Grenzen zu kennen. Warum vergeht das oder bleibt so wenig wirksam in der Schule?“ Möglicherweise liegt eine Antwort darin, daß solch eine Hoffnung, solch eine Sehnsucht nach erfahrungsorientiertem, sinnbestimmtem, handlungsorientiertem Lernen merkwürdig kontrastiert mit einer Bildungsvorstellung, die viel mächtiger zu sein scheint als die Idee vom handlungsorientierten Lernen, und deshalb vielleicht das immer wieder beklagte schulische Lernen viel stärker bestimmt, nämlich eine Bildungsvorstellung, die Bildung inhaltlich bestimmt als wissenschaftsorientiertes Lernen, als die Bemühung, Reflexionshori-

zonte zu entwickeln, eine Sache gedanklich in den Griff zu bekommen, literarisch gebildet zu sein, die Dinge der Welt zu *durchschauen* und nicht mit ihnen *umzugehen,* sie nicht *handelnd zu bewältigen.* Diese mit der Idee vom handlungsorientierten Unterricht zunächst einmal kontrastierende Bildungsvorstellung muß man sich wohl in Erinnerung rufen, um nüchtern zu prüfen, wie lange und wie weit die Idee vom handlungsorientierten Unterricht tragen wird und ob sie womöglich schnell an ihre Grenzen stößt.
Ehe wir wegen mangelnder Realisierungsmöglichkeiten die Idee wieder aufgeben, möchte ich versuchen, Bestimmungsmomente zu entwikkeln, eine Idealform von handlungsorientiertem Unterricht zu beschreiben und dann über die Skizzierung verschiedener Dimensionen alltagsnah Ausführungen zu machen, die helfen können. Bei früheren Diskussionsschwerpunkten ist gelegentlich verpaßt worden, Konzepte gedanklich so zu bearbeiten, daß sie praktisch sind, auch wenn eine Idealvorstellung nicht erreicht wird. Ich will also versuchen, nicht nur Feiertagsüberlegungen anzustellen.

Ein problematisches Beispiel am Anfang

Ich gestehe, daß mir ein Beispiel, wie es Andreas Flitner verwendet hat, etwas gefährlich erscheint, weil es den Alltag zu häufig nicht treffen wird. Er hat ein Beispiel genommen, bei dem in Ravensburg Schüler und Lehrer auf ein ungenutztes Gebäude stießen, das seinem Ruin entgegenbröckelte. Lehrer und Schüler haben überlegt, was man tun könnte, das Gebäude, die alte Zehntscheuer der Stadt, zu retten und selbst zu nutzen. Sie begannen, Stützmauern zu errichten und mit Farbe und Ausbesserung für einen größeren Wetterschutz zu sorgen, sie planten und organisierten „Kampagnen", um die Bürger der Stadt auf diesen historischen Bau aufmerksam zu machen und für seine Erhaltung zu werben. Nach zahllosen Aktionen ist es ihnen gelungen, eine Mehrheit im Gemeinderat zu überzeugen, daß hier zusammen mit Handwerksbetrieben weiter gearbeitet werden muß. Heute dient die Scheuer der Stadt und auch der Schule zu Festen, zu Theater und zu Geselligkeiten. Ein solches Beispiel scheint mir sehr hoch anzuziehen, ist, wenn wir es von dem Unterrichtsalltag her betrachten, ein Ausnahmebeispiel. Wenn nur dies handlungsorientierter Unterricht sein sollte, wird er bald aus der Diskussion verschwunden sein, weil wir Lerngelegenheiten dieser Art, wenn ich es richtig sehe, in Stadt und Land alles in allem zu wenig haben werden, um von daher Unterrichtsalltag massiv zu verändern.

Den Anspruch muß man deshalb differenzierter formulieren. Die folgende Übersicht gibt ein Konzentrat der Überlegungen, die dann kommentiert werden.

Bestimmungsmomente von handlungsorientiertem Unterricht

1. Phänomenologische Beschreibung

- Schüler und Lehrer planen, führen etwas durch, kommen zu einem verwertbaren Ergebnis.
- Das Lernen hat mehrere Dimensionen: Es ist kognitiv, emotional und praktisch orientiert (Kopf-Herz-Hand).
- Das Ergebnis hat einen „Gebrauchswert“:
  Nicht nur gute Zensuren, Vorbereitung auf die nächste Arbeit!
  Sondern: Es kann anderen Schülern etwas mitgeteilt werden – den Eltern kann etwas gezeigt werden – es ergeht eine Anfrage an die Gemeinde – es entsteht ein Spielplatz, eine Spielecke – man gewinnt objektiv neues Wissen (z.B. genaue Erhebung der Wohnsituation ausländischer Mitarbeiter im Stadtteil).

2. Definition „Handlung“

Die Handlung ist eine sinnbestimmte, für die Beteiligten relevante Bearbeitung einer Thematik, die in Idee, Planung, Durchführung, Ergebnis und Auswertung von einer Gruppe getragen wird; die immer kognitive Elemente (Überlegungen, Erörtern, Planen, Steuerung der Durchführung, Bewertung der Ergebnisse) enthält; mit der man sich identifiziert (es ist „unsere Sache“); die Gebrauchswert hat (damit fangen wir etwas an); und die häufig praktische Tätigkeiten (Herstellen, Bauen, Zeichnen, Durchführen) und Ergebnisse (Bilder, Modelle, Ausstellungen, Schul-/Sportfeste, Bücher, Filme u.a.m.) beinhaltet.

3. Der zugrundeliegende Lernbegriff

Der zugrunde liegende *Lernbegriff* läßt sich folgendermaßen beschreiben:

- *Ganzheitliches Lernen* ist erwünscht
  (mit der ganzen Person dabei sein, nicht nur Papier- und Bleistift-Verfahren, nicht nur Ausführen, mehr Verantwortung).
- *Sinnvolles Lernen* ist intendiert
  (man ist an etwas beteiligt, was man für wichtig hält, man ist in der Planung wie Durchführung wie in der Auswertung dabei – ein Sinn-Zusammenhang entsteht).
- *Orientierung an der Interiosationstheorie Galperins und an der Entwicklungspsychologie Piagets*
  (Weltaneignung ist sinnlich-praktische Aneignung: Von der materialisierten Handlung zur geistigen Operation durch Versprachlichung und Bewußtmachung).

- *Lebensnahes Lernen* ist beabsichtigt:
  Handlungsorientierter Unterricht gewinnt wenigstens zeitweise den Zusammenhang von Leben und Lernen zurück: Man verfolgt komplexere Anliegen, man muß aus der Schule heraus, man braucht außerschulische Kompetenz in der Schule.

4. Praktische Konsequenzen

- *Planen* wird zur Lernaufgabe für Schüler und Lehrer.
- Der *Zeitrahmen* muß sich ändern (weg von der 45-Min.-Einheit).
- Lehren wird *komplexer* und schwerer
  (Beraten, Helfen, Kompetenzen kurzfristig vermitteln, vielfältige Aktivitäten beobachten und zum Ergebnis führen).
- Lernen wird komplexer und *verantwortungsvoller*
  (man muß mehr und Unterschiedliches tun, man ist für sein Ergebnis – ob gut oder schlecht – verantwortlich).
- *Handlungsaufgaben* und *Materialien* sind erwünscht.
- *Außerschulische Experten* sind erwünscht
  (Eltern und Wissensträger).
- Der *„Gebrauchswert"* wird unterschiedlich zu dimensionieren sein; er mag in der Mitteilung an andere Schüler bestehen, sich in einer Ausstellung dokumentieren, aber auch außerhalb der Schule liegen (Zeitungsberichte, Anfragen an die Stadt, konkrete Maßnahmen: Besuch von alten Menschen z.B.).

5. Kompromißansätze

- Im Schulalltag wird es nicht immer gleich zur „Reinform" handlungsorientierten Unterrichts kommen. Das macht nichts!
- Mit Schritten in die Richtung anzufangen, entspricht realistischem Handeln und sichert das eigene positive Verhältnis zu dieser Art von Unterricht.
- Wichtig ist:
  - man sollte eine klare Vorstellung von der „Reinform" haben,
  - man sollte die eigenen Ansätze richtig dimensionieren (Planungsaspekt)

  und richtig einschätzen (Analyseaspekt).
- Am schwierigsten erscheinen nach aller Erfahrung die ersten beiden Schritte
  (Themenfindung mit Schülern, Planung durch Schüler) zu sein, da wir Didaktik als Vermittlungsdidaktik gelernt haben und nicht als Didaktik des Planens.
- Jeder Lehrer sollte vor allem dort Kompromisse praktizieren, wo ihm das von der Ausgangslage her notwendig erscheint, im Lauf der Zeit dann immer einen Schritt mehr versuchen.

Wenn man das Konzentrat etwas erläutert, kann man auf einer phänomenologischen Ebene sagen: wenn von handlungsorientiertem Unterricht die Rede ist, dann ist gemeint, daß *Merkmale* der folgenden Art in der einen oder anderen Weise auftreten: Schüler planen, führen etwas durch, kommen zu einem verwertbaren Ergebnis; die Aktivitäten liegen schwerpunktmäßig bei ihnen; das Lernen hat mehrere Dimensionen, es ist kognitiv, emotional und praktisch orientiert, die alte Trias von Kopf, Herz und Hand spielt eine entscheidende Rolle im handlungsorientierten Unterricht. Das Ergebnis solchen Unterrichts hat einen Gebrauchswert, eine Vokabel, die man recht modisch verwendet in letzter Zeit – Gebrauchswert, das meint nicht nur, gute Zensuren im Unterricht anzustreben. Andere Gebrauchswerte sind gemeint: Man kann mit dem Ergebnis der eigenen Arbeit etwas anfangen, man kann es anderen Schülern mitteilen, man kann Eltern etwas zeigen, oder es geht sogar über den schulischen Rahmen hinaus: eine Anfrage an die Gemeinde, es entsteht ein Spielplatz, eine Spielecke im glücklichen Fall, ein für das weitere Leben außerhalb oder innerhalb der Schule relevantes Produkt. Man gewinnt objektiv neues Wissen z.B. durch eine genaue Erhebung der Wohnsituation ausländischer Mitbürger im Stadtteil, in der Gemeinde.

Wenn man versucht, den Begriff der *Handlung* näher zu bestimmen, ist folgender Vorschlag zu machen: Ich definiere Handlung als eine sinnbestimmte, für die Beteiligten relevante Bearbeitung einer Thematik, die in Idee, Planung, Durchführung, Ergebnis und Auswertung in der Regel von einer Gruppe getragen wird, also durch kooperatives Lernen gekennzeichnet ist, und die immer kognitive Elemente (Überlegen, Erörtern, Planen, Steuerung der Durchführung, Bewertung der Ergebnisse) enthält.

Es handelt sich um die Bearbeitung einer *Thematik, mit der man sich identifizieren kann* – auch dies wohl ein ganz wichtiges Bestimmungsmerkmal – umgangssprachlich gesprochen: Es ist dann *unsere* Sache, über die wir arbeiten, mit der wir uns beschäftigen. Es ist eine Aktivität, die *Gebrauchswert* hat (damit können wir etwas anfangen, das wird nicht nur abgehakt, wenn die Stunden zu Ende sind), die häufig praktische Tätigkeit und vorzeigbare Ergebnisse beinhaltet (praktische Tätigkeiten wie das Herstellen, Bauen, Zeichnen, Durchführen, vorzeigbare Ergebnisse wie Bilder, Modelle, Ausstellungen, Schul- und Sportfeste, Bücher, Filme und anderes mehr). Ich bestimme damit handlungsorientierten Unterricht anders als über den Terminus des praktischen Lernens. Praktisches Lernen assoziiert zu schnell praktisches Tun. Ein

Lehrgang in Töpfern wäre per se zunächst einmal noch kein handlungsorientierter Unterricht, es müßten andere Bestimmungsmomente dazu kommen, die ich versuche, über eine nähere Definition von Handlung zu fassen. *Praktische Tätigkeiten bestimmen nicht ausschließlich handlungsorientierten Unterricht. Kognitive Elemente werden immer eine große Rolle spielen.* Es wird nachher noch zu fragen sein, ob nicht überhaupt, wenn man sich eine genauere Vorstellung von handlungsorientiertem Unterricht verschafft hat, der Bogen zurückzuschlagen ist zu einer verstärkt kognitiven Arbeit. Praktische Tätigkeiten werden ein Bestimmungsmoment sein, aber nicht das alleinige und auch nicht das hinreichende. Kognitive Elemente sind vor allem in der Planung und der Steuerung der Bearbeitung, in der Sinnbestimmtheit, die für die Schüler die relevante Bearbeitung einer Thematik ausmacht, zu finden. Ich will damit der Gefahr eines schnellen Aktionismus vorbeugen, der gelegentlich im Zusammenhang mit handlungsorientiertem Unterricht zu beobachten ist.

Der *zugrundeliegende Lernbegriff* ist in aller Kürze mit folgenden Elementen zu kennzeichnen: Mit handlungsorientiertem Unterricht wünscht man sich ganzheitliches Lernen, d.h., daß sich Lernen mit der ganzen Person realisieren kann, daß nicht nur Papier- und Bleistift-Verfahren Lernen bestimmen, daß auch nicht nur das Ausführen von Anweisungen das Lernen bestimmt, daß mehr Verantwortung impliziert ist, daß Verantwortung für den eigenen Lernprozeß, für die eigenen Aktivitäten entsteht, daß sinnvolles Lernen sich realisieren kann. Sinnvolles Lernen intendiert, daß man als Schüler und als Lehrer an etwas beteiligt ist, was man für wichtig hält. Man ist für die Planung wie für die Durchführung und auch die Auswertung verantwortlich. Es entsteht dadurch ein neuer Sinnzusammenhang von Lernaktivitäten, der im Alltag häufig stellvertretend von Lehrern gedacht wird, aber von den Schülern nicht immer gedanklich nachvollzogen werden kann. Es erfolgt bei handlungsorientiertem Unterricht eine *Orientierung an psychologischen Theorien* mindestens in zweierlei Hinsicht, einmal an der Interiosationstheorie Galperins, einer materialistischen Psychologie, und an der Entwicklungspsychologie Piagets. Die Grundgedanken sind, daß Weltaneignung sich vor allem sinnlich-praktisch ergibt, daß alles Lernen von materialisierten Handlungen ausgeht und über Versprachlichung, Bewußtmachung zu geistigen Operationen führt, daß konkretes praktisches Tun immer der Ausgang ist, ehe formale Denkprozesse, formales Denken, rein gedankliches Reflektieren Platz greift. Ein weiteres Moment: *lebensnahes Lernen* ist beabsichtigt. Bei handlungsorientiertem Unterricht erhofft man sich wenigstens zeitweise den Zusammenhang von Leben und Lernen zurück, indem man komplexere Anliegen verfolgt, auch aus der Schule hinaus muß, außerschulische Kompetenz verlangt ist. Wenn soweit Annäherungen an eine klare Vorstellung gediehen sind, ist es sinnvoll, viertens über *praktische Konsequenzen* nachzudenken. Planen wird zur Lernaufgabe für Schüler und Lehrer. Das gedankliche Repertoire, das in die Praxis umgesetzt wird, ist im Kern mit dem Stichwort der Vermittlungsdidaktik zu benennen. Didaktik, verstanden als Initiierung von Planungsprozessen, von Beratungsprozessen, von Moderationsprozessen ist im didaktischen Denken noch viel fremder. An einem Beispiel sei dies exemplifiziert.

Handlungsorientierter Unterricht am Beispiel der Umwelterziehung

Wenn handlungsorientierter Unterricht Realität werden soll, müssen die Möglichkeiten dafür klar beschreibbar sein. Die Gruppen von entsprechenden Aktivitäten werden im folgenden benannt.

Erforschen

Die Möglichkeiten dienen der eigenständigen Erforschung von Sachverhalten, Einstellungen und Gewohnheiten.

	Beispiele:
1. Recherchieren	– Bei der Stadt Müllabfuhr erkunden – Zahl der Flaschencontainer im Stadtteil feststellen
	Beispiele:
2. Untersuchen	– Wasseruntersuchungen betr. den Fluß „Leine“ – Waldschäden mit Förster feststellen
	Beispiele:
3. Befragen	– Menschen nach ihren Gewohnheiten befragen – Menschen nach ihren Einstellungen befragen Atommüllentsorgung erfragen

Informieren/Aufklären

Die drei Möglichkeiten zielen auf das Dokumentieren für Andere (z.B. in der Pausenhalle), Mitteilungen an Andere (z.B. an Eltern) und auf Werbe-, Überzeugungsaktivitäten in der Öffentlichkeit generell.

	Beispiele:
4. Dokumentieren	– Waldschutzmaßnahmen – Sparsamer Energieverbrauch

	Beispiele:
5. Mitteilen	– Einsparungen im Energieverbrauch – Verbesserungen im Verkehrsverhalten
	Beispiele
6. Kampagne	– Öffentlichkeit zum Umstieg auf öffentl. Verkehrsmittel anregen – Für saubere Kraftwerke werben

Bewegen/Verändern

Die „höchste“ Aktivitätsstufe stellt sich im Bewegen / Verändern dar. In sich gestaffelt ist sie in einem Dreischritt, der vom Demonstrieren über konkrete Veränderungsaktionen bis zum eigenen Verhalten geht.

	Beispiele:
7. Demonstrieren	– Gegen Umweltsünder demonstrieren (Firmen z.B.) – Gegen Flußverseuchung demonstrieren
	Beispiele:
8. Aktionen	– Saubere Eilenriede (Stadtwald) – Regeneration von Biotopen
	Beispiele:
9. Alltagsverhalten verändern	– Schulhof reinhalten – Differenzierte Müllbeseitigung

Praktische Konsequenzen werden sich weiter ergeben hinsichtlich des Zeitrahmens. Der Zeitrahmen muß sich bei handlungsorientiertem Unterricht sicherlich ändern: weg von der 45-Minuten-Einheit! Man muß immer wieder feststellen, daß sich die Aufgaben für den Lehrer erschweren werden. Es geht dann um Prozesse, die mit den Verben beraten, helfen, Kompetenzen kurzfristig vermitteln, vielfältige Aktivitäten beobachten und zum Ergebnis führen stichwortartig zu kennzeichnen sind. Auch das Lernen wird komplexer und verantwortungsvoller, man muß mehr und Unterschiedliches tun im handlungsorientierten Unterricht, man ist für sein Ergebnis, ob gut oder schlecht, verantwortlich. Handlungsaufgaben, Materialien sind gefordert, außerschulische Experten sind erwünscht (Eltern und andere Wissensträger), und der Gebrauchswert wird unterschiedlich zu dimensionieren sein. Er mag in der Mitteilung an andere Schüler bestehen, er mag sich in einer Ausstellung dokumentieren, aber auch außerhalb der Schule liegen. Wie gesagt, es gibt glückliche Fälle, in denen man Öffentlichkeit erreichen kann mit Unternehmungen, Zeitungsberichten, Anfragen an die Stadt, konkreten Maßnahmen wie der Besuch von alten Menschen in der Schule oder bei ihnen. Wenn man in dieser Weise eine erste

Vorstellung entwickelt hat, wird es gleich wichtig, von Kompromißansätzen zu sprechen: Im Schulalltag wird es nicht immer gleich zur Reinform handlungsorientierten Unterrichts kommen. Aber mit Schritten in diese Richtung anzufangen, entspricht realistischem Handeln und sichert das eigene positive Verhältnis zu dieser Art von Unterricht. Wichtig scheint aber zu sein, daß man eine klare Vorstellung von der Reinform hat und man die eigenen Ansätze richtig dimensionieren kann (Planungsaspekt) und richtig einschätzen kann (Analyseaspekt). Am schwierigsten sind nach aller Erfahrung die ersten beiden Schritte: Themenfindung mit Schülern, Planung durch Schüler. Jeder Lehrer sollte vor allen Dingen dort Kompromisse praktizieren, wo ihm das von der Ausgangslage her notwendig erscheint, im Laufe der Zeit dann immer einen Schritt mehr versuchen.

Die Reinform handlungsorientierten Unterrichts

Präzisiert man die Vorstellung von handlungsorientiertem Unterricht, dann darf das Konzentrat „Idealtypischer Verlauf von handlungsorientiertem Unterricht und kritische Stellen" zunächst vorgestellt und dann erläutert werden.

Idealtypischer Verlauf von handlungsorientiertem Unterricht und kritische Stellen: Projektarbeit

Idealtypischer Verlauf	*Kritische Stellen*
1. Ein Thema, eine Aufgabe, ein Anliegen finden (Projektinitiative)	1. Kann sich eine ganze Klasse an einem Vorhaben erwärmen? Stellvertretende Themenfixierung durch Lehrer erfolgt u.U. schnell.
2. Die Arbeit planen – Fragen stellen – einen Arbeitsplan erstellen – Gebrauchswert identifizieren (Projektplan)	2. – Fehlende Kompetenzen („Zwischen-Lehrgänge") – Fehlendes Wissen (Lehrer-Überlegenheit) – Zeitmangel (Lehrerplan)
3. Die Arbeit durchführen – Information gewinnen – Produkt herstellen – Aufführung üben (Projektdurchführung)	3. – Gruppenprobleme (Kooperation – Arbeitsteilung – Stimmung – langer Atem!) – Stundenplan hemmt

4. Erfahrungen, Ergebnisse verarbeiten und darstellen – Ausstellung – Vortrag – Demonstration – Durchführung einer Aktion (Produkt)	4. – Didaktische Kompetenzen des Darstellens, Erklärens fehlen – Produkte gelingen nicht so – Resonanz ist begrenzt!

Wenden wir uns zunächst der linken Seite dieser Übersicht zu: dort ist ein idealtypischer Verlauf skizziert. Die These ist, daß man diesen idealtypischen Verlauf in dem Konzept der Projektarbeit wiederfindet. Das *Projekt repräsentiert die Idealform von handlungsorientiertem Unterricht* mit den vier Schritten Projektinitiative, Projektplan, Projektdurchführung, Produkt. Zuerst muß ein Thema, eine Aufgabe, ein Anliegen gefunden werden. Dann ist die Arbeit zu strukturieren, es sind Fragen zu stellen, es ist ein Arbeitsplan aufzustellen, es muß ein Gebrauchswert identifiziert werden von dem, was man machen will. Es ist drittens die Arbeit durchzuführen, es sind Informationen zu gewinnen, es ist ein Produkt herzustellen, es ist eine Aufführung zu üben u.a. mehr. Und im vierten Schritt sind Erfahrungen und Ergebnisse zu verarbeiten und darzustellen in der Form von Ausstellungen, Vorträgen, Demonstrationen, Durchführungen und anderem mehr. Man gewinnt klare Orientierungen über handlungsorientierten Unterricht über die Idealform, die Reinform. Es darf angefügt werden, daß der Projektgedanke im Unterrichtsalltag natürlich Schwierigkeiten macht. Soweit Projektwochen in der Schule zu beobachten sind, findet man häufig gar keine Projekte.
Man müßte strenger von Wochen mit alternativem Unterricht sprechen. Projekte im engeren Sinn findet man, so meine These, in den Projektwochen der Schulen eigentlich im selteneren Fall, häufig sind es alternative Inhalte, alternative Formen, die man praktiziert. Eine Woche mit alternativem Unterricht ist streng betrachtet nicht mit Projektarbeit zu verwechseln. Mit Projektarbeit haben wir zunächst die Idealform von handlungsorientiertem Unterricht, dann ist über Abweichungen, Modifizierungen nachzudenken. Bei der Reinform, beim idealtypischen Verlauf, ist es sicherlich redlich und notwendig, auch gleich über die kritischen Stellen zu sprechen. Kritische Stellen sind: wie kommt es dazu und gelingt es überhaupt, daß sich eine ganze Klasse an einem Vorhaben erwärmen kann, oder gibt es da nicht immer Fraktionen, Gruppen? Erfolgt nicht in Wahrheit eine stellvertretende Themenfixie-

rung durch den Lehrer, und ist dies zulässig oder illegitim? Wie wäre es zu begründen, wenn man es macht? Für den zweiten Schritt sind fehlende Kompetenzen auf der Schülerseite häufig ein schnell beobachtetes Manko. Dies kann aufgefangen werden durch Zwischenlehrgänge, durch schnelle Kompetenzvermittlung.
Fehlendes Wissen führt zu alten Lehrerüberlegenheiten – oder läßt sich das in der gemeinsamen Arbeit anders regeln? Zeitmangel tritt schnell auf, der Lehrplan drückt, so daß man Einschränkungen vornimmt. In der Durchführung der Arbeit gibt es Gruppenprobleme, die Kooperation gelingt nicht so recht, die Arbeitsteilung nicht, die Stimmung, der Anfangseifer sind häufig schnell verflogen. Langer Atem ist verlangt, aber nicht immer vorhanden, und auch hier gibt es wieder hemmende Momente. Im Komplex vier sind kritische Stellen, daß bei den Schülern didaktische Kompetenzen des Darstellens und Erklärens fehlen, daß die Produkte nicht so ganz gelingen, wie man sich das vorgestellt hat, dann auch nicht so attraktiv sind, daß die Resonanz deshalb begrenzt ist. Und die Frage entsteht, kommt dann ganz schnell die große Ernüchterung oder können wir Konsequenzen ziehen für die weitere Arbeit zur Verbesserung dieser Art von Unterricht?

Dimensionen handlungsorientierten Unterrichts

Es war schon aufgeführt worden, daß man es bei der Idealform, bei der Reinform bei der Erörterung dieses Themas nicht belassen kann. Es sollen deshalb Dimensionen handlungsorientierten Unterrichts dargestellt werden. Dies scheint für die Alltagsrealisierung handlungsorientierten Unterrichts besonders wichtig zu sein. Das Schema verschiedener Dimensionen macht es möglich, jeweils eigene Aktivitäten, eigene Vorhaben, eigene Unternehmungen einzuordnen und sie damit also im Rahmen des insgesamt Möglichen zu verorten.

Dimensionen handlungsorientierten Lernens

1 Handlungen als sinnbestimmtes selbstgeplantes und -realisiertes Tun
Beispiele: Spielplatz bauen; England-Reise planen, durchführen und auswerten / dokumentieren; Analyse eines Bundestagswahlkampfes; Schulinternes Fernsehen im Rahmen einer Projektwoche

2 Handlungsorientierter Unterricht als Rahmen für entdeckendes und forschendes Lernen (Erfahrungslernen)

Beispiele: Versuche, aus Korn Mehl herzustellen
Ein Windmeßgerät herstellen
Ein Dampfboot bauen
Wer baut den höchsten Turm?

3 Handlungsorientiertes Lernen als Basis/Vehikel für kognitives Lernen
Beispiele: Schulhof vermessen, um damit mathematische Operationen zu behandeln; Gemüsebeet anbauen im Biologieunterricht

4 Praktisches Tun nach Plan und Anweisung
Beispiele: Lampions herstellen nach Konstruktionserläuterung; Wir bauen Brücken

5 Begleitende Aktivitäten
Beispiele: Malen, Bauen, Zeichnen, Texte als Ergänzung zum Lesen einer Ganzschrift;
Wir malen ein Bild nach dem Besuch beim Bauern

Man findet in der Übersicht fünf Dimensionen handlungsorientierten Lernens. Sie sind von oben nach unten zu lesen, gewissermaßen nach dem Ordnungsschema von der Reinform zu immer eingeschränkteren Formen handlungsorientierten Lernens: zunächst die *Handlung als sinnbestimmtes, selbstgeplantes realisiertes Tun,* also die Idealform mit Beispielen, die wir alle kennen. Es handelt sich um sog. „schöne" Beispiele. Es wird in der Gemeinde, im Stadtteil tatsächlich ein Spielplatz gebaut, weil ein Bedarf entstanden ist. Es wird im Englischunterricht eine Englandreise geplant, durchgeführt und ausgewertet, und zwar in der Kooperation der Schüler-Lehrer-Gruppe. Von Anfang bis Ende stehen Planungs-, Durchführungs- und Auswertungsprozesse in der gemeinsamen Verantwortlichkeit, und das Ganze wird dokumentiert. Oder es wird ein Wahlkampf, ein Bundestagswahlkampf analysiert, man muß dafür das Konzept entwickeln, die Schritte der praktischen Durchführung frühzeitig überlegen; entscheiden, in welcher Weise man zu Ergebnissen kommen will, wie man sie darstellen will. Oder: Im Rahmen einer Projektwoche nimmt man sich vor, mit der vorhandenen schulinternen Fernsehanlage die Projektwoche zu dokumentieren, um am Ende eine zutreffende Videodokumentation aller relevanten Tätigkeiten der Projektwoche wiedergeben zu können. Das sind die schönen Beispiele, und wenn es sogar möglich wäre, die Zehntscheuer einer Stadt zu retten, dann mag das ein Weiteres sein. Das ist aber nicht Alltag. Deshalb weitere Dimensionen: *Handlungsorientierter Unterricht als Rahmen für entdeckendes und forschendes Lernen.* Gemeint ist, daß didaktische Situationen vorstrukturiert werden, in denen dann Aktivitäten des Versuchens, des Probierens möglich

sind, in denen die Chance gegeben ist, etwas zu finden, das man im voraus nicht so genau kennt, etwas zu versuchen, bei dem man nicht weiß, was herauskommt, daß man etwas entdeckt, nachentdeckt, nacherfindet: Prinzipien, Materialeigenschaften, um auf diese Weise handlungsbestimmt zu lernen. Beispiele, die eingefügt sind, mögen dann hier sein: Versuche, aus Korn Mehl herzustellen, ein Windmeßgerät zu bauen, ein Dampfboot zu bauen, der Frage nachzugehen, wer baut den höchsten und stehenbleibenden kompakten Turm und anderes mehr. Unterschiedlich gegenüber der ersten Dimension ist, daß die didaktische Situation durch den Lehrer vorgegeben und vorstrukturiert ist, daß sie aber so viel an Offenheit bietet, daß Prozesse des entdekkenden und forschenden Lernens und die Chance, dabei Erfahrungen zu machen, im großen Maße gegeben sind. In dem Maße, wie die eigenen Aktivitäten bewußt gesteuert, analysiert, zu einem Ergebnis gebracht werden, wird daraus handlungsorientierter Unterricht.
Dritte Dimension: *Handlungsorientiertes Lernen als Basis und Vehikel für kognitives Lernen.* Diese Formel signalisiert jetzt schon eine viel stärkere Zurücknahme der Ausgangsideen. Wenn der Schulhof vermessen wird, um damit mathematische Operationen zu behandeln, also Flächenberechnung, dann haben wir ein Beispiel für diese dritte Dimension. Es kommt zu äußerlichen Aktivitäten. Im Kern aber geht es eben nicht um das Herausfinden der Flächengröße des Schulhofes, weil das noch unbekannt wäre, sondern es geht um ein Probieren von Fertigkeiten, von Aktivitäten, mit denen man (vermeintlich oder tatsächlich) besser an mathematische Operationen herankommt. Ein Gemüsebeet anbauen im Biologieunterricht ist ein zweites Beispiel – also nicht ein Gemüsebeet anbauen, um sich dann an eigenen produzierten Tomaten schlicht zu erfreuen, zu sehen, wie sie schmecken, sondern daraus Biologieerkenntnisse herzuleiten. Handlungsorientiertes Lernen wird hier zum Vehikel für etwas anderes, für kognitives Lernen, und dies ist durchaus zulässig.
Noch einen Schritt weiter zur vierten Dimension: *Praktisches Tun wird durchgeführt nach Plan und Anweisung.* Beispiele sind: Lampions werden hergestellt nach Konstruktionserläuterung, wir bauen Brücken nach bestimmten Vorgaben. Von der Definition von „Handlung“ vorhin und den damit näher bestimmten Vorstellungen von handlungsorientiertem Unterricht ist jetzt viel zurückzunehmen.
Die fünfte Dimension geht noch weiter zurück. *Begleitende Aktivitäten werden praktiziert.* Ein Beispiel: Wir haben einen Unterrichtsgang auf einen Bauernhof gemacht, und im Anschluß daran malen wir ein Bild davon, stellen visuell bestimmte Eindrücke noch einmal dar. Oder es

ist eine Ganzschrift gelesen worden, und es wird dazu etwas gemalt, gebaut, gezeichnet, es werden eigene Texte geschrieben, es wird dazu etwas gemacht. Elemente und Aspekte von handlungsorientiertem Unterricht werden geschaffen, die vielleicht mit dem Stichwort von begleitenden Aktivitäten am besten beschrieben sind. Ihre Funktion ist darin zu sehen, daß vor allen Dingen Prozesse der Verarbeitung, der Erläuterung, der Klärung von Erlebtem und Beobachtetem durch eigene Aktivitäten betrieben werden.
Im Überblick gesehen ist von der Reinform oben jetzt schrittweise viel zurückgenommen worden. Alle diese Formen haben für den täglichen Unterricht eine Funktion. Die Verortung dessen, was man selbst macht, erlaubt, das zu vermeiden, was man immer wieder beobachtet: daß man mit einem mehr oder weniger schlechten Gewissen arbeitet, weil man zum wirklichen Projekt nicht kommt und damit glaubt, daß die eigene Praxis wenig gilt.

Weiterungen

Wenn die Ausführungen so weit gediehen sind, lassen sich ein paar weitere Beispiele und Ansätze skizzieren und einordnen, vielleicht aus zwei Bereichen, die ganz unterschiedlich liegen. Was für eine Art von handlungsorientiertem Unterricht wäre es, wenn z.B. im Geschichtsunterricht historische Szenen nachgestaltet werden, wenn Schmuck aus einer bestimmten Zeit selbst hergestellt wird, wenn die Gutenbergsche Erfindung im Nachvollzug durchprobiert wird, wenn man eine Widerstandskämpferin über ihre Erfahrungen und Erlebnisse befragen kann, oder wenn man im Fach Welt- und Umweltkunde die Verkehrs- und Wohnungsverhältnisse in einem Stadtteil konkret erforscht, wenn eine Spielzeugfabrik als Planspiel betrieben wird?
Kann man eigentlich von handlungsorientiertem Unterricht sprechen, so ist weiter zu fragen, wenn in den eher praktisch-orientierten Fächern z.B. Marionetten gebaut werden und mit ihnen dann gespielt wird, wenn ein Projekt textilen Gestaltens läuft: „Kleidungsprojekt – aus alt mach neu“, wenn in Hauswirtschaft ein sogenanntes Schlankheitsmenü erarbeitet, gekocht und dann auch selbst probiert wird, wenn ein Gewächshaus gebaut wird, wenn ein Surfbrett hergestellt und ausprobiert wird? Die Dimensionen gestalten sich sehr unterschiedlich und sehr vielfältig. Der Bereich von Simulationsverfahren, also des Handelns in fiktiven Situationen, wäre auch zu bedenken. Bis jetzt ist handlungsorientierter Unterricht auf reale Prozesse des Handelns, Tuns und Miteinanderarbeitens bezogen worden. Der Komplex „Handeln

in fiktiven Situationen", also Planspiele, Handeln „als ob", Rollenspiele, wäre in dieses Thema einzuarbeiten, und es wäre zu prüfen, wie weit dies handlungsorientierter Unterricht ist.
Ein weiteres Beispiel: eine Studentengruppe hat ein Projekt „Obstsalat im 1. Schuljahr" durchgeführt. An diesem Projekt ist eine weitere kleine Konkretisierung vorzunehmen. Das Projekt begann damit, daß die Studenten dachten, sie müßten etwas machen im 1. Schuljahr, was Spaß macht, was auch so etwas wie einen Arbeitszusammenhang, einen Sinnzusammenhang schafft. Da man den Vormittag zusammen gestaltet, sollte ein etwas komplexeres, etwas umfangreicheres Vorhaben durchgeführt werden. Was könnte Kindern Spaß machen, war eine der Ausgangsfragen. Und so sind sie zu dem Projekt „Obstsalat" gekommen, das so aussah, daß sie zunächst eine Planungsphase zusammen durchführten mit Kindern: Was brauchen wir alles, was müssen wir vorbereiten? Dann sind sie Obst einkaufen gegangen. Sie haben sich die Konsummärkte im Stadtteil aufgeteilt, haben dann den Obstsalat in Tischgruppen hergestellt, schließlich eine große Tafel aus den Tischen gebaut und den Obstsalat gemeinsam verspeist. Die Salate wurden möglichst auch ausgetauscht: Wie schmeckt eurer, wie schmeckt unserer? Ist das handlungsorientierter Unterricht? Da war eine Menge Aktivität zu beobachten, da war so etwas wie ein Arbeitszusammenhang über den Vormittag, der den ganzen Vormittag getragen hat. Die Kinder waren an den Planungsüberlegungen beteiligt, am Einkaufen, also an dem konkreten Heranholen des Obstes, sie haben etwas hergestellt, was Gebrauchswert hatte, den Obstsalat, sie haben ihn ausprobiert, haben gewissermaßen an der gemeinsamen großen Speisetafel das Ergebnis der Arbeit probieren können. Es könnte auf den ersten Blick so aussehen, als wenn das als schönes Beispiel gelten kann. Auf den zweiten Blick tauchen ein paar Fragen auf. Was haben die Kinder eigentlich gelernt? wäre eine der Fragen. Werkzeuggebrauch z.B. war ganz überraschend ein Problem: ein Messer war von den Kindern offensichtlich noch kaum gebraucht worden. Es wurde also das Messer oft verkehrt herum genommen, um einen Apfel zu schneiden. Die Studenten hatten vorsichtshalber eine Menge Pflaster bereitgestellt. Planungsprozesse zu reflektieren, gemeinsam zu steuern: ist da etwas gelernt worden? Ist gelernt worden, etwas herzustellen, was jetzt einer Gruppe Spaß macht, was schmeckt, könnte man das dann vielleicht auch zu Hause machen? Ist etwas für den Alltag mitgenommen worden? Oder bleibt es dabei, daß es Spaß gemacht hat? Und wäre das eine zulässige Kategorie bei handlungsorientiertem Unterricht?

Ist das eigentlich eine zureichende Begründungskategorie, oder müßte man nicht viel weiter darüber hinausgreifen? Bei handlungsorientiertem Unterricht ist grundsätzlich von verschiedenen Funktionen zu sprechen, von der Vehikelfunktion, von der Erweiterungsfunktion (Erfahrung neben Belehrung), aber eben auch von der *emanzipatorischen Funktion handlungsorientierten Unterrichts*. Das heißt, daß er viel mehr zu sinn- und lebensbestimmenden Aktivitäten führen könnte, was dann gesellschaftlich-politisches Lernen heißen würde. Ob man bis zu diesen Dimensionen handlungsorientierten Unterrichts kommt, ist als Frage zu formulieren. Aber daß in diese Richtung Denkmöglichkeiten bestehen, die schließlich handlungsorientierten Unterricht tatsächlich zu gesellschaftlich-politischem Lernen machen könnten, das weit hinausführt aus dem Rahmen des Unterrichts und der Schule, das ist doch schon zu formulieren. Bei dem Projekt „Obstsalat" war davon natürlich nichts vorhanden. Die Studenten hatten eine ganze Reihe von Dingen herausgenommen aus der Komplexität des Vorhabens. Am Freitag vorher war von der Mentorin ein Brief an die Eltern gegangen, damit ein Schälchen, Messer, Serviette mitgebracht wurden, auch eine Mark zum Kaufen des Obstsalates. Es waren weitere Reduktionen vorgenommen worden, um das Projekt praktizierbar zu machen. Es ist noch einmal zu betonen, was einleitend schon gesagt wurde: Es wäre zweifelhaft, wenn man handlungsorientierten Unterricht auf die Dauer nur bestimmen würde als Unterricht, in dem etwas gemacht wird, in dem Aktivität herrscht, der durch Aktionismus bestimmt ist. Man sollte an dieser Stelle streng darauf achten, daß die Definition von Handlung beachtet wird: handlungsorientierter Unterricht soll selbstbestimmtes, reflektiertes, auch sinnbestimmtes Lernen ermöglichen.

Offene Fragen

Eine ganze Reihe von Problemen entsteht in diesem Zusammenhang. Ein bis jetzt völlig ungelöstes Problem ist, wie es mit *Zensuren und der Leistungsbeurteilung* steht. Bei allen bisherigen gedanklichen und praktischen Bemühungen um dieses Thema wird häufig dieses Thema ausgeklammert mit der Begründung, daß, wenn man einige Male handlungsorientierten Unterricht praktiziert, man ihn nicht gleich wieder zu betrachten braucht mit Fragen der Leistungsbewertung und Zensurengebung. Dafür bleibt der andere Unterricht – aber das ist natürlich im Grunde genommen ein Ausweichen vor der Frage, die schon eine Klärung braucht.
Andere Fragen sind: Wie könnte es aussehen, wenn handlungsorientier-

ter Unterricht über ein zufälliges und sehr vereinzeltes Unternehmen im Unterricht hinausgeraten soll? Wie steht es mit dem *Verhältnis von Zeit und Effekt* bei handlungsorientiertem Unterricht? Man braucht bei solchen Unternehmungen in der Regel viel mehr Zeit. Korrespondiert das immer in der richtigen Weise mit den Effekten, die dabei erzielt werden? Wie steht es mit der Häufigkeit von handlungsorientiertem Unterricht im Laufe des Schuljahres? Lassen wir ihn in einer Art Orchideenfunktion, oder können wir ihn integrieren in den Alltag, und wenn ja, in welcher Weise? Dann stellt sich natürlich das Begründungsmoment noch einmal ganz neu, welchen Lerngewinn, welchen Bildungsgewinn wir uns eigentlich erhoffen, und ob er ein individueller, ein klassenintern gewonnener bleibt oder auch in andere Dimensionen wie gesellschaftliche Verwertungszusammenhänge hineingeht?
Für die praktische Verfahrensweise kommen natürlich eine ganze Reihe von tückischen Fragen auf: Wenn es um die Verabredung von gemeinsamen Projekten geht, lassen wir die *Mehrheitsmeinung* immer die Entscheidung bestimmen? Gelten 15:14 Entscheidungen der Klasse oder muß sich das auflösen in Richtung verschiedener Projekte? Kann es bis zu *Individualisierung* bei handlungsorientiertem Unterricht kommen oder würde man das Element des kooperativen Lernens doch sehr stark als mitbestimmendes Moment von handlungsorientiertem Unterricht ansehen? Das sind Fragen, die auch zu einer Klärung gebracht werden müssen. Wenn wir die Idee des handlungsorientierten Unterrichts ernsthaft weiterverfolgen, wird über handlungsorientierten Unterricht wahrscheinlich der tägliche Unterricht genauso stark oder noch stärker Kopfarbeit werden, als der herkömmliche Unterricht es schon ist. Aber man kann hoffen, daß sich ein neuer Sinnzusammenhang, daß sich andere Arbeitszusammenhänge ergeben könnten für die Schüler, in denen sie dann das, was überlegt, was reflektiert, was ausgewertet, was bedacht, was man sich aneignen muß, in einer positiveren Weise sehen und mitbestimmen könnten, und daß von daher ein Stück neue Qualität im Unterrichtsalltag entstehen könnte.

6.3 Forschendes Lernen

Vorbemerkungen

Der Schulpädagoge staunt nicht schlecht! Da denkt man, daß forschendes Lernen ein längst etabliertes Stichwort ist, und stellt dann fest, daß die meisten der aktuellen schulpädagogischen Handbücher und

Lexika kaum etwas zu diesem Thema sagen. Wenn man etwas großzügiger ist, muß man wohl auch das Stichwort „entdeckendes Lernen" hinzunehmen, um etwas zu finden. In der begrifflich nicht exakten schulpädagogischen Terminologie erscheint es ohnehin angebracht, die Termini „forschendes Lernen" und „entdeckendes Lernen" synonym zu verwenden. Dann wird auch die Literaturbasis etwas günstiger. Üppig aber ist sie auch dann nicht. Es bietet sich daher an, zunächst begriffliche und inhaltliche Grundklärungen vorzunehmen, um später mit Beispielen zu konkretisieren.

Näherungen

Forschendes Lernen steht in einem Begriffs- und Inhaltsfeld, zu dem Begriffe wie entdeckendes Lernen, produktives Denken, spontanes Lernen, problemorientiertes Lernen, Projektlernen, genetisches Lernen, selbstgesteuertes Lernen, fruchtbare Momente im Bildungsprozeß, offener Unterricht gehören. Gemeinsam ist diesen Termini, daß sie ein Lernen kennzeichnen wollen, das sich im Gegensatz befindet zu rein rezeptivem Lernen, bei dem dargebotene Inhalte aufgenommen, gespeichert und bei Anforderung wiedergegeben werden können. Lernen soll vielmehr aktiv, selbstbestimmt, experimentell, einfallsreich, produktiv sein, Fragen und Probleme selbst finden und Antworten suchen lassen.
Unter didaktisch-methodischem Aspekt finden diese Lernakzentuierungen ihren Gegensatz einerseits im darbietenden und sog. geschlossenen Unterricht, der bestimmt ist durch die planerischen und realisierenden Aktivitäten des Lehrers in nahezu jeder Hinsicht, und andererseits ihre Entsprechung im schülerorientierten und offenen Unterricht (Bönsch/Schittko, 1979). Auf dessen Bestimmungsmomente wird noch später eingegangen werden.
Grundelemente entdeckenden wie forschenden wie problemorientierten wie projektorientierten Lernens sind: Fragen formulieren, neugierig sein, Vermuten und Bilden von Hypothesen, gedankliches oder tatsächliches Lösen von Problemen, Ergebnisformulierung/-darstellung. Institutionalisiertes Lernen wird gewissermaßen umgedreht.
Schule und Lehrer sind nicht mehr Repräsentant des für wichtig gehaltenen Lernstoffes, Schüler konstituieren das Lernen aus dem Unwissen heraus, aus Neugierde, produktiven Fragehaltungen. Nicht das „Fertige" wird weitergegeben, das Offene, Unverstandene, Widersprüchliche, Unklare wird zum Ausgang für eigenes Suchen, Forschen, Recherchieren, Experimentieren, Manipulieren, Explorieren.

Zur Begründung geben Piaget und Bruner wichtige Hilfen. Wenn Lernen bedeutungsvoll sein soll, muß Unterricht Situationen schaffen, in denen der Lernende aktiv ist und Strukturen selbständig finden kann. Und wenn Lernen diese Qualität bekommt, steigert es intellektuelle Fähigkeiten, fördert es die Motivation, verbessert es die Behaltens- und Transferleistungen (Bruner, 1973; Piaget, 1978).

Festlegungen: Forschendes Lernen als Lernprozeß

Mit dem Terminus „forschendes Lernen" sind Lernmöglichkeiten gemeint, die Lernende in Lernsituationen bringen, in denen sie für sie subjektiv Neues erforschen und auf diese Weise zu ihrem Lernbesitz machen.

- Forschen beginnt damit, daß man neugierig ist, die Welt mit offenen Augen betrachtet, daß man epistemisches Verhalten zeigt. Epistemisches Verhalten ist eine Form der aktiven Wissenssuche in nichtdefinierten Situationen (Neber, 1974).
- Fragen und Probleme werden die konkreten Anlässe sein, die zu forscherischen Aktivitäten führen.
- Da forschendes Lernen nicht blindes trial und error sein soll, sondern ein Prozeß des reflektierten Vorgehens ist, ist die Vorgehensweise zu klären, es ist ein Plan zu entwerfen. Wie können wir das überprüfen? Wo können wir nachschlagen? Wo finden wir einen Experten? Wie können wir das untersuchen? Wie können wir dies herausbekommen?
- Aufgrund des Plans können Aktivitäten des Erkundens, Probierens, Experimentierens, Recherchierens, Manipulierens, des Explorierens, des Erhebens allein, in Gruppen, gemeinsam oder arbeitsteilig durchgeführt werden.
- Das Ergebnis wird zu konstatieren und zu prüfen sein. Beantwortet es die Ausgangsfrage, löst es das Problem oder ist es nur vorläufig, ungenau, unvollständig oder sogar falsch?

Forschendes Lernen muß diese Schritte beinhalten, wenn es forschendes Lernen sein will. Und damit ist ein hoher Anspruch postuliert!

Die unterrichtliche Folie: Situationen für forschendes Lernen

Die Planung und Realisierung von Unterricht müssen für dieses anspruchsvolle Lernen entsprechende Situationen schaffen. Idealtypisch gesehen geht es um die Realisierung folgender Modellvorstellung, die vor Jahren im sog. UDIS-Konzept entwickelt worden ist (Rauschenberger, 1972, Rauschenberger, 1974):

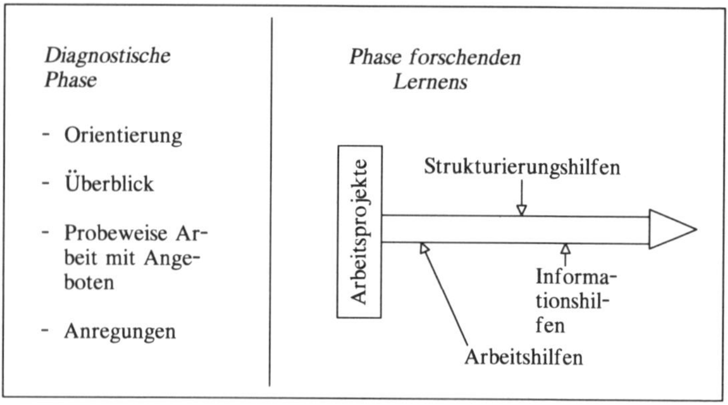

In einer ersten, sog. diagnostischen Phase käme es auf die Bereitstellung von Motivansätzen und auf die Entwicklung heuristischer Lernmotive an. Schüler müssen ja erst einmal an Themen-, Frage- und Problemstellungen, Lernmöglichkeiten und -materialien herankommen. Das „Aggregat von Lernanregungen" wird wesentlich aus Lernmaterialien bestehen, die folgende Bedingungen erfüllen sollten:

- Sie sollen zu Lern- und Spielaktivitäten anregen (Weckung von „Lernneugier").
- Themen und Bearbeitungsmethoden sollten breit gestreut sein.
- Aufgabenstellung und Handhabung sollten unmißverständlich sein.
- Arbeitsblätter, Informationsmaterial wie Bücher, Lexika, Arbeitshefte, Arbeitsgeräte wie Schreibmaschine, Vervielfältigungsapparat, Cassettenrecorder, Experimentiergeräte, Handlungsaufgaben (Recherchieren, Erkunden, Probieren, Interviewen, Beobachten u.a.m.) sollten zu den Lernangeboten gehören.

Aus dem informierenden oder experimentierenden Umgang mit Materialien und der Erledigung von Handlungsaufgaben können im günstigsten Fall heuristische Lernmotive entstehen. Sie sind sozusagen Lernmotive auf Probe.

In der dann folgenden Phase forschenden Lernens könnten Schüler einzeln oder in kleinen Gruppen dann in der Lage sein, sich für bestimmte Forschungsaufgaben zu entscheiden. Lernmaterialien und -hilfen müßten dafür viererlei bereitstellen:

- Eine erste Gruppe von Lernmaterialien (Texte auf Blättern oder in Arbeitsheften, fiktive Gespräche auf Band gesprochen u.a.m.) müßten Schüler in Überlegungen hinzuziehen, die das zu bearbeitende

Problem präzisieren, es analysieren helfen, zur Hypothesenbildung führen und das Vorgehen abklären (Methodeneinsatz).

- Eine zweite Gruppe von Lernmaterialien muß dann Informationen bereitstellen (Texte, Übersichten, Quellen, Mediendarstellungen usw.). Wenn in Schulen Bibliotheken und Mediotheken mit einem katalogisierten Angebot vielfältiger Informationsquellen vorhanden sind, wird die Suche und Bereitstellung von Material durch Schüler nicht schwer sein. Diese Forschungsunterlagen brauchen und sollen nicht immer für den speziellen Zweck konstruiert sein. Sie sollten im thematischen Horizont stehen und leicht auffindbar und verfügbar sein.
- Eine dritte Gruppe von Arbeitshilfen ist mit dem Begriff „Lerngeräte" zu klassifizieren (Papier, Schreibmaschine, Zeichengerät, Vervielfältigungsapparat, Cassettenrecorder, Fotoapparat, Videorecorder u.a.m.).
- Für Handlungsaufgaben muß das Repertoire an Arbeitstechniken in Kurzlehrgängen bereitstellbar sein. Wenn man Befragungen z.B. durchführen will, muß man wissen, welche Fragen man hat, wie man einen Fragebogen entwirft, wie man fragt, wie man Antworten auswertet, um zu Ergebnissen zu kommen (Bönsch, 1986).

Für den Lehrer ergeben sich hierbei in der Tat ganz neue und auch schwierigere Aufgaben. Sein Vermittlungsauftrag wandelt sich in den Auftrag des Anregens, Fragenentwickelns, Strukturierens und in den Auftrag der Beratung in lernmethodischer und gruppenpädagogischer Hinsicht. An die Stelle einer Vermittlungsdidaktik muß hier eine Anregungsdidaktik und Beratungsmethodik treten. Dafür wird in der Lehrerausbildung bisher wohl zu wenig vorbereitet.

Didaktisch-methodische Arrangements

Um dem Lernen solche Qualitäten zu geben, sind entsprechende methodische Arrangements notwendig.
Sie lassen sich unterschiedlich dimensionieren:

- Es wird eine anregende Lernumwelt geschaffen. Klassenzimmer, Flure, das ganze Schulhaus werden mit Bibliotheken, Lernmaterialien, Medien der verschiedensten Art, Aquarien, Terrarien u.a.m. zu einem Ensemble von Lernanreizen und -anregungen. Die Beispiele der englischen Schulen mit „open education" sind für diesen Aspekt immer noch am anregendsten (Klewitz/Mitzkat, 1977; Foster 1974; Kasper, 1979). Auf die sehr anregenden Arbeiten von H. Kasper für die Grundschule kann hier nur hingewiesen werden. Sie sind auch für andere Schularten wichtig.

- Es werden mehr Entdeckungssituationen als Vermittlungssituationen von den Lehrern gestaltet. Geschichten, Texte, Impulse, außerschulische Lernorte, Problemsituationen werfen Fragen auf, markieren Probleme.
- Es werden für jedes Fach 20–30 Situationen entwickelt, die analog zum zweiten folgenden praktischen Beispiel sog. „schöne Situationen“ entwickeln.
  Durch verstärkte Kommunikation unter Lehrern wäre es relativ leicht möglich, solche Situationen für forschendes Lernen zu sammeln und sie bereitzustellen. In der Folge wird jeder Lehrer seine Fähigkeiten des Entdeckens und Konstruierens zunehmend entwickeln können.

Konkretisierungen

Bei der schwierigen Aufgabe, forschendes Lernen für den Unterrichtsalltag praktizierbar zu machen, darf man wohl auf Beispiele nicht verzichten. Für den naturwissenschaftlichen Unterricht liegen Buchpublikationen vor (Ries/Rosenberger, 1970^2, Plöger, 1983), für andere Fächer ist die Lage weniger überzeugend.
Im folgenden sollen zwei Beispiele aus ganz unterschiedlichen Fächern kurz dargestellt werden: für den Physik- und für den Geschichtsunterricht.
Das Physikbeispiel soll neben seiner hoffentlich anregenden Funktion die Aufgabe haben, gewissermaßen mikrostrukturell forschendes Lernen aufzuzeigen. Das Geschichtsbeispiel hat ebenfalls zunächst anregende Funktion. Es soll darüber hinaus makrostrukturell die Anlage von Unterricht zeigen, die forschendes Lernen am ehesten begünstigen kann. In dieser Kombination mag das Anliegen erfüllt werden, Suchbewegungen und Forschungsaktivitäten im Detail und eine zu verallgemeinernde Konstruktion von Unterricht aufzuzeigen.

Forschendes Lernen im Physikunterricht

Forschendes Lernen wird hier als die Möglichkeit verstanden, Schüler einen ihnen unbekannten Sachverhalt mit Denk- und Experimentierprozessen erforschen zu lassen. Es handelt sich dabei um Prozesse des Nacherfindens oder Nachdenkens, da die Ergebnisse in der Regel objektiv längst gefunden sind. Physikbeispiele erlauben es, mit Hilfe von Experimentiergerät Lösungen nicht nur gedanklich zu suchen, sondern sie im konkreten Probieren zu finden. Dies ist lernpsychologisch sicher eine produktive Verfahrensweise.

Das Beispiel

Es handelt sich um das Thema „Wechselschaltung". Es stellt sich für viele Schüler sehr konkret in Wohnungen und Einfamilienhäusern dergestalt dar, daß mit einem Schalter am Eingang eine Lampe eingeschaltet werden kann und nach einem Weg durch den Korridor oder das Treppenhaus mit einem weiteren Schalter die Lampe wieder ausgeschaltet werden kann. Man braucht nicht zum ersten Schalter zurückzugehen, was auch nicht sinnvoll wäre, da man dann den Weg im Dunkeln zurücklegen müßte. Die Wechselschaltung will dies gerade überflüssig machen.

1. *Notwendiges Vorwissen*

Die Schüler müssen Grundkenntnisse in der Elektrizität haben. Im hier zur Rede stehenden Fall heißt dies, daß sie vom einfachen Stromkreis, vom geschlossenen Stromkreis wissen müssen, damit eine Lampe aufleuchten kann.

Die einfache Skizze zeigt Stromquelle, Plus- und Minuspol, Stromkreis, Glühbirne (x) und offenen Schalter, der den Stromkreis unterbricht.

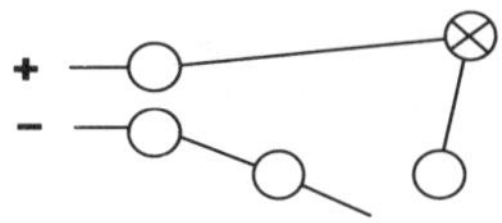

Dies wird häufig schon im Sachunterricht (naturwissenschaftlicher Schwerpunkt) der Grundschule behandelt.

2. *Das Problem*

Das Problem „Wechselschaltung" zeigt sich mit folgender Skizze:

In den einfachen Stromkreis sind nun zwei Schalter eingefügt. Der Auftrag ist: Baut eine Anlage, mit der man, welchen Schalter man immer auch betätigt, das Licht an- bzw. ausschaltet!

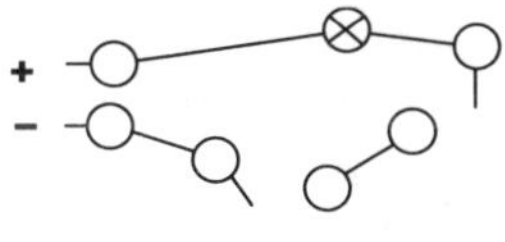

3. *Suchbewegungen*

Die Schüler können sich die Anlage soweit in kleinen Gruppen aufbauen und dann überlegen bzw. probieren. Deutlich wird schnell, daß mit dem einfachen Stromkreis die Lösung nicht zu gewinnen ist. Sind beide Schalter ausgeschaltet, kann man mit dem Betätigen des einen den Stromkreis nicht schließen, der zweite ist noch offen.

Sind beide Schalter geschlossen, leuchtet die Glühbirne auf, mit der Unterbrechung des einen Schalters kann man ausschalten. Wenn man zu ihm wieder hinkäme, könnte man auch wieder einschalten. Kommt man aber zu dem anderen Schalter, unterbricht man den Stromkreis doppelt und dann wird die Betätigung von welcher Seite auch immer kompliziert.
In der Regel ergeben sich beim Probieren zunächst einige falsche Wege:

Schüler „bauen" zwei Stromkreise; für jeden Schalter einen. Sie lösen damit das gestellte Problem nicht, wie sich beim Ausprobieren sofort zeigt.

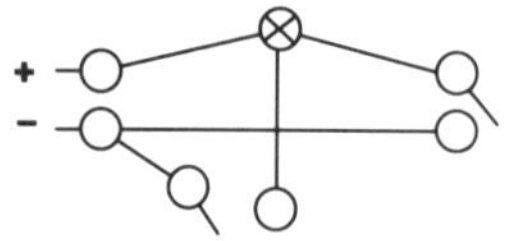

Sie bauen einen etwas aufwendigeren doppelten Stromkreis und kommen damit auch nicht zur Lösung. Andere falsche Varianten lassen sich denken.

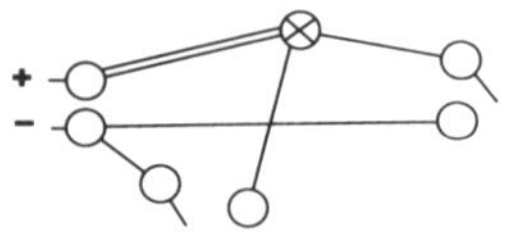

In der Regel aber engt sich der „Problembereich" bei diesem Probieren ein auf den Bereich zwischen den Schaltern. Dort muß die Lösung liegen!

4. *Umfang und Art der Lösungshilfen*

Für den Lehrer ist das richtige Verhalten wichtig. Er muß abwarten können und probieren lassen. Er muß aber auch darauf achten, daß die Schüler nicht die Lust am Suchen verlieren, daß sie mutlos werden und schließlich aus Frustration vom Problem ablassen. In einer Art aufsteigender Linie kann er folgende Hilfen je nach Bedarf geben:
- Er erörtert mit den Gruppen Lösungsversuche und hilft falsche Lösungen zu verwerfen. Damit engt er das offene Denk- und Experimentierfeld ein.
- Er bestätigt richtige Versuche und Überlegungen und hilft damit vorwärts.
- Er gibt schließlich einen Hinweis auf den entscheidenden Bauabschnitt: die Lösung muß zwischen den Schaltern liegen!
- Die stärkste Hilfe läge darin, daß er den konkreten Tip gibt, eine doppelte Leitung zwischen den Schaltern anzulegen. Die Frage ist, ob hier der Prozeß des forschenden Lernens nicht zu stark zurückgenommen wird zugunsten eines schlichten „Bauens nach Anweisung". Immerhin könnte sich vor dem Resignieren (Das schaffen wir sowieso nicht!) beim Ausprobieren noch das Aha-Erlebnis ergeben: Wir haben es. Es funktioniert!

5. *Die Problemlösung*

Die Problemlösung ist an sich sehr einfach (wenn man sie kennt):

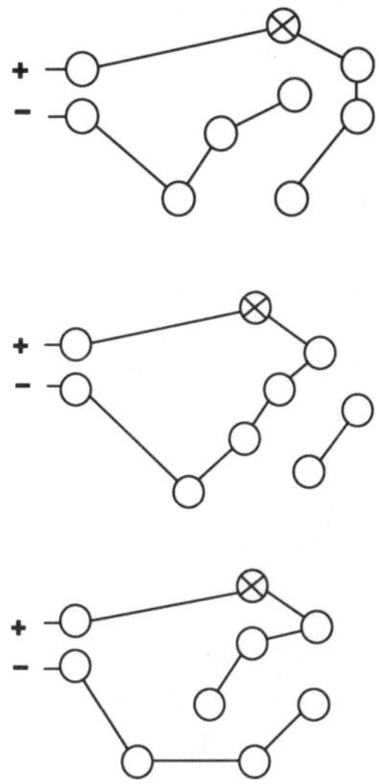

a) Es ist eine doppelte Leitung zwischen den Schaltern notwendig. Im nebenstehenden Fall ist der Stromkreis unterbrochen. Die Lampe leuchtet nicht. Von welcher Seite immer aber jetzt jemand kommen mag: wenn ein Schalter betätigt wird, wird der Stromkreis geschlossen und die Lampe leuchtet auf.

b) Von welcher Seite immer jetzt jemand kommen wird, der Stromkreis wird unterbrochen und die Lampe leuchtet nicht mehr.

c) Von welcher Seite immer der nächste kommen mag, der Stromkreis wird wieder geschlossen und die Lampe leuchtet auf.

6. *Sicherung des Ergebnisses*

Die Schüler sollten, wenn die Lösung gefunden ist, genügend Zeit haben, um sie fleißig auszuprobieren. Das Ergebnis muß „genossen" werden. Das Funktionieren muß erfahren werden, es kann dann durch Zeichnung und Erläuterung verarbeitet werden.

7. *Weitergehende Aufgabe*

Wenn es der Lehrer für sinnvoll erachtet, kann er eine nächste knifflige Aufgabe stellen:

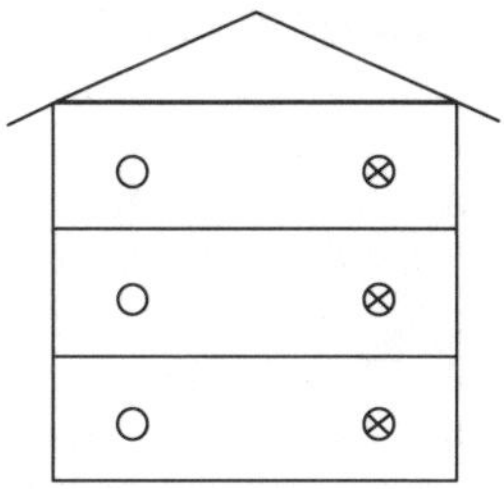

In einem Wohnhaus mit Erdgeschoß und zwei weiteren Etagen gibt es auf jeder Etage eine Lampe und einen Schalter. Wo immer man schaltet, das Licht im Treppenhaus (alle drei Lampen) geht an und nach einer gewissen Zeit von allein aus. Wie ist hier die Konstruktion?

Die Aufgabe ist ein bißchen schwerer. Wenn Schüler aber Spaß am „Knobeln" haben, ist die Steigerung in den Schwierigkeiten wichtig, damit man sich immer ein bißchen mehr zutraut. Aber man muß im Einzelfall prüfen, ob man das weitergehende Problem für angemessen hält. Spaß macht das Forschen auf Dauer nur, wenn man immer wieder Erfolg hat.

Forschendes Lernen im Geschichtsunterricht

Wenn man nach guten Beispielen für forschendes Lernen im Geschichtsunterricht sucht, erinnert man sich immer gern an das nun schon einige Jahre alte Beispiel von Horst Rumpf (Rumpf, 1971). Es soll im Folgenden kurz dargestellt und auf seine Tragfähigkeit hin untersucht werden. Absicht ist dann, eine verbesserte Teil-Alternative anzubieten.

1. *Kreatives Denken, gezeigt am Beispiel des Vertrages von Versailles (H. Rumpf)*

Rumpf ging in seinem Text davon aus, daß man bei der Suche nach dem, was im Schulunterricht den Schülern konkret zu denken gegeben werde, wie strukturiert die Materie sei, an der das Nachdenken ansetzen solle, welche Rolle der Lehrer in solchem Unterricht spielen solle, man in der deutschsprachigen Literatur fast ins Leere greife. Selbständiges Denken, kritisches Bewußtsein blieben vage pädagogische Ideale.
Er war auf der Suche nach einem Lehrverfahren, das nicht nur Lösungen anbiete, sondern auch die Probleme im Unterricht entdecken lasse. Wenn man ein Beispiel am Thema „Versailler Vertrag“ entwickeln wolle, müsse man sich zuerst einmal klarmachen, daß die übliche Meinung sei, man könne ihn nur verstehen, wenn man viel über die Geschichte im 19. und 20. Jahrhundert wisse, in jedem Fall aber über Ursachen, Verlauf und Ergebnis des Ersten Weltkrieges. Die Chronologie der Geschehnisse und die kursorische Behandlung seien die methodischen Wege. Die *Prämissen* seines Beispiels dagegen sind:
- das historische Koordinatensystem, in dem Versailles steht, muß nicht zuerst errichtet werden;
- einige Dokumente reichen, um von ihnen aus nach den Umrissen des Koordinatensystems zu fragen, um vor allem Aufmerksamkeit für Vorliegendes und Interesse an Unbekanntem zu wecken.

Der Lehrer also präsentiert unvermittelt und ohne jede Vorbereitung zum Beginn einer Unterrichtseinheit das Materialienstück 1, das hier wiedergegeben werden soll:

Materialienstück 1:

Ministerpräsident SCHEIDEMANN in der Nationalversammlung am 12.5.1919 in der Aula der Berliner Universität:

„Die deutsche Nationalversammlung ist heute zusammengetreten, um am Wendepunkte im Dasein unseres Volkes gemeinsam mit der Reichsregierung Stellung zu nehmen zu dem, was unsere Gegner Friedensbedingungen nennen ...

Heute, wo jeder die erdrosselnde Hand an der Gurgel fühlt, lassen Sie mich ganz ohne taktisches Erwägen reden: was unseren Beratungen zugrunde liegt, ist dies dicke Buch, in dem 100 Absätze beginnen: Deutschland verzichtet, verzichtet, verzichtet! Dieser schauerliche und mörderische Hexenhammer, mit dem einem großen Volke das Bekenntnis der eigenen Unwürdigkeit, die Zustimmung zur erbarmungslosen Zerstückelung abgepreßt werden soll, dies Buch darf nicht zum Gesetzbuch der Zukunft werden. Seit ich die Forderungen in ihrer Gesamtheit kenne, käme es mir wie eine Lästerung vor, das WILSON-Programm, diese Grundlagen des ersten Waffenstillstandsvertrages, mit ihnen auch nur vergleichen zu wollen! Aber eine Bemerkung kann ich nicht unterdrücken: die Welt ist wieder einmal um eine Illusion ärmer geworden. Die Völker haben in dieser an Idealen armen Zeit wieder einmal den Glauben verloren ...

Ich frage Sie: Wer kann als ehrlicher Mann – ich will gar nicht sagen als Deutscher –, nur als ehrlicher, vertragstreuer Mann solche Bedingungen eingehen? Welche Hand müßte nicht verdorren, die sich und uns in solche Fesseln legt? ...

Dieser Vertrag ist nach der Auffassung der Reichsregierung unannehmbar ...; (Schönbrunn, 1961)

Rumpf meinte, daß der Text Anlaß für das genetische Verfahren ist, aus einem Fragment soviel wie möglich an Auskünften, Informationen, Erklärungen, aber auch an Fragen, Vermutungen, Hypothesen herauszuholen. Das Unbekannte, das in diesem Text spürbar sei, reize zum Suchen, Fragen, Kombinieren. Die Besprechung des Textes wird das Bedürfnis wecken, weiteren Informationen auf die Spur zu kommen. Weitere Materialien werden Zug um Zug angeboten (eine Aufzeichnung des amerikanischen Staatssekretärs Robert Lansing zum Versailler Vertrag vom 8.5.1919; eine Rede des Außenministers Graf von Brockdorff-Rantzau beim Empfang des Friedensvertragsentwurfs in Versailles am 7.5.1919; ein Ausschnitt aus der Denkschrift des englischen Premierministers Lloyd George vom 26.3.1919 u.a.m.).

Ganz deutlich wird bei dieser Unterrichtsskizze, wie die Schüler Probleme, Fragen entdecken sollen und immer stärker in einen Prozeß des Nachforschens geraten sollen. Infiziert von der Thematik werden sie einen *Entdeckungszusammenhang* gewinnen, der sie über Umwege, auch Irrwege, vorläufige Vermutungen, auch sog. dumme Fragen, Denkverwegenheiten zu der Bearbeitung der Thematik bringt. Der Aufsatz von Rumpf bricht dann ab, ohne daß klar wird, wie man sich die systematische Bearbeitung denken könnte. Daß Anfänge produktiver Unterrichtsarbeit so aussehen könnten, so immer wieder aussehen müßten, kann man gut nachvollziehen. Freilich muß man sich auch immer über die Voraussetzungen klar sein, die das Gelingen bedingen: man muß eine Klasse haben, die an einer Lernarbeit interessiert ist, die Spaß verheißt, Fragen aufwirft, problemorientiert angelegt ist. Eine Klasse, die längst stumpf und desinteressiert geworden ist, wird auch dieser Ansatz kaum motivieren. Wenn man aber einmal annimmt, daß diese Voraussetzungen gegeben sind, erhebt sich doch die Frage, wie man sich entdeckendes und systematisches Lernen, wie man sich exemplarische Impulse und planmäßige Arbeit, wie man sich Entdeckungszusammenhang und Bearbeitungszusammenhang in dialektischem Bezug denken könnte, um nicht bei interessanten Fragmenten und punktuellem Wissen stehen zu bleiben.

2. *Die Rumpfsche „Unterrichtsfigur"*

Die Rumpfsche Erwartung ist, daß in den Materialien soviel an *Fragepotential* enthalten ist, daß sich für die Schüler böhmische Dörfer als Erkenntnis entschlüsseln werden. In einer Veranschaulichung kann man sich dies etwa so verdeutlichen:

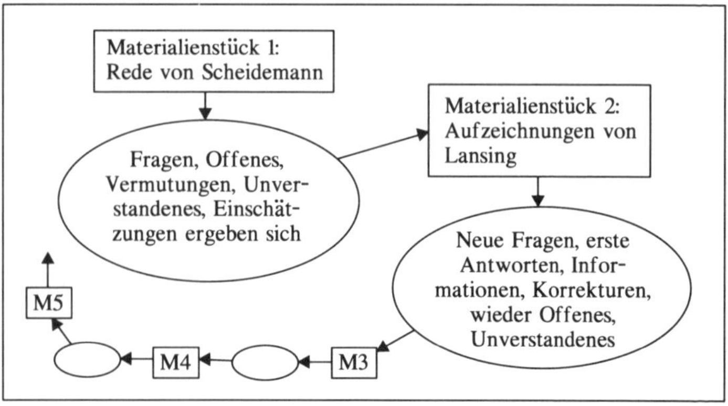

In den Rechtecken sind die *Sachimpulse* aufgeführt und in den Ovalen die sich daraus ergebenden *Denkbewegungen.* Das Problem bei Rumpf liegt darin, daß nach seinen Ausführungen die einigermaßen systematische Bearbeitung der Thematik offenbleibt bzw. sich wohl an den Materialien entlang ergeben müßte. Hier mögen Zweifel angebracht sein. Wird das wirklich so sein oder bleibt es bei Fragen, Vermutungen und fragmentartigem Wissen? Und kann das das Ziel des Unterrichts sein? Braucht forschendes Lernen nicht auch das systematisierte, abgesicherte Ergebnis? Für die Psychohygiene der Lernenden ist es wohl auf Dauer wichtig, nicht nur Interessantes zu entdecken, zu erforschen, sondern auch Ergebnisse der eigenen Lernarbeit zu haben und vor allem Strukturen zu gewinnen. Die Rumpfsche Unterrichtsfigur soll daher weiterentwickelt werden, um das formulierte Zusätzliche zu sichern.

3. *Unterrichtsfigur „Forschendes Lernen und wahldifferenzierter Unterricht"*

Wenn man davon ausgeht, daß die Rumpfschen Impulse zum forschenden Lernen anregen, dann werden sich nach der Besprechung der ersten Materialien (vielleicht nach 2–3 Materialien) bestimmte strukturierende Fragen ergeben, etwa die:

1. Was stand denn im Versailler Vertrag nun wirklich drin?
2. Wie erklärt sich die Härte der Bedingungen?
   Dafür braucht man an sich drei Erklärungszusammenhänge:
   2.1 Wie ist der Verlauf des Ersten Weltkrieges gewesen?
   2.2 Was hat zum Ersten Weltkrieg geführt, wie ist die Geschichte der Vorkriegszeit zu beschreiben?
   2.3 Wie ist die Härte der Siegermächte erklärbar?
3. Wie ist das mit dem Versailler Vertrag weitergegangen? Mußte er voll erfüllt werden, gab es Korrekturen? Welche Konsequenzen hat er für die Entwicklung in den 20er Jahren gehabt?

Diesen Fragen müßte man genauer nachgehen, Bücher, Texte, Quellen finden, mit deren Hilfe man Antworten finden kann. Man könnte am besten arbeitsteilig und nach vorherrschendem Interesse vorgehen, um hinterher im Plenum zu berichten. So ergibt sich folgende Verlaufsstruktur:

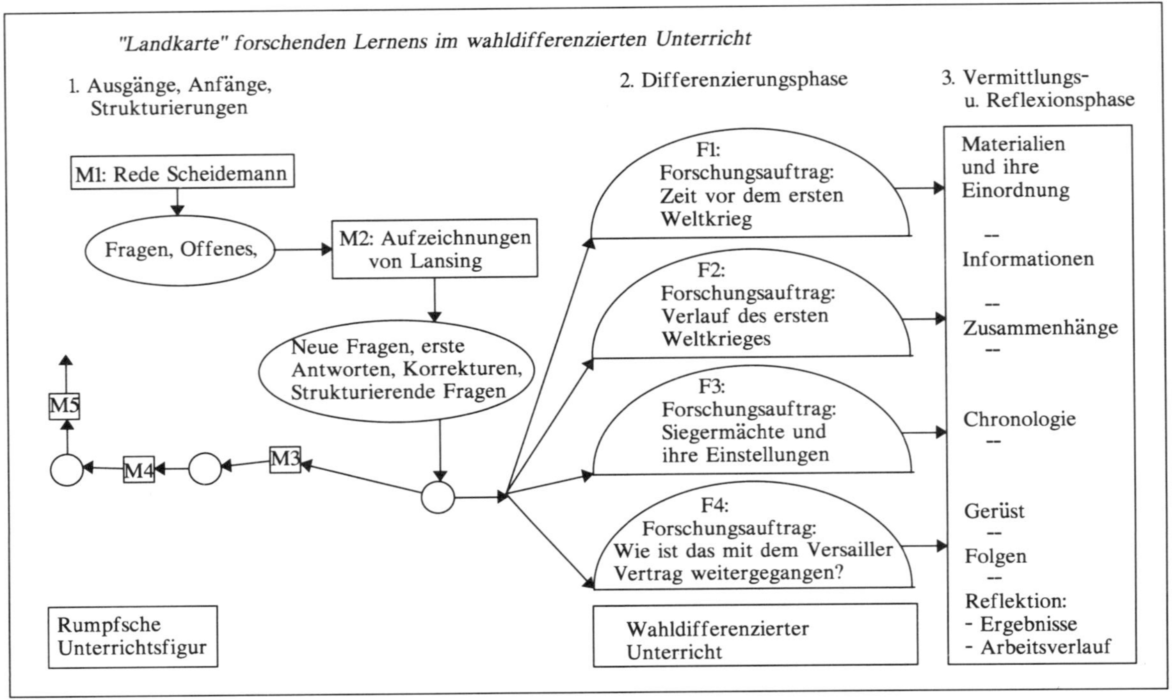
"Landkarte" forschenden Lernens im wahldifferenzierten Unterricht
1. Ausgänge, Anfänge, Strukturierungen
2. Differenzierungsphase
3. Vermittlungs- u. Reflexionsphase
M1: Rede Scheidemann
Fragen, Offenes,
M2: Aufzeichnungen von Lansing
Neue Fragen, erste Antworten, Korrekturen, Strukturierende Fragen
M3
M4
M5
F1: Forschungsauftrag: Zeit vor dem ersten Weltkrieg
F2: Forschungsauftrag: Verlauf des ersten Weltkrieges
F3: Forschungsauftrag: Siegermächte und ihre Einstellungen
F4: Forschungsauftrag: Wie ist das mit dem Versailler Vertrag weitergegangen?
Materialien und ihre Einordnung
--
Informationen
--
Zusammenhänge
--
Chronologie
--
Gerüst
--
Folgen
--
Reflektion:
- Ergebnisse
- Arbeitsverlauf
Rumpfsche Unterrichtsfigur
Wahldifferenzierter Unterricht

Die Idee der vorgeschlagenen Unterrichtsfigur ist, daß die Schüler nach der Entdeckung von Fragen, Problemen bestimmten Aspekten der Thematik genauer nachgehen werden wollen. Es erfolgt an der Tafel oder an einer Wandtapete die *Strukturierung,* mit deren Hilfe die Schüler *Forschungsaufträge wählen* können. Es bilden sich entsprechende Gruppen, die nun mit vom Lehrer bereitgestellten Materialien dem jeweiligen Forschungsauftrag nachgehen oder in offenerer Weise in der Schulbibliothek oder in der Bibliothek am Ort sich entsprechende Quellen suchen, um dann an die Bearbeitung des jeweiligen Forschungsauftrages zu gehen.
Wichtig wird schließlich die *Vermittlungs- und Reflexionsphase.* In ihr berichten die Gruppen über die Arbeitsergebnisse. Gemeinsam wird geordnet, systematisiert. Sicher ergeben sich neue Fragen. Ziel wäre in jedem Fall, das zunächst schwer erklärliche Phänomen besser zu kennen, Verursachungen und Folgen neben dem Gegenstand selbst (Versailler Vertrag) erklären zu können, Zusammenhänge in einer Art Erklärungsgerüst strukturieren zu können und auch die Chronologie der Ergebnisse rekonstruieren zu können.
In einem letzten Teil wäre dann noch die Reflexion über Ausgang und Ergebnis durchzuführen: Entdeckungszusammenhänge, die Qualität der Bearbeitung, die Kooperation und die Ergebnisse zu bewerten und die gesamte Unterrichtsarbeit einzuschätzen. Schön wäre es, wenn diese Art der Lernarbeit Spaß gemacht hätte und die Schüler sie sich bald wieder wünschen würden!

6.4 Erkundungen

Das Problem

Wissen kann fein sortiert und systematisiert an Lernende vermittelt werden. Dieses Verfahren ist ökonomisch, aber häufig völlig uninteressant für die Adressaten. Wissen kann auf dem Wege des Suchens, Forschens, Erkundens gefunden werden und dann vorher aufgetretene Fragen beantworten helfen. Es bietet sich dann in aller Regel nicht geordnet und rubriziert dar, erregt aber in seiner Funktion als Antwort auf Fragen eher Interesse.

Der Unterricht in der öffentlichen Schule leidet sehr häufig an seiner Abstraktheit, Lebensferne. Aus der Geographie als Wissenschaft von Erdoberflächenphänomenen und deren Verhältnis zueinander wie zu Einwirkungen von Menschen wird ein trockenes Datenwissen, aus politischer Bildung, die die Auseinandersetzung um Macht und Herrschaft zur Darstellung bringen sollte, eine trockene Institutionskunde. Wer immer nur mit Wissen „gefüttert" worden ist, lernt kaum, sich Wissen zu beschaffen, Recherchen durchzuführen, Informationsquellen aufzuspüren, vor allem die Phänomene seiner Lebensumwelt (Werbung, Arbeit, Massenmedien usw.) zu durchschauen, sie sich zu erklären. Dies aber wäre vielleicht das Wichtigste, was er lernen müßte, um selbständig zu werden, Fremdbestimmungen abzubauen, sich neuartigen Situationen gegenüber zu behaupten, sie zu beherrschen.
Die drei kurz skizzierten Sachverhalte haben Schulpädagogen und Lehrer immer wieder zu Überlegungen geführt, das Lernen besser zu motivieren, lebensnäher zu gestalten, Schüler zu selbständigem Lernen anzuregen. In der Geschichte findet man schon bei A.H. Francke (1663 bis 1727) die Forderungen nach *Erkundungen*. Die Informatoren sollten mit den ihnen zugewiesenen Scholaren zu allerhand Künstlern und Handwerkern gehen, um sich sagen zu lassen, was zu einem Beruf gehört, wie lange man lernen müsse, woher die Materialien bezogen würden und wohin die Produkte verkauft würden.[1] Die Möglichkeit, sich außerhalb der Schule Informationen zu beschaffen, Erfahrungen zu sammeln, ist immer wieder genutzt worden, in den letzten Jahren vor allem im Rahmen der Arbeitslehre. Es wäre aber nicht richtig, das als Erkundung bezeichnete methodische Vorgehen nur für die Arbeitslehre zu reservieren.

Unterrichtsgang

1966 hat Salzmann versucht, den „tieferen didaktischen Sinn des Unterrichtsganges im Rahmen des Sachunterrichts" zu ergründen.[2] Der Unterrichtsgang – als vorgeplanter und vorbereiteter Teil des Unterrichts – ist eine Form unmittelbarer Sachbegegnung. Man geht hinaus, um die Wirklichkeit draußen an Ort und Stelle aufzusuchen: das Moor, der Torfstich, die Kiesgrube, die Ziegelei, das Sägewerk, die Hafenanlage sind Beispiele, die Salzmann nennt. Man könnte ergänzen: die Post, die Reifenfabrik, die Stadtverwaltung, biologische oder geographische Objekte. Besonders, wenn der Gegenstand in einer funktionalen Abhängigkeit von dem ihn umgebenden Raum steht, wird es wichtig, ihn draußen, „in der Wirklichkeit", aufzusuchen. Methodisch kann

es dabei günstig sein, vor dem Unterrichtsgang im Klassenzimmer isolierte Teile der Wirklichkeit eingehend zu betrachten (vor Imkereibesuch: Wabe, Bienenkorb, Imkerhaube usw.).
In Bezug auf die subjektiven Lernprozesse der Schüler kann ein Unterrichtsgang unterschiedliche Funktionen haben. Es kann z.B. (1.) darum gehen, zunächst einmal eine Erfahrungsbasis zu schaffen, um von ihr aus dann weiterführende Fragen zu stellen. Eine Fragehaltung, ein Staunen, Stutzen zu wecken, kann (2.) das Anliegen eines Unterrichtsganges sein. Schließlich kann (3.) der Unterrichtsgang unternommen werden, um Fragen, Meinungsverschiedenheiten einer Klärung zuzuführen. Wenn Vorversuche, Ersterarbeitungen (eigene Backversuche z.B.) vorausgegangen sind, können Unterrichtsgänge (4.) die Funktion von Verifizierungen und Anwendungen bekommen.

Erkundung

Auch bei Salzmann wird ausgesprochen, was für die Erkundung in besonderem Maße gilt: man kann in den Wald, auf einen Bauernhof, in einen Fabrikbetrieb gehen, ohne Wesentliches wahrzunehmen. Man sieht alles und nichts.[3]
Mit dem Begriff Erkundung sollen von vornherein fragwürdige Unternehmungen, die mit den Begriffen „wilde Betriebsbesichtigungen" oder „Betriebstourismus" zusammenzufassen sind, ausgeschlossen werden. Die Erkundung hebt sich von der Besichtigung dadurch ab, daß etwas ganz Bestimmtes, Vorausbedachtes erkundet, erforscht werden soll, und daß es weniger darauf ankommt, etwas anzusehen, zu besichtigen.[4] Die Erkundung ist in aller Regel eine Aspekterkundung, keine Totalerkundung, wie Klafki sagt.[5] Beispiele für Aspekte sind: 1. der Produktionsgang, 2. die Tätigkeiten des einzelnen Arbeiters, 3. der Sozialstatus im Betrieb (Betriebshierarchie, Betriebsklima usw.), 4. die Finanzierung des Betriebs (Betriebskapital, Kalkulation, Gewinnspannen, Werbungskosten, Löhne, Gehälter, Investitionen, Kredite usw.)., 5. das ökonomisch-soziale Umfeld des Betriebs (Zulieferbetriebe, Abnehmer, Verkehrsverhältnisse, Konkurrenzsituationen usw.).
Wenn man bedenkt, daß vom 1. bis 9. Schuljahr Erkundungen durchgeführt werden, ist diese Begrenzung auf jeweils einen Aspekt sinnvoll. Von Zeit zu Zeit kann dann der „Durchschuß" versucht werden, der analog zum „Weben" die Einsichten der verschiedenen Erkundungen verbindet und sie strukturiert zu einem begründeten Wissen über die Berufs- und Arbeitswelt.

Welches sind die *Schritte des Vorgehens* bei einer Erkundung? Folgen wir den Modellen Voelmys und Poeschkes[6]:

1. *Vorbereitungsmaßnahmen des Lehrers*

1.1 Eigene Information über den zu erkundenden Betrieb, über alle Aspekte, die wichtig werden könnten, um später die Erkundungsaufgabe akzentuieren zu können.

1.2 Die Vorbereitung mit dem Betrieb: Festlegung des Erkundungsganges – Anzahl und Größe der Erkundungsgruppen – Auskunft über besondere Gefahrenquellen – Verabredung der Details (an welchen Arbeitsplätzen kann zu welchem Zweck verweilt werden, wer steht zur Information und zum Gespräch bereit, auf welche Weise sollte den Schülern etwas erklärt werden)?

2. *Die unterrichtliche Vorbereitung einer Erkundung*

2.1 Langfristig zu entwickelnde Fähigkeiten und Fertigkeiten: stichwortartig anzufertigende Notizen schnell machen, einfache Handskizzen schnell anfertigen, Befragungen in höflicher und sachlich zutreffender Weise durchführen.

2.2 Spezielle, kurzfristig zu vermittelnde Kenntnisse und zu ermöglichende Erfahrungen. Dieser Vorbereitungsschritt, der für jede Erkundung neu zu konzipieren ist, kann verschieden aussehen. Ich möchte drei Varianten unterscheiden:

2.2.1 Die Schüler bekommen oder erarbeiten sich Informationen über den zu erkundenden Betrieb, über Berufe, die vor allem in diesem Betrieb vorkommen, über bestimmte Einzelfragen wie z.B. Lehrlingsausbildung, über eine Reihe von Begriffen (Lehrwerkstatt, Betriebsdurchlauf, Lehrvertrag, Berichtsheft, soziale Leistungen u.a.m.).

2.2.2 Die Schüler führen Eigenversuche durch, die sie z.B. Produktionsprozesse auf elementare Weise erfahren lassen. Durch die eigene Erfahrung und die Reflektion darüber entstehen Gesichtspunkte, Kriterien, Kategorien, die eine Erkundung entsprechender Produktionsbetriebe fruchtbar werden lassen.
Das Beispiel Schernikaus „Wir backen Brot“ ist hier vor allem zu nennen[7]. Aber es lassen sich selbstverständlich andere nennen: wir brennen Ton, wir stellen Papier her, wir mahlen Getreide, wir bauen einen Elektromotor zusammen, wir stellen eine Zeitung her u.a.m.

2.2.3 Eine Schülergruppe führt eine Vorerkundung durch; in der Begleitung des Lehrers erkundet diese Vorhut (oder Interview-Gruppe) einen ersten Kanon von Einsichten. Diese Gruppe berichtet, es ergeben sich neue präzisere Fragen von seiten der Klasse, die Gruppe macht Vorschläge für die Klassenerkundung, die Klasse fragt kritisch nach dem Wert und Zweck der Vorschläge. So entstehen Erwartungen, Beobachtungsschwerpunkte, Erkundungsaufgaben.

2.3 Die Verteilung von Erkundungsaufträgen in Form von Fragen, von Fotografieraufgaben[8] (sofern die Erlaubnis dafür eingeholt worden ist), von Skizzierungsaufträgen, der Notierung der zu hörenden Fachausdrücke. Wird z.B. Lehrlingsausbildung in einem metallverarbeitenden Betrieb erkundet, können folgende Fragen an Schülergruppen verteilt werden:

Fragen an den Lehrling am Arbeitsplatz:
Woran arbeitest du jetzt?
Kannst du die Werkstücke zeigen, die du angefertigt hast?
Mußt du ein Berichtsheft führen, wer kontrolliert es?
Was mußtest du bis jetzt alles machen?
Was macht ihr in der Berufsschule?

Fragen an den Ausbilder:
Wie lange dauert die Lehrzeit?
Was muß man im ersten Lehrjahr lernen?
Wird zusätzlicher Unterricht im Betrieb erteilt?
Welche körperlichen und geistigen Anforderungen werden an den Bewerber gestellt?[9]

2.4 Hinweise, die Fragen der Ordnung, Organisation und evtl. Unfallgefahren betreffen, beschließen die unmittelbare Vorbereitung.

3. *Die Durchführung der Erkundung*

Im konkreten Einzelfall wird die Durchführung von den Gegebenheiten (Betriebsgröße, Art des Betriebes, Qualitäten der Gruppenführer usw.) abhängen. Ein grobes, allgemeines Verlaufsschema kann man aber wohl geben:

3.1 Kurze Einführung durch die Betriebsleitung (höchstens 15 Minuten).

3.2 Erkundungsgang mit einer Reihe von Teilaufgaben (siehe Vorbereitung).

3.3 Abschlußgespräch

4. *Die Auswertung der Erkundung*

4.1 Freies Berichten – Rekonstruktion des Erkundungsgangs.

4.2 Zusammentragen und Vortragen der eingeholten Informationen.

4.3 Erarbeitung des Ergebnisses der Erkundung, d.h. Ordnen der Einsichten, die besonders beachtet werden sollen (z.B. Betriebsaufbau, Lehrlingsausbildung, Produktionsprozeß in Schemata, Übersichten, Schaubildern, Texten).

4.4 Schriftliche und zeichnerische Fixierungen in Arbeitsheften oder -mappen, Erarbeitung einer Fotoleiste, kleiner Ausstellungen.

Ein Beispiel für eine Erkundung[10]

Die Erkundung wird im Einzelfall immer wieder unterschiedlich aussehen. Wie einfallsreiches Operieren aussehen kann, möge das folgende Beispiel zeigen:

Ziel: Das Berufsbild der Krankenschwester soll »vor Ort« erkundet werden.

Die unterrichtliche Vorbereitung.

1. Sammeln des Vorwissens. Die Schüler erzählen dabei von eigenen Krankenhausaufenthalten und -besuchen.
2. Arbeit mit dem Unterrichtsfilm „Helfen und Heilen. Von den Aufgaben und Tätigkeiten einer Krankenschwester."
3. Analyse einer Tafelzeichnung: Organisationsschema eines Krankenhauses.
4. Erarbeitung von Fragen und Erkundungsaufträgen.

Die Durchführung der Erkundung

1. Kurze Einführung für alle.
2. Aufteilung in zwei Gruppen:

2.1 Einblick in die Tätigkeiten in den Wirtschaftsräumen.
2.2 Erläuterung der Tätigkeiten und Geräte im Röntgenraum.
2.3 Beobachtung der Versorgung eines Neugeborenen in der Säuglingsstation.
2.4 Schwesternschülerinnen berichten über die Aufgaben und Arbeiten im Operationssaal, auf der chirurgischen Abteilung und bei einer Gemeindeschwester.
2.5 Die Unterrichtsschwester stellt zusammenfassend die Eignungsvoraussetzungen des Berufs dar.
2.6 Eigenes praktisches Tun; im Unterrichts- und Übungsraum können die Schüler „zur Probe" Betten machen, einen Kranken umbetten, Essen zureichen usw.
2.7 Abschlußgespräch und Ausführungen über die besondere menschliche Beanspruchung.

Die Auswertung

1. Rekonstruktion des Krankenhausbesuchs. – Detaillierte Darstellung der erkundeten Fakten.
2. Erarbeitung des Berufsbildes der Krankenschwester.
3. Gespräch über das Berufsethos der Krankenschwester.

Eine Erkundung sollte in aller Regel nicht länger als drei Stunden dauern (Höchstdauer: vier Stunden). Das Gelingen hängt weitgehend von den vorbereitenden und auswertenden Unterrichtsschritten ab, so daß der Erkundungsgang selbst von einem Hof konventionellen Unterrichts umgeben ist. Das Neue der Unterrichtsunternehmungen, die aus der Schule hinausführen, ist, daß sie im Unterricht vor- und nachbereitet werden müssen.[11]

6.5 Praktika

Beispiel: Berufs- und Betriebspraktikum für Schüler

Das Berufs- und Betriebspraktikum für Schüler ist zur Zeit noch eine durchaus ungesicherte unterrichtliche Unternehmung. Es wird von noch zu wenigen Lehrern – auf den Bereich der Bundesrepublik gesehen – gewagt. Der Deutsche Industrie- und Handelstag hatte sich zunächst gegen Schülerpraktika ausgesprochen.[1] Die amtlichen Erlasse verwässern zum Teil das damit verbundene Anliegen. Wenn wie in Niedersachsen die tägliche Arbeitszeit auf vier Stunden begrenzt wird, sind wesentliche Aufgaben nicht mehr erfüllbar. Auf der anderen Seite liegen bereits heute so viele Erfahrungsberichte vor, daß sich dieses Praktikum sehr wohl begründen und entsprechend durchführen läßt. Welche Ziele werden mit ihm verfolgt?

Zielvorstellungen

Im Zusammenhang mit der vieldiskutierten Arbeitslehre wird immer wieder das Praktikum als eine der methodischen Grundformen neben Erkundung und Projekt genannt.[2] Es genügt nicht, verbale Informationen über die Berufs- und Arbeitswelt zu vermitteln, die Jugendlichen müssen die Chance bekommen, „vor Ort“ Erfahrungen und Einsichten zu gewinnen. Die Arbeitslehre muß notwendig einen Wirklichkeitsbezug schaffen. Projekte können in begrenzter und von Fall zu Fall wechselnder und exakt zu bestimmender Weise die Komplexität von Arbeitsprozessen simulieren. Erkundungen schaffen kurze aspektgerichtete Anschauungsmöglichkeiten. Erst der andauernde Praxisbezug kann dem einzelnen Schüler das Minimum an Wirklichkeitserfahrung ermöglichen, das er braucht, um die im konventionellen Unterricht zu vermittelnden Theorien vom Betrieb und von beruflicher Arbeit nicht

nur wissen, sondern auch begreifen zu können.[3] Natürlich werden in einem zwei- bis vierwöchigen Praktikum nur begrenzte *Primärerfahrungen* gemacht, aber es lassen sich folgende *Ziele* formulieren:
Im Praktikum soll der Schüler typische Formen und Anforderungen der Arbeit im Betrieb durch eigene Tätigkeit und gleichzeitige Beobachtung der Tätigkeiten derer, mit denen er zusammenarbeitet, erfahren. Es geht weniger um speziell-fachliche als vielmehr um allgemein menschliche Anforderungen (z.B. die Arbeitstugenden).
Je nach der Schwerpunktsetzung soll der Schüler entweder seine Vorstellungen von bestimmten Berufen überprüfen und erweitern – dann ist vorwiegend von einem Berufspraktikum zu sprechen –, oder er soll hauptsächlich die Verflochtenheit und Differenzierung (Arbeitsteilung) eines modernen Betriebes (als technisches Gebilde, als kooperatives System, mit formeller und informeller Struktur, mit sachorientierter Determinierung, auch als Konfliktmodell) kennenlernen.
In der unsensationellen Beanspruchung über einen längeren Zeitraum hinweg kann der einzelne Schüler sich an bestimmten Anforderungen messen und damit wichtige Erkenntnisse über seine eigenen Interessen, Fähigkeiten und Leistungsgrenzen gewinnen. Schließlich wird ein Praktikum wahrscheinlich einen Motivationseffekt für das weitere Lernen in der Schule haben. Das Hinausgehen aus dem Schonraum der Schule, das Bestehen von Ernstsituationen, das Kennenlernen des „richtigen Lebens“ mit seinen Anforderungen und mit seinem Gegensatz zu dem sattsam bekannten Zur-Schule-Gehen geben dem Schüler eine neue Einstellung zum Lernen überhaupt.[4]
Im Rahmen des Teilbereichs „Arbeitspraxis“ kommt dem Praktikum die Funktion zu, neben dem experimentellen Umgang mit Werkstoffen und Werkzeugen im herkömmlichen Werken und dem Erfahren komplexer Produktions- und Dienstleistungsprozesse in allen ihren Schritten (Motivation, Planung, Durchführung, Kontrolle) in der Durchführung von Projekten die Teilnahme, das Mitmachen, mindestens das teilnehmende Beobachten in Betrieben zu gewährleisten. Damit bekommt die Arbeitspraxis ihre dritte Stufe, auf der Qualitäten der beruflichen Arbeit deutlich werden, die in den Stufen davor nicht kennenzulernen sind.
Erkennt man diese Zielvorstellungen an – von der allgemeinen Aufgabenstellung der Arbeitslehre (Hinführung zur Berufs- und Arbeitswelt, Hinführung zur Berufswahlreife) her sind sie ohne weiteres zu akzeptieren –, so wird man sagen müssen, daß auf keinem anderen Wege als dem des Praktikums mit gleicher Chance eine Zielerreichung möglich ist. Erfolg wird sich freilich nur einstellen, wenn das Praktikum

entsprechend vorbereitet und nachbereitet wird. Zum Methodischen später noch einige Ausführungen.

Mögliche Verlaufsgestalten

Es lassen sich heute bereits verschiedene Gestaltungsmöglichkeiten feststellen:

Das *Tagespraktikum* oder die sogenannte Eintagslehre ist als erste Variante zu nennen. Am Beispiel des Stiegerschen Modells[5] kann sie veranschaulicht werden. Die Schüler des neunten Schuljahres arbeiten 26 Stunden pro Woche in der Schule und 6–8 Stunden als Gehilfe in einem Betrieb. 5 Tage Schule und 1 Tag im Betrieb, das ist die Aufteilung für ein Vierteljahr oder länger.

Das *Blockpraktikum* ist dann zu nennen: die Schüler sind für zwei, drei oder vier Wochen durchgehend in Betrieben. Die Schule fällt für diese Zeit aus. Der Klassenlehrer hat in dieser Zeit keineswegs frei, er bekommt andere als die gewöhnlichen Aufgaben. Auch dazu später noch mehr.

Die *Hospitation*. Überdenkt man realistisch jeweils die konkreten Möglichkeiten, so muß man auch sog. Kleinformen in Erwägung ziehen, die dort gewählt werden können, wo mehr nicht möglich ist. Mit Hospitation soll die Möglichkeit bezeichnet werden, Schüler für drei bis vier Tage in Betriebe zu geben, um die Arbeitswelt kennenzulernen. Diese Kleinform steht zwischen Erkundung und Praktikum.

Die innere Gestaltung stellt ein weiteres Problem dar. Drei Wochen können an einem Arbeitsplatz verbracht werden. Es kann aber auch nach jeder Woche der Arbeitsplatz, die Abteilung oder sogar der Betrieb gewechselt werden.

Im Einzelhandel z.B. könnte die erste Woche in der Lagerhaltung, die zweite mit dem Auffüllen der Bestände im Geschäft, die dritte mit selbständigem Beraten und Verkaufen gefüllt sein. In Hannover hat ein Lehrer das Praktikum so organisiert[6], daß die Schüler in der ersten Woche z.B. in einem Hotel, in der zweiten in einem metallgewerblichen Betrieb ihr Praktikum absolvieren, in der dritten frei wählen können, ob sie im zweiten Betrieb bleiben oder zum ersten zurückkehren. Denkbar wäre schließlich, daß ähnlich dem de Rudderschen Modell das Praktikum so organisiert wird, daß zwei Wochen intensive Arbeit an einem Arbeitsplatz und eine Woche Informationsperiode das Praktikum ausmachen. Diese Informationsperiode müßte nicht einen geschlossenen Block bilden. Zwei Einführungstage zu Beginn und drei Tage des Erkundens sowie Interviews am Ende wären sicherlich von

Vorteil. Wichtig wäre auf alle Fälle, daß nicht nur mal so herumgehört wird, sondern daß in mehr als der Hälfte eines Praktikums intensive Erfahrungen an einem Arbeitsplatz gemacht werden. Das sollte ein Fixum sein; daneben müssen Erfahrungen zeigen, welche Varianten die günstigsten sind. Zunächst sollten verschiedene Wege gegangen werden.

Vorbereitung, Durchführung und Nachbereitung des Praktikums

Das Betriebs- oder Berufspraktikum ist als eine unterrichtliche Veranstaltung neuer Art anzusehen. Also ist es wichtig, die Methodik der Unterrichtsform „Praktikum" zu entwickeln. Wir unterscheiden zwischen Vorbereitungsmaßnahmen des Lehrers und unterrichtlichen Vorbereitungsschritten, die von Lehrern und Schülern gemeinsam getan werden müssen.

1. *Vorbereitungsmaßnahmen des Lehrers*

1.1 Absprache mit dem Rektor und dem Schulrat über die Durchführung solch eines Praktikums. Dabei sind die Fragen zu klären, ob das Praktikum als schulische Veranstaltung anerkannt wird, ob damit die versicherungsrechtlichen Fragen geklärt sind.

1.2 Auswahl der Firmen, am besten mit dem zuständigen Berufsberater. Kontaktaufnahme mit den Betrieben und Absprache über Praktikumsstellen, über Sinn und Durchführung des Praktikums.

1.3 Information der Eltern, vielleicht gemeinsam mit dem Berufsberater, Einholung der Einverständniserklärungen.

1.4 Erwünscht wäre sicher auch eine schulärztliche Untersuchung, um mit deren Ergebnissen die Verteilung auf die Praktikumsstellen steuern zu können.

2. *Die unterrichtliche Vorbereitung eines Praktikums*

2.1 Ein Praktikum wird sich um so sinnvoller gestalten lassen, je mehr es sich in die Gesamtheit der Bemühungen um eine Arbeitslehre oder um eine Gemeinschaftskunde einordnet. Für ein Berufspraktikum wäre es z.B. gut, wenn vorher berufskundliche Fragen besprochen worden sind, wenn Berufswünsche angesprochen und zu einer vorläufigen Klärung gebracht worden sind, wenn Erkundungen vorausgegangen sind. Das alles sind also langfristig zu beachtende Vorbereitungsschritte.

2.2 Mit den Schülern werden die vorhandenen Praktikumsstellen nach ihrer Vorstellung verteilt. Den Schülerwünschen, den sachlichen Anforderungen und den Vorstellungen des Lehrers entsprechend muß die Verteilung in sachlicher Erörterung vorgenommen werden.

2.3 Jeder Schüler hat sich sodann über „seinen Betrieb" zu orientieren (auf dem Wege der Befragung, der Lektüre von Broschüren und dergleichen) und der Klasse in einer früh genug angezeigten Berichtszeit vorzustellen.

2.4 Mit der Klasse sind Grundregeln des Verhaltens während des Praktikums und im Kontakt mit den „Arbeitskollegen" zu erörtern. Fragen der Unfallverhütung sind zu besprechen.

2.5 Erkundungsaufträge und Berichtsthemen sind in der Klasse zu erarbeiten und an einzelne Schüler oder an Gruppen zu verteilen. Diese sind eng zu begrenzen und gezielt aufzuzeigen, um schon während des Praktikums eine aufmerksam beobachtende, kritisch überdenkende Haltung zu erwecken.

2.6 Wichtig ist auch noch die Anlage eines Praktikumsbuches. Es müssen entweder Angaben gemacht werden, wann jeweils Eintragungen vorzunehmen sind, oder es wird eine Art Einteilung gegeben als konkretere Hilfe[1]: Ich stelle mich vor; Beschreibung des Weges zur Arbeit; meine Arbeitsplätze; einige Tagesberichte; Werkzeuge und Maschinen, mit denen ich umgegangen bin; vom Sinn und Zweck des Betriebes; vom Aufbau des Betriebes; Tätigkeiten und Berufe im Betrieb; von der Fachsprache usw. Gegebenenfalls kann solch eine Einteilung Erkundungsaufträge und Berichtsthemen ersetzen.

2.7 Die Vorstellung der Schüler in den Betrieben ist der letzte, aber ein überaus wichtiger Vorbereitungsschritt. Von der ersten Kontaktaufnahme hängt sehr viel ab.

3. *Durchführung des Praktikums*

Grundsätzlich wird die Situation am besten so zu gestalten sein, daß die Schüler nach einem verabredeten Plan zwei, drei oder vier Wochen von Montag bis Freitag jeweils im Betrieb sind.[8] Der Klassenlehrer sollte während der Praktikumszeit ganz vom Unterricht freigestellt sein, um die noch zu beschreibenden Aufgaben erfüllen zu können.

3.1 Für die Schüler wird das Praktikum unterschiedlich aussehen.

Beispiele:
Im Kleinbetrieb (z.B. Bäckerei) wird eine Mitarbeit von den anfallenden Aufgaben her bestimmt sein. Zureichungen werden am Anfang stehen, kleinere selbständige Erledigungen werden folgen (Vorbereitung der Bleche, Kontrolle des Ofens, Abwiegen von Mehl- und Teigmengen).
– Im größeren metallverarbeitenden Betrieb sind die Schüler vielleicht in der ersten Woche in der Lehrwerkstatt (Arbeiten aus dem Grundlehrgang mit Arbeitstechniken wie feilen, anreißen, bohren, Gewinde schneiden, winkeln, treiben sind auszuführen), in der zweiten Woche in der Dreherei (Hilfen bei laufenden Arbeiten wie das

Holen und Bereitstellen von Material und Werkzeug, die Anfertigung von kleineren Werkstücken), in der dritten Woche schließlich in der Montageabteilung (selbständiges Zusammensetzen einfacher Teile, Hilfe bei komplizierten Montagen).

– Im Nahrungsmittelhandel können die Schüler eine Woche lang mit Hilfsarbeiten und Handreichungen in der Kellerei oder im Lager beschäftigt werden. Anschließend können sie im Laden Regale auffüllen und Kunden bedienen helfen.

3.2 Für den Lehrer fallen folgende begleitende Aufgaben an:

3.2.1 An den ersten beiden Praktikumstagen wird es gut sein, abends in der Schule Sprechstunden einzurichten, um den Schülern die Möglichkeit zum Gespräch zu geben.

3.2.2 Dann sind regelmäßig Besuche in den Betrieben durchzuführen, um Kontakte mit den Schülern und den Betrieben zu halten, die Anwesenheit der Schüler zu kontrollieren, Schwierigkeiten, die sich ergeben, zu beheben usw.

3.2.3 An den freien Samstagvormittagen sollte Zeit und Raum für einen gemeinsamen Erfahrungsaustausch gegeben werden. Dies nicht in dem Sinne, daß Unterricht gegeben wird, sondern man kommt zusammen, um ein oder zwei Stunden zu berichten, Erfahrungen auszutauschen, die anderen Klassenkameraden wiederzusehen, gegebenenfalls auch Sorgen dem Lehrer vorzutragen.

4. *Die Auswertung des Praktikums*

Die Auswertung des Praktikums sollte im wesentlichen in drei Schritten erfolgen:

4.1 Eine Reihe von Unterrichtsstunden wird für das gegenseitige Berichten zur Klärung der Erfahrungen und zur Information der Klasse angesetzt, wobei neben Erlebnisberichten das Erläutern von Arbeitstechniken (zum Teil mit Demonstrationen), das Beschreiben des Betriebes (Aufbau, Zweck, Produkte) und das Anführen wesentlicher Berufe (Anforderungen, Ausbildung, Lohnfragen) stehen können.

4.2 Dann wird es Aufgabe der gemeinsamen Arbeit sein, das Vertiefen und Durchklären der Erfahrungen unter bestimmten Fragestellungen zu versuchen, die Einsichten zu systematisieren. Arbeitsweg und Arbeitszeit, Betriebsklima, Sozialleistungen des Betriebes, Unterschiede zwischen Groß-, Mittel- und Kleinbetrieben, ungelernte, angelernte, gelernte Arbeit, Unfallgefahren u.a.m. sind Leitthemen, die zu den früher genannten treten.

4.3 Schließlich wird man sich bemühen, die gewonnenen Erfahrungen sichtbar zu machen: Praktikumsmappe des einzelnen, Ausstellungen der Klasse, Eltern- und Betriebsabend mit Referaten, Lichtbildervorträgen, Stegreifdarstellungen usw. sind Möglichkeiten.

Damit ist ein Gerüst gegeben, das man im konkreten Einzelfall modifizieren wird, das aber gewährleistet, daß solch ein Praktikum eine geplante und ausgewertete schulische Veranstaltung mit Ergebnissen werden kann. Durch die Tatsache, daß die Steuermöglichkeiten des Lehrers während des Praktikums begrenzt sind – die Praktikumssituation unterscheidet sich darin wesentlich von der konventionellen Unterrichtsstunde –, ist es besonders wichtig, das mögliche methodische Instrumentarium wirklich zu nutzen.

Weitere zu beachtende Einzelheiten

Die Verknüpfung des Praktikums mit vorausgehenden Erkundungen, Projekten und anderen Unterrichtseinheiten:
Es ist wünschenswert und notwendig, auf ein Praktikum von langer Hand vorzubereiten. Mit dem Zwang, klare Lernziele für alle unterrichtlichen Veranstaltungen zu formulieren[9], dem sich Lehrer unterwerfen sollten, entsteht die Möglichkeit, stufenweise auf ein Praktikum hinzuarbeiten, so daß dieses wirklich fruchtbar werden kann.
Mit den in Frage kommenden Betrieben müssen die betreffenden Lehrer versuchen, intensiv ins Gespräch zu kommen, um Sinn und Durchführung deutlich zu machen und vor allem die Auswahl der Arbeitsplätze zu besprechen. „Die Auswahl der Arbeitsplätze ist von entscheidender Bedeutung für den Erfolg des Praktikums.“[10] Es muß nicht sein, daß die Schüler nach kurzer Anlernzeit möglichst produktiv tätig werden. Der Platz des ungelernten Arbeitens ist kaum noch typisch hcutc. Dic Erfahrung harter körperlicher Arbeit ist auch nicht mehr conditio sine qua non.[11] Das Praktikum sollte den Schüler Erfahrungen machen lassen, die für die Situation und Wandlungstendenzen der Arbeit heute exemplarisch sind[12]: z.B. mehr geistige Anspannung, mehr psychisch-nervliche Belastung. So wäre also die teilnehmende Beobachtung an anspruchsvolleren Arbeitsplätzen durchaus wünschenswert.
Es wird gut sein, *Merkblätter* für Betriebe wie für Lehrer wie auch für die Eltern zu konzipieren.[13]
Arbeitsökonomisch und im Sinne einer gewissen Stetigkeit in den Bemühungen wären sie eine Hilfe. Es bestehen inzwischen Vorlagen, die Orientierung geben können.[14]
Alle durchgeführten Praktika sollten neben der unterrichtlichen Auswertung und Verarbeitung intensiv auf ihre Effizienz überprüft werden.[15] Erst dann werden wir in einigen Jahren wirklich überzeugend über Wert und Unwert von Schülerpraktika Aussagen machen können.

Zusammenfassende Bemerkungen

Die Motive und Möglichkeiten der Pädagogen sind hier in bezug auf Betriebspraktika dargestellt worden. Daß sich diese Intentionen mit denen der Wirtschaft treffen müßten, ist mit einer Publikation der Bildungsabteilung des Deutschen Industrieinstituts aufzuzeigen.[16] Dort wird betriebliche Bildungsarbeit mit dem Ziel gefordert, den Arbeitnehmer durch sachliche Information zum Mitdenken und zur Verantwortung zu erziehen, ihn mündig und urteilsfähig zu machen, ihn zum selbständigen Denken und Handeln zu führen. Nichts anderes als die frühzeitige Förderung dieser Qualifikationen im Hinblick auf die spätere berufliche Tätigkeit versucht die Schule, durch theoretische und praktische Hinführung zur Arbeits- und Wirtschaftswelt zu leisten.[17]

Literatur- und Anmerkungsapparat für die einzelnen Kapitel

Kapitel 1

Literaturverzeichnis „Methoden des Unterrichts"

Aebli H.: Grundformen des Lehrens, Stuttgart [12]1981

Aschersleben K.: Einführung in die Unterrichtsmethodik, Stuttgart 1974

Becker E.: Problemerörterung in der Volksschuloberstufe, Hannover 1972

Blankertz H.: Curriculumforschung – Strategien, Strukturierung, Konstruktion, Essen [3]1973

Bönsch M.: Situationen im Unterricht, Bad Heilbrunn 1965

Bönsch M.: Produktives Lernen in dynamischen und variabel organisierten Unterrichtsprozessen, Essen 1970

Bönsch M.: Verlaufsgestalten und Aktionsstrukturen des Unterrichts, Essen [2]1973

Bönsch M./Schittko K. (Hrsg.): Offener Unterricht, Hannover 1979

Bönsch M.: Moderne Unterrichtsgestaltung, München 1981

Bönsch M.: Unterrichtskonzepte, Baltmannsweiler 1986

Bönsch M.: Schüler aktivieren, Hannover [2]1990

Bossing N. L.: Progressive Methods of Teaching in Secondary Schools, Boston 1935

Copei F.: Der fruchtbare Moment im Bildungsprozeß, Heidelberg [5]1960

Einsiedler W.: Lehrstrategien und Lehrerfolg, Weinheim/Basel 1976

Einsiedler W. u.a.: Selbstgesteuertes Lernen, Weinheim/Basel 1978

Einsiedler W.: Lehrmethoden, München 1981

Flitner W.: Grundlegende Geistesbildung, Heidelberg 1965

Gaudig H.: Freie geistige Schularbeit, Leipzig 1922

Geißler G. (Bearb.): Das Problem der Unterrichtsmethode in der pädagogischen Bewegung, Weinheim/Basel [8]1970

Gudjons H./Teske R./Winkel R. (Hrsg.): Unterrichtsmethoden – Grundlegung und Beispiele, Braunschweig 1982

Heimann P./Otto G./Schulz W.: Unterricht – Analyse und Planung, Hannover 1965

Huber J.: Allgemeine Unterrichtslehre, Bad Heilbrunn [11]1972

Jannasch H. W ./Joppich G.: Unterrichtspraxis, Hannover [7]1969

Keck R. W.: Unterricht Gliedern – Zielorientiert Lehren, Bad Heilbrunn 1983

Kerschensteiner G.: Das Grundaxiom des Bildungsprozesses, München [9]1959

Kilpatrick W. H./Dewey J.: Der Projektplan, Chicago 1935

Klafki W.: Die Methoden des Unterrichts und der Erziehung, in: W. Klafki u.a.: Funkkolleg Erziehungswissenschaft, Bd. 2, Frankfurt/M. 1970
Kretschmann J./Haase O.: Natürlicher Unterricht, Hannover 1948
Menck P.: Unterrichtsinhalt oder: Ein Versuch über die Konstruktion der Wirklichkeit im Unterricht, Frankfurt/M. 1986
Neubert W.: Das Erlebnis in der Pädagogik, Göttingen ^{3}1932
Rehm W.: Das Planspiel als Bildungsmittel, Heidelberg 1964
Rein W.: Pädagogik im Grundriß, Leipzig 1908
Roth H.: Pädagogische Psychologie des Lehrens und Lernens, Hannover ^{14}1973
Roth L.: Effektivität von Unterrichtsmethoden, Hannover 1971
Schulz W.: Unterrichtsplanung, München 1980
Schulze Th.: Methoden und Medien der Erziehung, München 1978
Schwager K.-H.: Wesen und Formen des Lehrgangs im Schulunterricht, Weinheim 1958
Stöcker K.: Neuzeitliche Unterrichtsgestaltung, München ^{13}1970
Ziller T.: Grundlegung zur Lehre vom erziehenden Unterricht, Leipzig 1865

Kapitel 2.1

Literaturverzeichnis: Adaptiver Unterricht

Block J. H. (Hrsg.): Mastery Learning: Theory and practice, New York 1971
Bloom B. S.: Alle Schüler schaffen es, in: betrifft: Erziehung. 1970
Bönsch M.: Differenzierung des Unterrichts, München ^{3}1977
Bönsch M.: Ideen zu einer emanzipatorischen Didaktik, München 1978
Bönsch M.: Meta-Lernen, in: Schulverwaltungsblatt für Niedersachsen 11/1984
Bönsch M.: Gestörte Lehrer-Schüler-Verhältnisse in der Hauptschule, in: A. Schnitzer (Hrsg.): Der pädagogische Bezug – Grundprobleme schulischer Bildung, München 1983
Carroll J. B.: Lernerfolg für „alle“, in: Westermanns Pädagogische Beiträge, 1972
Cronbach K. J./Snow R. E.: Individual differences in learning ability as a function of instructional variables, Stanford University, 1969
Gagné R. M.: Die Bedingungen des menschlichen Lernens, Hannover ^{3}1973
Gaude P./Teschner W. P.: Objektivierte Leistungsmessung in der Schule, Frankfurt/M. ^{2}1972
Eigler G./Straka G. A.: Mastery Learning – Lernerfolg für jeden? München 1978
Ingenkamp F. D.: Zielerreichendes Lernen – Mastery Learning, Ravensburg 1979
Jeziorsky W.: Selbstbildungsmittel in der Grundschule, Braunschweig 1965
Kade F.: Schule im Werden, Bonn 1956
Klauer K. J.: Methodik der Lehrzieldefinition und Lehrstoffanalyse, Düsseldorf 1974

Kleber E. W. u.a.: Lernvoraussetzungen und Unterricht. Zur Begründung und Praxis adaptiven Unterrichts, Weinheim und Basel 1977
Mager R. F.: Lernziele und programmierter Unterricht, Weinheim 1971
Messner R.: Funktionen der Taxonomien für die Planung von Unterricht, in: B. S. Bloom u.a.: Taxonomien von Lernzielen im kognitiven Bereich, Weinheim 1973
Otto B.: Gesamtunterricht. Der Begriff des natürlichen Unterrichts, Oldenburg 1951
Petersen P.: Eine freie allgemeine Volksschule nach den Grundsätzen neuer Erziehung (Jenaplan I–III), Langensalza 1930/34
Schott F.: Lehrstoffanalyse, Düsseldorf 1975
Schwarzer R./Steinhagen K. (Hrsg.): Adaptiver Unterricht. Zur Wechselwirkung von Schülermerkmalen und Unterrichtsmethoden. München 1975

Kapitel 2.2

Literaturverzeichnis: Kommunikativer und offener Unterricht

Baacke D.: Kommunikation und Kompetenz, München 1973
Becker H. u.a.: Das Curriculum. Praxis, Wissenschaft und Politik. München 1974
Belser H. u.a.: Curriculum – Materialien für die Vorschule. Weinheim und Basel ^{2}1973
Bernhardt M. u.a.: Soziales Lernen in der Gesamtschule. München ^{2}1976
Blumenthal A./Roth H. (Hrsg.): Soziales Lernen in der Schule. Hannover 1977
Bönsch M.: Bedingungen und Dimensionen sozialen Lernens in der Sekundarstufe I. Essen 1975
Bönsch M.: Beiträge zu einer kritischen und instrumentellen Didaktik. München 1975
Boettcher W. u.a.: Lehrer und Schüler machen Unterricht. München 1976
Brinkmann G. (Hrsg.): Offenes Curriculum – Lösung für die Praxis. Kronberg/Ts. 1975
Brügelmann H.: Offene Curricula, in: Zeitschrift für Pädagogik, 1972
Deutscher Bildungsrat (Hrsg.): Zur Förderung praxisnaher Curriculum-Entwicklung, 1974
Dohmen G. u.a.: Offenes Lernen und Fernstudium. Weinheim und Basel 1976
Eliade B.: Offener Unterricht. Weinheim und Basel 1975
Frey K. (Hrsg.): Curriculum – Handbuch, 3 Bde., München 1975
Garlichs A. u.a.: Didaktik offener Curricula. Weinheim und Basel 1974
Heinze Th.: Unterricht als soziale Situation. München 1976
Hentig H. v.: Was ist eine humane Schule? München/Wien ^{2}1977
Homfeldt H. G.: Stigma und Schule. Abweichendes Verhalten bei Lehrern und Schülern. Düsseldorf 1974
Mollenhauer K.: Theorien zum Erziehungsprozeß. München 1972

Nuber F. (Hrsg.): Informeller Unterricht – Modell für die Grundschule. München - Wien - Berlin 1977
Peter H.-U.: Die Schule als soziale Organisation. Weinheim und Basel [2]1976
Prior H. (Hrsg.): Soziales Lernen. Düsseldorf 1976
Popp W. (Hrsg.): Kommunikative Didaktik – Soziale Dimensionen des didaktischen Feldes. Weinheim und Basel 1976
Rolff H. G. u.a.: Strategisches Lernen in der Gesamtschule. Reinbek 1974
Schäfer K. H./Schaller K.: Kritische Erziehungswissenschaft und kommunikative Didaktik. Heidelberg [3]1976
Rumpf H.: Unterricht und Identität. München 1976
Schmiederer R.: Politische Bildung im Interesse der Schüler. Hannover 1977 (Schrift der Landeszentrale für politische Bildung)
Schreiner G.: Schule als sozialer Erfahrungsraum. Frankfurt a. M. 1973
Seybold H. (Hrsg.): Innovation im Unterricht. Curriculumentwicklung und handlungsorientierte Forschung. Ravensburg 1976
Tillmann K. J.: Unterricht als soziales Erfahrungsfeld. Frankfurt a. M. 1976
Tillmann K. J.: Sozialpädagogik in der Schule. München 1976
Ulich D.: Sozialisation in der Schule. München 1976
Ulich D.: Pädagogische Interaktion – Theorien erzieherischen Handelns und sozialen Lernens. Weinheim und Basel 1976
Ulshöfer R./Götz Th. (Hrsg.): Praxis des offenen Unterrichts – Das Konzept einer neuen kooperativen Didaktik. Freiburg i. Br. 1976
Wagner A. C. u.a.: Schülerzentrierter Unterricht. München-Wien-Berlin 1976
Wellendorf F.: Schulische Sozialisation und Identität. Weinheim und Basel [4]1977
Winkel R.: Der gestörte Unterricht. Bochum [4]1988

Kapitel 4.1

Literaturverzeichnis: Methodik der Lernanregungen

Bönsch M.: Produktives Lernen in dynamischen und variabel organisierten Unterrichtsprozessen, Essen 1970
Bönsch M.: Beiträge zu einer kritischen und instrumentellen Didaktik, 1975
Bönsch M.: Wie sichere ich Ergebnis und Erfolg in meinem Unterricht? Essen [4]1977
Bönsch M.: Handlungsorientierter Unterricht, im: Schulverwaltungsblatt für Niedersachsen, 1982, S. 12–15
Correll W.: Lernpsychologie, Donauwörth [16]1978
Duncker K.: Zur Psychologie des produktiven Denkens, Berlin Heidelberg New York [3]1966
Einsiedler W.: Arbeitsformen im modernen Sachunterricht, Donauwörth [7]1978
Grell J. u. M.: Unterrichtsrezepte, München 1979
Hiller G. G.: Konstruktive Didaktik, Düsseldorf 1973
Roth H.: Pädagogische Psychologie des Lehrers und Lernens, Hannover [14]1973

Schiefele H.: Lernmotivation und Motivlernen, München 1974
Schittko K.: Überlegungen und Vorschläge zur Unterrichtsplanung des Lehrers/ Lehrerteams, in: Die Deutsche Schule, 1976, S. 590–612
Scholz F.: Problemlösender Unterricht, Essen 1980
Wertheimer M.: Produktives Denken, Frankfurt/M. ²1964

Abschnitt 4.2.1

Literaturverzeichnis: Das Veranschaulichen

Bönsch M.: Anschauung im Unterricht, Ratingen 1965
Bönsch M.: Grundphänomene im Unterricht, Bad Heilbrunn 1966
Bruner J. S.: Gedanken zu einer Theorie des Unterrichts, in: G. Dohmen u.a.: Unterrichtsforschung und didaktische Theorie, München 1970, S. 188–218
Copei F.: Der fruchtbare Moment im Bildungsprozeß, Heidelberg ⁵1960
Dale E.: Audio-Visual Methods in Teaching, New York 1954
Ebeling H.: Anschauen – Behandeln – Begreifen, Hannover 1957
Guyer W.: Wie wir lernen, Erlenbach/Zürich ²1965
Hiller G. G.: Anschauung, in: Chr. Wulf (Hrsg.): Wörterbuch der Erziehung, München 1974, S. 16–23
Kallinich J.: Vermittlung, Ansschauung, Technik, Kommunikation: Zentralbegriffe einer Mediendidaktik, in: H. Dichanz u.a.: Medien im Unterrichtsprozeß, München 1974, S. 106–128
Kant I.: Kritik der reinen Vernunft, 1881
Keseling G. u.a.: Sprach-Lernen in der Schule, Köln 1974
Michael B.: Darbieten und Veranschaulichen, Bad Heilbrunn 1983
Piaget J.: Psychologie der Intelligenz, Zürich ⁵1972
Piaget J.: Theorien und Methoden der modernen Erziehung, Frankfurt/M. 1974
Reumuth K.: „Von der Anschauung zum Begriff", in seinen „Didaktischen Studien", Bonn - Berlin - München 1955
Stöcker K.: Neuzeitliche Unterrichtsgestaltung, München ¹⁵1970
Weinert F. E.: Kognitives Lernen: Begriffsbildung und Problemlösen, in: F. E. Weinert u.a.: Pädagogische Psychologie, Frankfurt/M. 1974, S. 659ff.
Wolf K.: Konkrete Bildung, München 1964

Abschnitt 4.2.2

Literaturverzeichnis: Das Problematisieren

Ausubel D. P.: Psychologie des Unterrichts, 2 Bde., Weinheim und Basel 1974
Becker E.: Problemerörterung in der Volksschuloberstufe, Hannover 1972
Bergius R.: Produktives Denken (Problemlösen) im: Handbuch der Psychologie. Bd. 1, 2. Halbband, hrsg. von R. Bergius, Göttingen 1964
Bönsch M.: Produktives Lernen in dynamischen und variabel organisierten Unterrichtsprozessen, Essen 1970
Copei F.: Der fruchtbare Moment im Bildungsprozeß, Heidelberg ⁵1960

Duncker K.: Zur Psychologie des produktiven Denkens, Berlin - Heidelberg - New York 1966
Hentig H. v.: Schule als Erfahrungsraum, Stuttgart 1973
Kley E.: Das didaktische Prinzip der Lücke zur Aktualisierung der kindlichen Interessen, in: Auswahl, Reihe A, Heft 1, Hannover ^{8}1964
Kuhnert R.: Problemlösen als Lernen des Lernens, in: Westermanns Päd. Beiträge, 9/1973
Kunert K.: Provokation im Unterricht, Donauwörth ^{3}1972
Potthoff W.: Methodische Lernhilfen, Ravensburg 1976
Riedel K.: Lehrhilfen zum entdeckenden Lernen, Hannover 1973
Schiefele H.: Motivation im Unterricht, München 1963
Scholz F.: Problemlösender Unterricht, Essen 1980
Schütz A.: Der sinnhafte Aufbau der sozialen Welt, Frankfurt/M. 1974

Abschnitt 4.2.3

Literaturverzeichnis: Das Anregen und Fragen

Aebli H.: Grundformen des Lehrens, Stuttgart ^{2}1963
Aschersleben K.: Moderner Frontalunterricht, Frankfurt/M. Bern New York ^{2}1986
Bönsch M.: Verlaufsgestalten und Aktionsstrukturen des Unterrichts, Essen ^{2}1973
Becker G. E.: Durchführung von Unterricht, Weinheim und Basel 1984
Grell J. u. M.: Unterrichtsrezepte, München 1979
Kunert K.: Provokation im Unterricht, Donauwörth ^{2}1971
Ritz-Fröhlich G.: Verbale Interaktionsstrategie im Unterricht. Impuls, Denkanstoß, Frage, Ravensburg ^{6}1976
Salzmann Chr.: Impuls-Denkanstoß-Lehrerfrage, Essen 1969
Sauer K.: „Zur didaktischen und methodischen Bedeutung der Frage im Unterricht“ in: „Die Deutsche Schule“, 1966, S. 430ff.
Schiefele H.: „Über die Führung von Denkvollzügen durch die Lehrerfrage“ in: „Welt der Schule“, 1963, S. 289ff.
Sommer H.: Grundkurs Lehrerfrage, Weinheim und Basel 1981
Sprenger H.: „Impulse“ im „Pädagogischen Lexikon“, hrsg. von H.-H. Groothoff und M. Stallmann, Stuttgart ^{2}1964, S. 589f.
Stöcker K.: Neuzeitliche Unterrichtsgestaltung, München ^{15}1970

Abschnitt 4.2.4

Literaturhinweise: Das Informieren

Bönsch M.: Moderne Unterrichtsgestaltung, München 1981
Bredenkamp K. und J.: Die Bedingungen des Erlernens, Behaltens und Vergessens von sprachlichem Material, in: F. E. Weinert u.a.: Pädagogische Psychologie, Bd. 1, Frankfurt/M. 1974

Edelmann W.: Lernpsychologie, München Weinheim 1986
Gage N. L./Berliner D. C.: Pädagogische Psychologie, Bd. 2, München [2]1979
Grell J. und M: Unterrichtsrezepte, München 1979
Klingberg L.: Einführung in die Allgemeine Didaktik, München 1979
Schaller K./Wodraschke G. (Hrsg.): Information und Kommunikation, Hamburg 1968
Steindorf G.: Lernen und Wissen, Bad Heilbrunn 1985
Weinert F. E.: Instruktion als Optimierung von Lernprozessen, Teil I: Lehrmethoden, in: Weinert u.a.: Pädagogische Psychologie, Bd. 1, Frankfurt/M. 1974

Abschnitt 4.2.5

Literaturverzeichnis: Das Strukturieren

Bayer K. (Hrsg.): Studienbuch: Mündliche Kommunikation, Paderborn 1982
Bönsch M./Schittko K. (Hrsg.): Offener Unterricht, Hannover 1979
Bönsch M.: Meta-Lernen, in: Pädagogische Welt, 9/1985
Naess A.: Kommunikation und Argumentation, Kronberg/Ts. 1975
Ritz-Fröhlich G.: Das Gespräch im Unterricht, Bad Heilbrunn 1977
Steindorf G.: Lernen und Wissen, Bad Heilbrunn 1985
Thiele H.: Lehren und Lernen im Gespräch, Bad Heilbrunn 1981

Abschnitt 4.2.6

Literaturverzeichnis: Üben und Wiederholen

Bönsch M.: Üben und Wiederholen im Unterricht, München 1988
Bollnow O. F.: Vom Geist des Übens, Freiburg i. Br. 1978
Odenbach K.: Die Übung im Unterricht. Braunschweig [6]1974
Potthoff W.: Erfolgssicherung im Unterricht, Freiburg i. Br. 1981
Vester F.: Denken, Lernen, Vergessen, Stuttgart 1975

Kapitel 4.3

Anmerkungen zum Thema Gruppenarbeit

[1] Vergl. Bönsch M.: Zur Psycho-Didaktik der Gruppenarbeit, in: Die Realschule [8]1971
Gruppendynamik und ärztliche Ausbildung, Podiumsdisukussion Didakta medica 2, 29–45, 1971

[2] BAK (Hrsg.): Forschendes Lernen – Wissenschaftliches Prüfen, Bonn, [2]1970, siehe dort: D. Georg: Forschendes Lernen in der Medizin, S. 35ff. Huber L.: Forschendes Lernen, in: Neue Sammlung, [3]1970, Papier der Planungskommission Lehrerbildung: Zum Projektstudium an der Universität Bremen, in: betrifft: erziehung, [9]1971

Reichwein R.: Stellungnahme zur Diskussionsvorlage der Planungskommission Lehrerbildung: Zum Projektstudium, in: betrifft: erziehung, ^{9}1971

3 Rössner L.: Gespräch, Diskussion und Debatte, Frankfurt/M.-Bonn-München 1967
Kelber M.: Fibel der Gesprächsführung. Darmstadt ^{2}1954
Pöggeler F.: Das Gespräch, in: Methoden der Erwachsenenbildung, Freiburg i. B.-Basel-Wien 1964, S. 114–228

4 Die vierte Form der sog. Trainings- und Selbsterfahrungsgruppen wird hier nicht behandelt, weil es uns um die didaktische Frage der Vorbereitung für die Gruppenarbeit geht. Die Frage nach den affektiven Prozessen in der Gruppenarbeit werden wir an anderer Stelle erörtern, siehe hierzu auch: T. Brocher: Gruppendynamik und Erwachsenenbildung, Braunschweig 1967
Prior H. (Hrsg.): Gruppendynamik in der Seminararbeit, Hamburg 1970

5 Mills Th. M.: Soziologie der Gruppe, München, 1969, S. 137

6 Zum Begriff der funktionalen Autorität siehe: W. Strzelewicz: Herrschaft ohne Zwang? Systeme und Interpretionen der Autorität heute, in: G. Hartfiel (Hrsg.): Die autoritäre Gesellschaft, Köln und Opladen 1969, S. 21

7 Brocher, a.a.O., S. 69

8 Brocher, a.a.O., S. 70

9 Dietrich G.: Bildungswirkungen des Gruppenunterrichts, München, 1969

10 Dietrich G.: Über einige Voraussetzungen erfolgreicher Gruppenarbeit, in: Lebendige Schule, ^{2}1971

11 Hofstätter P. R.: Gruppendynamik – Zur Kritik der Massenpsychologie, Hamburg 1957, rde 38, S. 27ff.

12 Wurzbacher G.: Gesellungsformen der Jugend, München, 1965. Siehe auch U. Perle: Arbeiten im Team, Tübingen, ^{2}1969

13 Dahmer J.: Lernzielbezogene Erfolgsmessung und Tutorial, Didakta medica 3 + 4, 92–96, 1971

14 Beeindruckend ist der Bericht über ein Seminar, das im Sinne forschendes Lernens durchgeführt worden ist: Redaktionsgruppe: Sozialisation und Kompensatorische Erziehung, Berlin 1969

Kapitel 4.4

Literatur: Differenzierende Verfahren

Baumann U. u.a.: Pädagogische Differenzierungsmodelle, Stuttgart 1977
Besuden H.: Der Dalton-Plan Helen Parkhursts, in: Besuden u.a.: Pädagogische Pläne des 20. Jahrhunderts, Bochum, o. J.
Bönsch M.: Differenzierung des Unterrichts, München ^{3}1976
Bönsch M. (Hrsg.): Funktionen und Formen von Lernmaterialien, Ravensburg 1976
Bönsch M./Schittko K. (Hrsg.): Offener Unterricht, Hannover 1979
Brandt H./Liebau E.: Das Team-Kleingruppen-Modell, München 1978
Eigler G./Straka G. A.: Mastery Learning. Lernerfolg für jeden? München 1978

Fischer M./Michael B. (Hrsg.): Differenzierung im Schulunterricht, Weinheim/Basel 1973
Glogauer W. (Hrsg.): Neue Konzeptionen für individualisiertes Lehren und Lernen, Bad Heilbrunn 1976
Haußer K. (Hrsg.): Modelle schulischer Differenzierung, München-Wien-Baltimore 1981
Hopf D.: Differenzierung der Schule, Stuttgart ²1976
Jeziorsky W.: Selbstbildungsmittel in der Grundschule, Braunschweig 1965
Kade F.: Schule im Werden, Bonn 1956
Keim W.: Schulische Differenzierung, Köln 1977
Meyer-Willner G.: Differenzieren und Individualisieren, Bad Heilbrunn 1979
Morawietz H.: Unterrichtsdifferenzierung, Weinheim 1980
Niermann J.: Methoden der Unterrichtsdifferenzierung, Düsseldorf 1981
Petersen P.: Der kleine Jenaplan, Weinheim und Basel $^{52-53}$1972
Schittko K.: Differenzierung in Schule und Unterricht, München 1984
Schwarzer R./Steinhagen K. (Hrsg.): Adaptiver Unterricht, Minden 1975
Wiederhold K. A. (Hrsg.): Differenzierung in Schule und Unterricht, Kastellaun 1975
Winkeler R.: Differenzierung, Funktionen, Formen und Probleme, Ravensburg ²1976
Yates A. (Hrsg.): Lerngruppen und Differenzierung, Weinheim ²1976

Kapitel 4.5

Anmerkungen zum Thema „Lernmaterialien"

1 Bönsch M.: Das Selbstbildungsmittel im Unterricht, in: Lebendige Schule, 9/1966
2 siehe dazu den kurzen Abriß bei H. Holstein: Arbeitsmittel im Unterricht, Bochum o. J., S. 26ff.
3 hier verstanden nach der Unterscheidung zwischen direkten (Vortrag, Frage, Unterrichtsgespräch) und indirekten Aktionsformen (über präformiertes Material und arrangierte Situationen) der Berliner Didaktik. Heimann P./Otto G./Schulz W.: Unterricht – Analyse und Planung, Hannover ⁶1972, S. 33
4 Adelhoch J./Diekmeyer U.: Über die Wirkung verschiedener Kommentarfassungen bei Unterrichtsfilmen, in: ava – Forschungsbereiche, München 1968
5 Heinrichs H.: Schulfernsehdidaktik, Bochum o. J., Kamps pädag. Taschenbücher, Nr. 47
6 Bönsch M.: Die Wandtafel als Arbeitsmittel im Unterricht, Hannover 1972
7 Dallmann G./Preibusch W.: Unterrichtsmedien, deutsche Bearbeitung von A. A. Lumsdaine: Instruments and Media of Introduction, in: K. Ingenkamp/E. Parey (Hrsg.): Handbuch der Unterrichtsforschung, Band II, Weinheim-Berlin-Basel 1970, S. 1538

[8] Döring K. W.: Zur Didaktik der Lehr- und Lernmittel, in K. W. Döring (Hrsg.): Lehr- und Lernmittelforschung, Weinheim-Berlin-Basel 1971, S. 103ff.

[9] Döring, a.a.O., S. 106ff.
Gagné R. M.: Die Bedingungen des menschlichen Lernens, Hannover ^{2}1970, S. 220ff.

[10] Abele A. u.a.: Mathematische Impulse; Differenzierendes Unterrichtswerk für die Schuljahre 5 und 6; Lehrerheft 5. Schuljahr, Stuttgart 1971, S. 4

[11] Schiefele H. (Hrsg.): Lernprogramme in der Schule, München ^{2}1966, S. 19

[12] Bönsch M. (Hrsg.): Unterricht mit audio-visuelle Medien, Donauwörth 1973

[13] Bloom B. S.: Alle Schüler schaffen es, in: betrifft: Erziehung, 11/1970
Carroll J. B.: Lernerfolg für alle, in: Westermanns Pädagogische Beiträge, ^{1}1972

[14] Preibusch W.: Das Sprachlabor: Unterrichtsintentionen und Tests, Berlin 1967 (PZ-Schrift)
Preibusch W.: Unterrichtsbezogene Differenzierung, Berlin 1969 (PZ-Schrift)

[15] Preibusch, Differenzierung, S. 20

[16] Rebel K.: Zur didaktischen Struktur des Funkkollegs Erziehungswissenschaft, in: Die Deutsche Schule 1970
Dohmen G. u.a.: Fernstudium – Medienverbund – Erwachsenenbildung, Braunschweig 1970
Klafki W.: Funkkolleg: Einführung in die Erziehungswissenschaft, in: H. Fritsch u.a.: Fernstudium im Medienverbund – Projektbeschreibungen, Blickpunkt Hochschuldidaktik 1971
Kadelbach G./Rebel K. (Hrsg.): Forschungsreport Funkkolleg – Modell I und II, Weinheim 1972
Hoffbauer H.: Die Studien-Begleitbriefe im Medienverbund des Quadriga-Funkkollegs Erziehungswissenschaft, Diss. Tübingen 1972

[17] Hoffbauer, a.a.O., S. 98/99

[18] hier wird also über den Autonomisierungsbegriff Rauschenbergers hinausgegangen, der definiert: „Die Zunahme des kritischen Wahlverhaltens gegenüber gegebenen Lerninhalten nennen wir Autonomisierung des Lernens, ... Autonomisierung des Lernens ist also die Zunahme an kritischem Überblick bei der Präferenz der Lernmotive.“ H. Rauschenberger: Funktion und Aufgabe der Orientierungsstufe, Teil II, in: Die Deutsche Schule 12/1972, S. 771

[19] Interessanterweise sind mehrere Publikationen zu diesem Thema erschienen, neben Rauschenbergers Aufsatz sei erwähnt: R. Kuhnert: Problemlösen als Lernen des Lernens, in Westermanns Pädagogische Beiträge, 9/1973

[20] Rauschenberger, a.a.O., S. 776

[21] Weitere Literatur:
Hacker H. (Hrsg.): Das Schulbuch, Bad Heilbrunn 1980
Retter H.: Spielzeug. Handbuch zur Geschichte und Pädagogik der Spielmittel, Weinheim 1989

Kapitel 5

Anmerkungen zum Thema „Rollenspiel“

[1] Buytendijk F. J. J.: Wesen und Sinn des Spiels. Das Spiel des Menschen und der Tiere als Erscheinungsform der Lebenstriebe, Berlin 1934
Groos K.: Die Spiele der Menschen, Jena 1899
Rahner H.: Der spielende Mensch, Einsiedeln [5]1960
Rüssel A.: Das Kinderspiel, München [2]1965
Scheuerl H.: Das Spiel. Untersuchungen über sein Wesen, seine pädagogischen Möglichkeiten und Grenzen, Weinheim 1954

[2] Flitner A.: Spiel – Kinderspiel, in: Wulf Ch. (Hrsg.): Wörterbuch der Erziehung, München 1974, S. 555ff.

[3] Sutton-Smith B.: The folkgames of children, London 1972, hier nach Flitner, a.a.O., S. 556

[4] Flitner A.: Spielen – Lernen, Praxis und Deutung des Kinderspiels, München 1972, S. 81ff.

[5] Flitner, a.a.O., S. 89ff.

[6] Kochan B.: Rollenspiel – Was ist das? in: Kochan B. (Hrsg.): Rollenspiel als Methode sprachlichen und sozialen Lernens, Kronberg/Ts. 1974, S. 7
Köbberling A./Müller H./Guntrum: Leben in sozialen Bezügen, in: Belser H. u.a. Curriculum – Materialien für die Vorschule, Weinheim [2]1973, S. 43ff.

[7] Kochan, a.a.O., S. 7

[8] Flitner, a.a.O., S. 96/97

[9] Launer I.: Persönlichkeitsentwicklung im Vorschulalter bei Spiel und Arbeit, Berlin [2]1970, S. 42: „Im Rollenspiel übernimmt das Kind eine Rolle, vorwiegend die eines Erwachsenen. Das heißt, es hat den Wunsch, sich ebenso zu verhalten wie der Erwachsene beziehungsweise wie der, dessen Rolle es übernimmt.“

[10] Schmitt R.: Das problembezogene Rollenspiel in der Vorschule, in: Westermanns Pädagogische Beiträge, 8/1973

[11] Kochan, a.a.O., S. 7

[12] Shaftel R. R./Shaftel G.: Rollenspiel als soziales Entscheidungstraining, München/Basel 1973, S. 49ff.
Steinchen R.: Methodische Organisation des Rollenspiels, in Kochan, a.a.O., S. 273ff.

[13] Siehe dazu auch: Nickel H.-W.: Zur soziologischen Grundlegung einer Interaktions- und Theaterpädagogik, in: Brandes E./Nickel H.-W. (Hrsg.): Beiträge zu einer Interaktions- und Theaterpädagogik, Berlin 1971, S. 16ff.

[14] Unter Kompetenz wird hier ein passiver Schatz von Wissen und Verfahrensweisen verstanden, der in Einzelsituationen aktiviert werden kann., Vergl. Heinze Th.: Zur Kritik an den Technologisierungstendenzen des Unterrichtsprozesses in: Die Deutsche Schule, 6/1972

[15] Flitner, a.a.O., S. 98
Gümbel, G.: Zur Bedeutung von Rollenspielen für soziales und politisches Lernen, in: Die Grundschule, 10/1974
[16] Gümbel, a.a.O., S. 515/516
Krappmann L.: Soziologische Dimensionen der Identität, Stuttgart [2]1972
[17] Flitner, a.a.O., S. 99/100
Gümbel, a.a.O., S. 516
[18] Garlichs A./Messner R.: Elementare sprachliche Kommunikation, in Die Grundschule, 4/1972
Spanhel D.: Schülersprache und Lernhilfe, in: Die Grundschule, 4/1972
[19] In Anlehnung an Heinze, a.a.O., S. 35ff.
[20] Steinchen, a.a.O., S. 276
[21] Bollmann H./Warm U.: Kommunikationseffektives Rollenspiel, in: Kunst und Unterricht, 21/1973
Paschen H./Thiele J.: Bemerkungen zu Axiomatik und Metatheorie pädagogischer Kommunikation, in: Bildung und Erziehung, 4/1971
[22] Heimann P./Otto G./Schulz W.: Unterricht – Analyse und Planung, Hannover 1972
[23] Siehe die Beschreibung verschiedener Unterrichtskonzepte in: Bönsch M. (Hrsg.): Unterricht mit audio-visuellen Medien, Donawörth 1973, S. 9ff.
[24] Bönsch M.: Zielorientiertes Lernen mit Hilfe spezieller Unterrichtsmethoden, München 1974
[25] Eckhardt P./Stiegeler A.: Das Planspiel in der politischen Bildung, Frankfurt/M. 1973
[26] Schmitt, a.a.O., s. S. 455
[27] Grimm W.: Simulationsgebundene Unterrichtsformen, in: Neue Unterrichtspraxis, 4 und 5/1968
[28] Bleicher K.: Unternehmensspiele – Simulationsmodelle für unternehmerische Entscheidungen, Baden-Baden 1962
[29] Siehe ein Beispiel in: Bönsch, a.a.O., S. 117ff.
[30] Siehe dazu: Kaiser F.-J.: Arbeitslehre, Bad Heilbrunn [2]1970
Fähnrich H.: Fallstudien in der Arbeitslehre der Hauptschule – eine neue Methode in einem neuen Fach, in: Die Deutsche Schule, 12/1970
Kaiser F.-J.: Entscheidungstraining, Bad Heilbrunn 1973
[31] Nickel H.-W.: Über verschiedene Typen des Rollenspiels (II), in: Die Grundschule 11/1974
[32] In bisher nicht veröffentlichten Ansätzen versucht Ostertag-Henning K.-L., HVHS Goslar, eine Systematiserung aller Spielformen entlang einer Spielachse (Tagtraum, Redestein, Maskenspiel, Stegreifspiel, einfaches und komplexes Rollenspiel, ein- und mehrstufiges, mündliches und schriftliches Planspiel, Fallstudie, Simulation), mit Hilfe der Kriterien „Ernstcharakter für die Beteiligten", „Irreversibilität", „Komplexität", „Dauer", „Konsequenz von Sanktionen", „Zahl der Mitspieler", „erforderliche Vorbereitung" und unter Berücksichtigung der inhaltlichen Ebene (Elemente sozialer Verhaltensmuster, Verhaltensweisen, komplexe Interaktionen, soziale Aspekte

und technische Fertigkeiten; sozio-emotionale Ebene und kognitiver Bereich).

[33] Klafki W.: Unterrichtsspiele im Dienste der Wiederholung, in: Unsere Schule, 9/1952
Bönsch M.: Wie sichere ich Ergebnis und Erfolg in meinem Unterricht? Essen [4]1977

[34] Weitere Literatur:
Gudjons H.: Spielbuch Interaktionserziehung, Bad Heilbrunn [3]1987
Kluge N.: Spielen und Erfahren, Bad Heilbrunn 1981
Kluge N. (Hrsg.): Spielpädagogik, Bad Heilbrunn 1980
Lehmann J. (Hrsg.): Simulations- und Planspiele in der Schule, Bad Heilbrunn 1977

Kapitel 6.1

Literaturverzeichnis: „Projektlernen“

AOL (Hrsg.): Das AOL Projekt-Buch, Reinbek 1986
Bastian J./Gudjons H. (Hrsg.): Das Projektbuch, Hamburg 1986
b:e-Redaktion (Hrsg.): Projektorientierter Unterricht. Lernen gegen die Schule? Weinheim/Basel [2]1978
Bönsch M.: Schüler aktivieren, Hannover [2]1990
Boutemard B. S. de: Schule, Projektunterricht und soziale Handlungsperformanz, München 1975
Dewey J./Kilpatrick W. H.: Der Projektplan. Grundlegung und Praxis, Weimar 1935
Dunker L./Götz B.: Projektunterricht als Beitrag zur inneren Schulreform, Langenau-Ulm 1984
Frey K.: Die Projektmethode, Weinheim/Basel 1982
Gudjons H.: Was ist Projektunterricht? in: Westermanns Pädagogische Beiträge, 1984, S. 260–266
Hänsel D. (Hrsg.): Das Projektbuch Grundschule, Weinheim/Basel 1986
Hänsel D./Müller H. (Hrsg.): Das Projektbuch Sekundarstufe, Weinheim/Basel 1988
Heller A./Semmerling R. (Hrsg.): Das Pro-Wo-Buch, Königstein/Ts. 1983
Kaiser A. und F. J. (Hrsg.): Projektstudium und Projektarbeit in der Schule, Bad Heilbrunn 1977
Klippert H.: Projektwochen. Arbeitshilfen für Lehrer und Kollegien, Weinheim/Basel 1985
Koch J.: Projektwoche konkret. Lichtenau-Scherzheim 1981
Laubis J.: Vorhaben und Projekte im Unterricht, Ravensburg 1976
Mayer W. G.: Projektunterricht in der Primarstufe, Limburg 1978
Pütt H.: Projektunterricht und Vorhabengestaltung, Essen 1982
Schweingruber R.: Das Projekt in der Schule. Ein unterrichts-begleitendes Arbeitsbuch für Lehrer, Bern 1979

Stach R. (Hrsg.): Projektorientierter Unterricht, Theorie und Praxis, Kastellaun 1978
Struck P.: Projektunterricht, Stuttgart-Berlin-Köln-Mainz 1980

Kapitel 6.2

Literaturverzeichnis: „Handlungsorientierter Unterricht“

Aebli H.: Psychologische Didaktik, Stuttgart ^{6}1976
Bayer K.: Handlungsorientierter Deutschunterricht, in: Lehrer Journal, 2/1985
Bielefelder Lehrergruppe: Schule kann anders sein. Drei Versuche zu handlungsorientiertem Lernen in Hauptschulen und zur Arbeit im Lehrerteam, Reinbek 1979
Bönsch M.: Grundphänomene im Unterricht, Bad Heilbrunn 1966
Bönsch M.: Tun und Handeln als ein Weg produktiven Lernens, in: H. Ruprecht (Hrsg.): Erziehung zum produktiven Denken, Freiburg i. Br. 1967
Bönsch M./Schittko K. (Hrsg.)/ Offener Unterricht. Curriculare, kommunikative und unterrichtsorganisatorische Aspekte, Hannover 1979
Bönsch M.: Handlungsorientierter Unterricht, in: Schulverwaltungsblatt für Niedersachsen, 1/1982
Bönsch M./Janssen B./Tegtmeyer G.: Leben am Rande der Gesellschaft, Bd. 1: Straffällige oder Knast- ein Weg ohne Umkehr? Dortmund 1983
Bönsch M.: Handlungsorientierter Unterricht, in: Lehrer Journal, 2/1985
Bromme R./Seeger F.: Unterrichtsplanung als Handlungsplanung, Königstein/ Ts. 1979
Fauser P. u.a. (Hrsg.): Lernen mit Kopf und Hand, Weinheim/Basel 1983
Foster I.: Aktives Lernen, Ravensburg 1974
Freinet C.: Pädagogische Texte, Reinbek 1980
Frey K.: Die Projektmethode, Weinheim/Basel 1982
Fuhr R.: Handlungsspielräume im Unterricht, Königstein/Ts. 1979
Galperin J. P.: Die Psychologie des Denkens und die Lehre von der etappenweisen Ausbildung geistiger Handlungen, in: Däbritz E./Kossakowski A. (Hrsg.): Untersuchungen des Denkens in der sowjetischen Psychologie, Berlin 1967
Garlichs A./Groddeck N. (Hrsg.): Erfahrungsoffener Unterricht. Beispiele zur Überwindung der lebensfremden Lernschule, Freiburg i. Br. 1978
Gudjons H.: Handelnder Unterricht, in: Westermanns Pädagogische Beiträge, 9/1980
Hentig H. v.: Schule als Erfahrungsraum, Stuttgart 1973
Keseling G. u.a.: Sprach-Lernen in der Schule, Köln 1976
Krüger H.-H./Lersch R.: Lernen und Erfahrung, Bad Heilbrunn, 1982
Leontjew A. N.: Probleme d. Entwicklung d. Psychischen, Frankfurt/M. 1973
Leontjew A. N.: Tätigkeit, Bewußtsein und Persönlichkeit, Berlin 1979
Lüftner W.: Handelndes Lernen im Sachunterricht, Frankfurt/M. 1983
Mann I.: Schlechte Schüler gibt es nicht, München ^{3}1981

Meyer H. L.: Leitfaden zur Unterrichtsvorbereitung, Königstein/Ts. 1980
Nonnenmacher F.: Politisches Handeln von Schülern, Weinheim/Basel 1984
Piaget J.: Psychologie der Intelligenz, Zürich 1947
Rabenstein R./Haas F.: Erfolgreicher Unterricht durch Handlungseinheiten, Bad Heilbrunn 1965
Rabenstein R./Haas F.: Erfolgreicher Unterricht durch Darstellungseinheiten, Bad Heilbrunn 1968
Rauscher H.: Überlegungen zum Projektunterricht, in: Schulverwaltungsblatt für Niedersachsen, 6/1984
Rauscher H./Strehlau J./Drenkelfort G.: Handlungsorientierter Unterricht – Zielrichtung einer didaktischen Umorientierung angesichts aktueller jugendkundlicher Befunde, in: Schulverwaltungsblatt für Niedersachsen, 2/1985
Reichwein A.: Schaffendes Schulvolk, Braunschweig ^{2}1951
Rohr B.: Handelnder Unterricht, Rheinstetten 1980
Rumpf H.: Unterricht und Identität, München 1976
Scheller I.: Erfahrungsbezogener Unterricht, Königstein/Ts. 1981
Stach R. (Hrsg.): Projektorientierter Unterricht, Kastellaun 1978
Steiner I.: Interessengeleitetes Lernen, München 1983
Stieger K.: Unterricht auf werktätiger Grundlage, Olten/Freiburg 1951
Tegtmeyer G.: Freizeit – eine wirkliche Alternative? Arbeitshilfen zur politischen Bildung, Dortmund 1980
Vasquez A./Oury F. u.a.: Vorschläge für die Arbeit im Klassenzimmer, Reinbek 1976
Wilhelmer B.: Lernen als Handlung, Köln 1978
Wygotski L. S.: Denken und Sprechen, Berlin 1964

Kapitel 6.3

Literaturverzeichnis: Forschendes Lernen

Aschersleben K./Homann M.: Handlexikon der Schulpädagogik, Stuttgart-Berlin-Köln-Mainz 1979
Bönsch M.: Produktives Lernen in dynamischen und variabel organisierten Unterrichtsprozesssen, Essen 1970
Bönsch M./Schittko K. (Hrsg.): Offener Unterricht, Hannover 1979
Bönsch M.: Schüler aktivieren, Hannover ^{2}1990
Bönsch M.: Lernökologie. Zur Konstruktion von Lernsituationen, Essen 1986
Bruner J. S.: Der Akt der Entdeckung, in: Neber (Hrsg.): Entdeckendes Lernen, Weinheim 1973
Halbfas H./Maurer F./Popp W. (Hrsg.): Lernwelten und Medien, Stuttgart 1976
Hierdeis H. (Hrsg.): Taschenbuch der Pädagogik, 2 Bde, Baltmannsweiler 1978
Kasper H. (Hrsg.): Vom Klassenzimmer zur Lernumgebung, Ulm 1979
Klewitz E./Mitzkat H. u.a.: Entdeckendes Lernen und offener Unterricht, Braunschweig 1977

Nicklis W. S. (Hrsg.): Handwörterbuch d. Schulpädagogik, Bad Heilbrunn 1973
Neber H.: Die Erforschung spontanen Lernens, Weinheim/Basel 1974
Piaget J.: Theorien und Methoden der Erziehung, Frankfurt/M. 1978
Plöger W.: Forschender Physikunterricht, Ansbach 1983
Rauschenberger H.: Funktion und Aufgabe der Orientierungsstufe, Teil II, in: Die Deutsche Schule 1972
Rauschenberger H.: Lehren und Lernen nach dem UDIS-Konzept, Ravensburg 1974
Ries E./Rosenberger R.: Forschender Unterricht, Frankfurt/M. Berlin München [2]1970
Rumpf H.: Scheinklarheiten, Braunschweig 1971
Twellmann W. (Hrsg.): Handbuch Schule und Unterricht, 8 Bde, Düsseldorf 1981/82
Vasquez A. u.a.: Vorschläge für die Arbeit im Klassenzimmer, Reinbek 1976
Wilde G. (Hrsg.): Entdeckendes Lernen im Unterricht, Oldenburg [2]1984
Willmann-Insitut (Hrsg.): Wörterbuch der Schulpädagogik, Freiburg i. Br. [5]1977

Kapitel 6.4

Anmerkungen zum Thema „Erkundungen"

[1] A. H. Francke: Pädagogische Schriften, hrsg. von G. Kramer, Langensalza [2]1985
Bönsch M.: Curriculum-Studien zur Arbeitslehre, Ravensburg 1973
[2] Salzmann Chr.: Funktion und Stellung des Unterrichtsganges im Sachunterricht der Volksschule, in: Die Deutsche Schule, 7 und 8/1966
[3] Salzmann, a.a.O., S. 455
[4] Voelmy W.: Betriebsbesichtigungen und Betriebserkundungen, in: Berliner Lehrerzeitung, 1962
[5] Klafki W.: Arbeitslehre/Einführung in die Arbeits- und Wirtschaftswelt, in: Grundsätze, Bildungspläne, Richtlinien zur Neuordnung der Hauptschule in Nordrhein-Westfalen, Ratingen 1967, B 10/22
[6] Die Betriebserkundung, hrsg. von W. Voelmy und G. Poeschke, Bad Harzburg 1967ff.
[7] Schernikau H.: Erfahrungsbericht über das Arbeitsvorhaben „Wir backen Brot", in: K. Stieger: Die Schule als Brücke zur modernen Arbeitswelt, Stuttgart 1962, S. 130f.
[8] Bönsch M.: Wie sichere ich Ergebnis und Erfolg in meinem Unterricht? Essen [3]1971, S. 233ff.
[9] Siehe Fußnote 6
[10] Entnommen der schriftlichen Arbeit zur Bewährungsprüfung des Lehrer z. A. Horst Pietschmann: Betriebsbesichtigung als Hilfe bei der Berufswahlvorbereitung, wenn andere Möglichkeiten zur Begegnung mit der Arbeitswelt fehlen, Berenbostel 1968

11 Weitere Literatur: A. Beelitz: Die Betriebserkundung, Köln 1962.
Wagner O.: Erkundung der heimatlichen Berufs- und Arbeitswelt, in: Die Deutsche Schule, 11/1958
Dortmunder Bildungspläne, Teil II, hrsg. vom Schulverwaltungsamt und Schulamt für die Stadt Dortmund, 1967, S. 104ff.: Betriebserkundung unter ökonomischem Aspekt.
Beinke L. (Hrsg.): Betriebserkundungen, Bad Heilbrunn 1980
Fähnrich H. (Hrsg.): Betriebserkundung, Hannover ^{2}1981

Kapitel 6.5

Anmerkungen zum Thema „Praktika"

1 Modell Betriebspraktikum, hrsg. vom Deutschen Industrie- und Handelstag, Köln 1968
2 Bönsch M.: Konzept einer vorläufigen Arbeitslehre, Hannover 1969
3 Rudder H. de/Zwilgmeyer F./Eyferth H.: Betriebspraktikum in der Lehrerbildung, Köln ^{2}1968, S. 12ff.
4 Legband F./Poeschke G.: Betriebspraktika für Schüler, Köln 1967
5 Stieger K.: Das Betriebspraktikum für Schüler, in: Wirtschaft und Schule, Veröffentlichungen der Walter-Raymond-Stiftung, Band 5, Köln/Opladen 1965, S. 193ff.
6 Gattermann H.: Arbeitslehre in der Praxis des Unterrichts, Hannover 1969
7 Siehe dazu das Mitteilungsblatt der Schulbehörde in Hamburg vom Juni 1962, teilweise abgedruckt in: Voelmy W.: Die Hinführung der Schüler zur Berufs- und Arbeitswelt in der Volksschuloberstufe, Frankfurt/M. 1965, S. 206ff.
8 Der Arbeitstag sollte acht Stunden lang sein, nicht nur vier Stunden, wie es der entsprechende niedersächsische Erlaß vorsieht.
9 Siehe dazu: Bloom B. S.: Taxonomy of Educational Objectives, New York 1965
10 Rudder de u.a., a.a.O., S. 34
11 Rosenträter H.: Hinführung zur Berufs- und Wirtschaftswelt, Düsseldorf 1968, S. 42
12 Rudder de u.a., a.a.O., S. 34
13 Siehe dazu: Franz J./Meya H. (Hrsg.): Arbeitslehre im Unterricht der Hauptschule, Bochum o. J. 1968, S. 302ff.
14 Voelmy, a.a.O., S. 206ff.
15 Ammen A.: Betriebspraktikum und Betriebswirklichkeit, in: Westermanns Pädag. Beiträge, 8/1968
16 Der Betrieb als Bildungsraum, hrsg. von der Bildungsabteilung des Deutschen Industrieinstituts, Köln 1965
17 Weitere Literatur:
Beinke L.: Das Betriebspraktikum, Bad Heilbrunn ^{2}1978
Gattermann H. (Hrsg.): Betriebspraktikum, Hannover 1974

Allgemeines Literaturverzeichnis

Aebli H.: Psychologische Didaktik, Stuttgart ^{5}1973

Aebli H.: Grundformen des Lehrens, Stuttgart ^{12}1981

Aschersleben K.: Moderner Frontalunterricht, Frankfurt/M. 1986

Aschersleben K.: Einführung in die Unterrichtsmethodik, Stuttgart ^{4}1984

Ausubel D. P.: Psychologie des Unterrichts, 2 Bde., Weinheim/Basel 1974

Bäuerle D.: Alternativer Unterricht, Stuttgart 1980

Becker E.: Problemerörterung in der Volksschuloberstufe, Hannover 1972

Becker G. E.: Planung von Unterricht, Weinheim/Basel 1984

Becker G. E.: Durchführung von Unterricht, Weinheim/Basel 1984

Boettcher W. u.a.: Lehrer und Schüler machen Unterricht, Weinheim/Basel 1982

Bönsch M.: Produktives Lernen in dynamischen und variabel organisierten Unterrichtsprozessen, Essen 1970

Bönsch M.: Verlaufsgestalten und Aktionsstrukturen des Unterrichts, Essen ^{2}1973

Bönsch M.: Beiträge zu einer kritischen und instrumentellen Didaktik, München 1975

Bönsch M.: Moderne Unterrichtsgestaltung, München 1981

Bönsch M.: Schüler aktivieren, Hannover ^{2}1990

Bönsch M.: Lernökologie, Hannover 1986

Bönsch M.: Unterrichtskonzepte, Baltmannsweiler 1986

Bönsch M.: Üben und Wiederholen im Unterricht, München 1988

Bohnsack F. u.a.: Schüleraktiver Unterricht, Weinheim/Basel 1984

Bronnmann W. u.a.: Lernen Lehren, Bad Heilbrunn 1981

Brunnhuber P./Czinczoll B.: Lernen durch entdecken, Donauwörth 1974

Copei F.: Der fruchtbare Moment im Bildungsprozeß, Heidelberg ^{5}1960

Dahms G.: Nachdenken im Unterricht, Königstein 1979

Döring K. W.: Lehren in der Erwachsenenbildung, Weinheim/Basel 1983

Eigler G. u.a.: Grundkurs Lehren und Lernen, Weinheim ^{2}1975

Einsiedler W.: Arbeitsformen im modernen Sachunterricht der Grundschule, Donauwörth ^{6}1977

Einsiedler W.: Lehrstrategien und Lehrerfolg, Weinheim/Basel 1976

Einsiedler W.: Lehrmethoden, München 1981

Fauser P./Fintelmann K. J./Flitner A. (Hrsg.): Lernen mit Kopf und Hand, Weinheim/Basel 1983

Feldmann K.: Schüler helfen Schülern, München 1980

Foster I.: Aktives Lernen, Ravensburg 1974

Frey K.: Die Projektmethode, Weinheim/Basel 1982

Friedrich K./Meyer H./Pilz E.: Unterrichtsmethoden, Oldenburg 1982

Fries E./Rosenberger R.: Forschender Unterricht, Frankfurt/M. 1967
Fuhr R.: Handlungsspielräume im Unterricht, Königstein 1979
Gage N. L./Berliner D. C.: Pädagogische Psychologie, Bd. 2:Lehrmethoden, Bewertung des Lernerfolgs, München [2]1979
Geißler G. (Hrsg.): Das Problem der Unterrichtsmethode in der pädagogischen Bewegung, Weinheim-Berlin-Basel [8]1970
Geißler H.: Modell der Unterrichtsmethode, Stuttgart 1977
Geppert K./Preuß E. (Hrsg.): Selbständiges Lernen. Zur Methode des Schülers im Unterricht, Bad Heilbrunn 1980
Grell J. u. M.: Unterrichtsrezepte, München 1979
Grzesik J.: Die Steuerung von Lernprozessen im Unterricht, Heidelberg 1976
Gudjons H./Teske R./Winkel R. (Hrsg.): Unterrichtsmethoden: Grundlegung und Beispiele, Braunschweig 1982
Gudjons H.: Handlungsorientiert Lehren und Lernen, Bad Heilbrunn 1986
Hagmüller P.: Methoden und Techniken des Lernens, Düsseldorf 1985
Heller A./Semmerling R. (Hrsg.): Das Prowo-Buch. Leben, Lernen, Arbeiten in Projekten und Projektwochen, Königstein 1983
Huber J.: Allgemeine Unterrichtslehre, Bad Heilbrunn [11]1972
Jannasch H. W./Joppich G.: Unterrichtspraxis, Hannover [7]1969
Kaiser F.-J.: Entscheidungstraining. Die Methoden der Entscheidungsfindung: Fallstudie – Simulation – Planspiel, Bad Heilbrunn [2]1976
Keck R. W.: Unterricht Gliedern – Zielorientiert Lehren, Bad Heilbrunn 1983
Klafki W.: Die Methoden des Unterrichts und der Erziehung, in: Klafki W. u.a.: Funk-Kolleg Erziehungswissenschaft, Bd. 2, Frankfurt/M. 1970
Klewitz E./Mitzkat H.: Entdeckendes Lernen und offener Unterricht, Braunschweig 1977
Klingberg L.: Einführung in die Allgemeine Didaktik, Frankfurt/M. 1975
Köck P.: Moderne Unterrichtsführung durch Impuls und Appell, Donauwörth 1972
Kösel E.: Sozialformen des Unterrichts, Ravensburg [5]1976
Kunert K.: Theorie und Praxis des offenen Unterrichts, München 1978
Laubis J.: Vorhaben und Projekte im Unterricht, Ravensburg 1976
Lehmann J. (Hrsg.): Simulations- und Planspiele in der Schule, Bad Heilbrunn 1977
Loser F./Terhart E. (Hrsg.): Theorien des Lehrens, Stuttgart 1977
Menck P./Thoma G. (Hrsg.): Unterrichtsmethode, München 1972
Meyer E.: Unterrichtsvorbereitung in Beispielen, Bochum [16]1973
Meyer E.: Gruppenunterricht – Grundlegung und Beispiel, Oberursel [8]1982
Meyer E.: Frontalunterricht, 1983
Meyer H.: Unterrichtsmethoden, 2 Bde., Frankfurt/M., 1987
Meyer H. L.: Leitfaden zur Unterrichtsvorbereitung, Königstein 1980
Moser H. (Hrsg.): Probleme der Unterrichtsmethodik, Kronberg/Ts. 1977
Neber H. (Hrsg.): Entdeckendes Lernen, Weinheim/Basel [3]1981
Neber H./Wagner A. C./Einsiedler W. (Hrsg.): Selbstgesteuertes Lernen, Weinheim/Basel 1978

Odenbach K.: Studien zur Didaktik der Gegenwart, Braunschweig [4]1970
Okon W.: Der Unterrichtsprozeß, Berlin 1957
Otto G./Schulz W. (Hrsg.): Methoden und Medien der Erziehung und des Unterrichts, Stuttgart 1985
Potthoff W.: Methodische Lernhilfen, Ravensburg 1976
Potthoff W.: Grundformen des Unterrichts, Freiburg i. Br. 1979
Rössner L.: Gespräch, Diskussion und Debatte im Unterricht der Grund- und Hauptschule, Frankfurt/M. [2]1971
Rohr B.: Handelnder Unterricht, Heidelberg 1980
Roth A.: Die Elemente der Unterrichtsmethode, München 1967
Roth H.: Pädagogische Psychologie des Lehrens und Lernens, Hannover [14]1973
Roth L.: Effektivität von Unterrichtsmethoden, Hannover 1971
Rumpf H.: Scheinklarheiten, Braunschweig 1971
Rumpf H.: Unterricht und Identität, München 1976
Salzmann Chr.: Impuls – Denkanstoß – Lehrerfrage, Essen 1977
Schell Chr.: Partnerarbeit im Unterricht, München 1972
Scheller I.: Erfahrungsbezogener Unterricht, Königstein 1981
Schiefele H.: Programmierte Unterweisung, München 1964
Schmidkunz H./Lindemann H.: Das forschend-entwickelnde Unterrichtsverfahren, München 1976
Scholz F.: Problemlösender Unterricht, Essen 1980
Schröter G.: Didaktik als Struktur der Lehrfunktionen, Weinheim 1971
Schulz W.: Unterrichtsplanung, München 1980
Schulze Th.: Methoden und Medien der Erziehung, München 1978
Schwager K.-H.: Wesen und Formen des Lehrgangs im Schulunterricht, Weinheim 1958
Schwager K.-H.: Methode und Methodenlehre, in: Speck J./Wehle G. (Hrsg.): Handbuch Pädagogischer Grundbegriffe, Bd. II, München 1970
Sommer H.: Grundkurs Lehrerfrage, Weinheim 1981
Stöcker K.: Neuzeitliche Unterrichtsgestaltung, München [13]1970
Struck P.: Projektunterricht, Stuttgart 1980
Terhart E.: Unterrichtsmethode als Problem, Weinheim/Basel 1983
Terhart E.: Lehr-Lern-Methoden, Weinheim/München 1989
Thiele H.: Lehren und Lernen im Gespräch, Bad Heilbrunn 1981
Trzeciak H.: Lehrformen und Unterrichtserfolg, Dudweiler 1968
Vasquez A./Oury F. u.a.: Vorschläge für die Arbeit im Klassenzimmer, Reinbek 1976
Vogel A.: Artikulation des Unterrichts, Ravensburg 1973
Vogel A.: Unterrichtsformen I und II, Ravensburg [3]1976 und 1975
Weinert F. E.: Instruktion als Optimierung von Lernprozessen, Teil I: Lehrmethoden, in: Weinert F. E. u.a.: Pädagogische Psychologie, Bd. I, Frankfurt/M. 1974
Wagner A. C. u.a.: Schülerzentrierter Unterricht, München 1976
Winkel R.: Theorie und Praxis des Team Teaching, Braunschweig 1974
Weltner K.: Autonomes Lernen, Stuttgart 1978